DEBUT D'UNE SERIE DE DOCUMENTS
EN COULEUR

LA PHILOSOPHIE
RELIGIEUSE
EN ANGLETERRE
DEPUIS LOCKE JUSQU'A NOS JOURS

PAR

Ludovic CARRAU

Directeur des Conférences de philosophie à la Faculté des lettres de Paris

---

PARIS
ANCIENNE LIBRAIRIE GERMER BAILLIÈRE ET Cⁱᵉ
FÉLIX ALCAN, ÉDITEUR
108, BOULEVARD SAINT-GERMAIN, 108

1888
Tous droits réservés

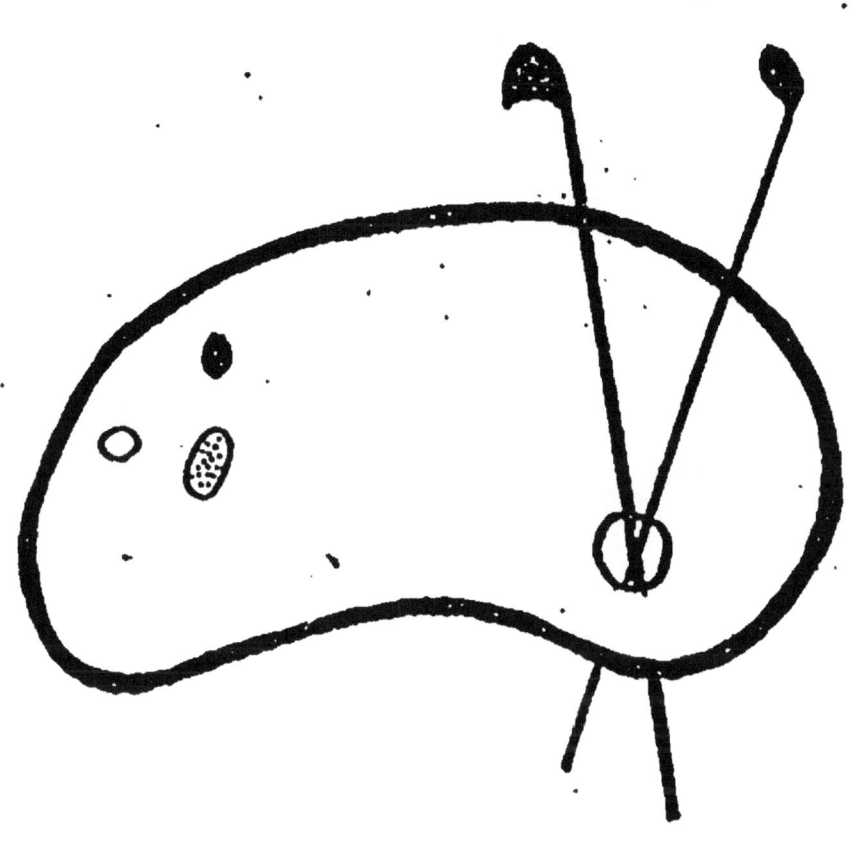

FIN D'UNE SERIE DE DOCUMENTS
EN COULEUR

LA
PHILOSOPHIE RELIGIEUSE
EN ANGLETERRE

OUVRAGES DU MÊME AUTEUR

Exposition critique de la théorie des passions dans Descartes, Malebranche et Spinoza (1 vol. in-8°, Paris, Thorin, 1870) *(Épuisé)*.

La Morale utilitaire, exposition critique des doctrines qui fondent la morale sur l'idée du bonheur (Couronné par l'Académie des sciences morales et politiques et par l'Académie française (1 vol. in-8°, Perrin et Cie, 1875) *(Épuisé)*.

Études sur la théorie de l'Évolution, aux points de vue psychologique, religieux et moral (1 vol. in-12, Hachette et Cie, 1879).

Étude historique et critique sur les arguments du Phédon de Platon en faveur de l'immortalité de l'âme humaine (Mémoire lu devant l'Académie des sciences morales et politiques, 1887).

La Conscience psychologique et morale dans l'individu et dans l'histoire (1 vol. in-12, Perrin, 1887).

Traduction : *La Philosophie de l'Histoire en France et en Allemagne*, de ROBERT FLINT, traduit de l'anglais. (2 vol. in-8°, Germer Baillière et Cie, 1878).

LA PHILOSOPHIE RELIGIEUSE EN ANGLETERRE

PAR

Ludovic **CARRAU**

Directeur des Conférences de philosophie à la Faculté des lettres de Paris

PARIS
ANCIENNE LIBRAIRIE GERMER BAILLIÈRE ET Cⁱᵉ
FÉLIX ALCAN, ÉDITEUR
108, BOULEVARD SAINT-GERMAIN, 108
—
1888
Tous droits réservés

AVANT-PROPOS

On comprend sans peine pourquoi nous avons laissé en dehors de notre cadre toute la philosophie anglaise antérieure à Berkeley. Il nous a paru que la période qui s'étend depuis Bacon jusqu'à Locke avait été étudiée par M. de Rémusat de manière à décourager quiconque serait tenté de reprendre son œuvre. L'ouvrage de M. de Rémusat s'arrête au seuil du xviii° siècle ; nous avons essayé, selon nos forces, de le continuer.

Nous n'avons pourtant pas rappelé tous les noms et toutes les doctrines. Nous nous en sommes tenu à la philosophie religieuse, et nous sommes borné à l'exposé critique des systèmes les plus importants. A qui voudrait connaître pleinement le développement de la pensée anglaise au xviii° siècle, le remarquable ouvrage de M. Leslie Stéphen offre toutes les informations désirables : nous nous en sommes abondamment servi, mais nous avons voulu faire autre chose. Nous nous sommes placé à un point de vue moins historique et plus philosophique, nous attachant exclusivement à ce qui présente un intérêt permanent et universel.

De plus, nous avons cru devoir conduire notre enquête jusqu'au temps présent.

Si nous avons fait figurer Bolingbroke parmi les maîtres de la pensée religieuse en Angleterre, c'est moins pour la valeur propre de son œuvre, qui est des plus médiocres, que pour l'influence exercée par ce personnage sur le mouvement général des idées. D'ailleurs Bolingbroke nous fournissait l'occasion de résumer, en ce qu'elle a d'essentiel, la querelle des libres penseurs et des théologiens orthodoxes.

On s'étonnera qu'un chapitre ait été consacré à M. Abbot, qui n'est ni Anglais, ni illustre, au moins chez nous. Mais la philosophie anglaise peut bien revendiquer, comme lui appartenant, un penseur et un écrivain de l'Amérique du Nord ; puis M. Abbot nous a paru assez original et assez profond pour mériter d'être étudié à la suite de Mill et de Spencer. Lui avons-nous fait trop d'honneur? Le lecteur en jugera.

La critique tient une large place dans notre livre; pour nous l'histoire qui n'aboutit pas à juger n'est pas digne d'occuper un philosophe. On trouvera peut-être que notre discussion est souvent un peu lente et minutieuse : nous supplions qu'on n'y voie qu'un excès de scrupule. On n'a pas critiqué un système, quand on n'en a pas examiné toutes les thèses principales, et qu'on n'a pas répondu à tous les arguments que l'auteur pourrait opposer aux objections qui lui sont faites. A ce point de vue, nous aurions plutôt à craindre de n'avoir pas assez discuté.

Enfin, nous avons présenté, dans notre dernier chapitre, quelques considérations d'un caractère plus dogmatique, pour lesquels nous sentons bien qu'une démonstration plus complète était nécessaire. Mais c'eût été un autre ouvrage à entreprendre. En ces matières de métaphysique religieuse, nous avons une défiance invincible contre les affirmations qui n'apportent pas leurs preuves avec elles. Dire ce qu'on pense n'est rien ; il faut dire pourquoi on pense ainsi et non autrement; pour quelles raisons les esprits sincères doivent penser de même, pour quelles raisons encore ceux qui ne pensent pas de même, se trompent. Nous avons conscience d'être resté fort au-dessous de cette tâche. Aussi demandons-nous qu'on veuille bien voir dans notre *Conclusion*, moins un exposé doctrinal, qu'un résumé des discussions instituées aux chapitres précédents.

LA PHILOSOPHIE RELIGIEUSE

EN ANGLETERRE

DEPUIS LOCKE JUSQU'A NOS JOURS

CHAPITRE I

BERKELEY

Nous n'avons pas l'intention d'exposer dans son ensemble, fût-ce d'une façon sommaire, la philosophie de Berkeley. C'est un travail qui a été fait et bien fait; l'excellent ouvrage de M. Penjon, les études si complètes de M. Fraser sont connus de quiconque s'intéresse à l'histoire de la pensée philosophique en Angleterre. Notre but est plus modeste : dégager de l'œuvre de Berkeley les doctrines proprement religieuses, les présenter sous une forme systématique, en apprécier les conséquences et la valeur.

En réalité, ces doctrines constituent la philosophie tout entière de notre auteur. La vie intellectuelle de Berkeley est absorbée par cette tâche unique : mettre au-dessus de toutes les négations, soit directes, soit détournées, l'existence de Dieu. Les matérialistes et les athées la nient directement ; les libres-penseurs et les sceptiques, indirectement. Berkeley ne cesse de combattre pour cette cause sacrée ; il réfute et démontre en même temps ; il est un polémiste plein de ressources, un dogmatique plus enthousiaste que rigoureux. Et il lui est arrivé ce qui arrive souvent : ses réfutations ont eu meilleure fortune que ses démonstrations. On n'a vu en lui que l'habile adversaire de la substance matérielle, le père de l'idéalisme moderne. Les positivistes l'ont aussi revendiqué pour un des leurs : les sceptiques mêmes se réclament de lui. Hume et Stuart Mill prétendent le continuer. Je sais qu'il est toujours possible, au nom de la logique, d'imposer à un philosophe les conséquences qu'il eût le plus énergiquement repoussées : c'est un procédé de discussion aussi commode que peu charitable. On réussit par là, presque à coup sûr, à précipiter un système du subjectivisme dans le scepticisme, du scepticisme dans le nihilisme, du nihilisme dans l'athéisme et dans l'immoralité la plus noire. Les médecins de Molière nous ont familiarisés avec ces enchaînements de conséquences effroyables. Berkeley a nié la matière ; donc il devait, d'accord avec ses principes, nier l'esprit, nier Dieu, nier tout. Or, il se trouve qu'il affirme et croit démontrer l'existence d'un monde d'esprits et d'un Esprit suprême qui a créé tous les autres. On lui répond que c'est chez lui contradiction. — C'est à savoir ; mais quel est le philosophe qui ne s'est pas un peu contredit ? La forme géométrique n'en a pas préservé Spinoza. Prenons un penseur pour ce qu'il est, pour ce qu'il s'est donné lui-même ; soyons économes de cette logique à outrance qui met en guerre les uns avec les autres les membres d'un système, comme luttaient entre eux les membres du dieu du vieil Empédocle. Cherchons avec bienveillance les liens parfois obscurs qui rattachent les différentes doctrines d'une même philosophie, et nous verrons que les contradictions sont plus rares et moins graves qu'une critique trop aiguë ne voudrait le faire croire.

I

On n'a pas toujours assez remarqué combien hardie et originale est la position que prend Berkeley contre l'athéisme. Faire de la matière une chose en soi, c'est faire d'elle une substance indépendante de l'esprit humain : elle pourrait même lui être supérieure, en ce sens qu'elle agirait sur lui, et, au dire des matérialistes, lui donnerait naissance. Substance, pourquoi ne serait-elle pas aussi par soi ? Pourquoi pas éternelle et nécessaire ? Ses lois, nécessaires également, suffiraient dès lors à tout expliquer. Le mécanisme rend l'action divine inutile ; la matière-substance rend Dieu superflu. Descartes et Newton ont beau dériver d'une cause première l'étendue ou les atomes ; il est visible que, cette concession faite, leur philosophie pourrait se passer de Dieu.

La matière, voilà l'ennemi. Il faut qu'elle s'absorbe dans l'esprit, que toute réalité soit esprit. Déjà Descartes et

Locke avaient montré que les qualités dites secondes n'ont d'existence que dans le sujet ; Berkeley fait voir qu'il en est de même des qualités premières, de l'étendue, de la solidité, du mouvement. Cette démonstration lui est propre ; elle atteste la plus rare pénétration philosophique. Est-elle décisive ? c'est une autre question.

Toute cette partie de l'œuvre de Berkeley est trop connue pour qu'il soit utile d'y insister. Les choses sensibles sont des idées, et les idées sont dans l'esprit. Les idées sont essentiellement passives ; donc elles ne peuvent être l'œuvre que de nous-mêmes ou d'un autre esprit opérant sur le nôtre. Nous avons conscience de n'être pas cause de toutes nos idées : celles qui nous représentent des choses extérieures s'appellent, s'enchaînent, se groupent selon un certain ordre que nous ne faisons pas plus que ces idées mêmes ; les perceptions de la vue sont signes des perceptions du toucher, sans qu'il y ait entre le signe et ce qu'il signifie aucun rapport nécessaire ; la nature visible tout entière est ainsi un langage dont l'expérience et l'expérience seule nous enseigne peu à peu l'interprétation. Ces idées, cet ordre, ce système de symboles dont nous avons conscience de n'être pas cause, toute cette part de moi que je ne reconnais pas comme mienne, toute cette intelligence parlant à mon intelligence par une nature qui ne saurait avoir d'existence substantielle ; — tout cela n'est-il pas dans mon esprit l'œuvre d'un esprit qui le pénètre, l'instruit, l'illumine, le dépasse et l'a créé ?

Comme dès lors tout est simple ! Le cartésianisme, condamné à expliquer l'union de deux substances aussi différentes que la pensée et l'étendue, le corps et l'âme, avait échoué. Ni les esprits animaux de Descartes, ni les causes occasionnelles de Malebranche, ni l'harmonie préétablie de Leibniz, n'avaient satisfait à toutes les exigences du problème. Avec Berkeley, le problème a disparu : il ne reste plus en présence que l'esprit humain et l'esprit divin. Au fond, c'était bien là qu'aboutissait Malebranche ; mais il s'embarrassait encore d'un reste de matière : l'étendue intelligible, l'étendue créée, les traces imprimées ou réveillées dans le cerveau.

Berkeley exorcise tous ces fantômes. L'étendue sensible va rejoindre dans l'âme la forme et la couleur ; l'étendue intelligible est une abstraction ; comme telle, n'est rien qu'une idée d'étendue particulière prise pour signe de toutes les autres étendues particulières ; quant au cerveau, lui aussi, il est idée. Je ne pense pas parce que j'ai un cerveau ; mais l'idée que j'ai d'un cerveau est toute la réalité de ce cerveau.

Dès 1710, lady Percival faisait à Berkeley une grave objection. « Ma femme, lui écrivait lord Percival, désire savoir ce que vous faites, s'il n'y a rien que l'esprit et les idées, de cette partie de la création en six jours qui a précédé l'homme (1). »

Berkeley répondait, comme il répondra plus tard dans les *Dialogues d'Hylas et de Philonoüs*, que la réalité des choses dont nous n'avons pas actuellement l'idée, ou dont aucun esprit humain n'a pu avoir l'idée, a son fondement dans la pensée divine. Les choses sont véritablement en Dieu en tant qu'idées, et l'histoire du monde avant la création de l'homme s'est déroulée tout entière dans l'entendement divin. Et il ajoute, dans les *Dialogues* : « j'imagine que si j'avais été présent à la création, j'aurais vu les choses être produites à l'existence, c'est-à-dire devenir perceptibles dans l'ordre indiqué par l'historien sacré..... Quand les choses sont dites commencer ou finir leur existence, nous n'entendons pas cela au regard de Dieu, mais à celui de ses créatures. Tous les objets sont éternellement connus par Dieu, ou, ce qui est la même chose, ont une existence éternelle dans son intelligence ; mais quand les choses, auparavant imperceptibles aux créatures, leur deviennent perceptibles par un décret divin, alors on dit qu'elles commencent une existence relative, à l'égard des esprits créés. Donc, en lisant le récit de Moïse sur la création, je comprends que les différentes parties du monde sont devenues graduellement perceptibles à des esprits finis, en sorte que, partout où ces esprits furent présents, elles furent réellement perçues par eux (2). »

De là une nouvelle preuve, et plus décisive peut-être, de l'existence de Dieu. Les choses qui n'existent pas parce que nous ne sommes pas là pour les penser, doivent exister quelque part, soit dans d'autres entendements finis, soit, au défaut de tout entendement fini, dans l'entendement divin.

(1) Fraser, *Berkeley*, in-18, p. 70.
(2) *Dial.* III. Edit. Fraser, t. I, p. 348.

M. Leslie Stephen se demande si Berkeley a le droit de tirer cette conséquence. « Si, dit-il, par la perception d'une chose, je voulais dire que je perçois aussi que quelqu'un d'autre que moi la perçoit, il s'ensuivrait qu'en mon absence la chose subsisterait en effet dans cet autre esprit. Mais une telle signification est impossible, et Berkeley lui-même nous dit que nous ne pouvons percevoir directement une autre conscience. Nous ne sommes informés de l'existence de consciences différentes de la nôtre que par une interprétation de signes extérieurs. Et cependant l'argument de Berkeley semble impliquer qu'un esprit est nécessaire à l'existence d'une idée, non seulement, pourrait-on dire, au dedans de nous, mais aussi au dehors. Nous admettons qu'il doit y avoir un esprit qui reçoive l'impression. Mais pourquoi y aurait-il un esprit qui la produit? N'est-ce pas confondre le sujet et l'objet, et supposer tacitement qu'une idée est une sorte de chose séparable qui peut disparaitre d'un esprit et être conservée dans un autre? De plus si nous admettons qu'un certain substratum est nécessaire pour assurer la continuité du monde extérieur, échappons-nous, en appelant ce substratum un esprit, à toutes les difficultés impliquées, selon Berkeley, « dans la conception de la matière (1) ? »

L'objection ne manque pas de force; il nous semble cependant que Berkeley aurait de quoi répondre. On n'a pas assez remarqué peut-être le rôle que jouent dans sa philosophie le principe et la notion de causalité. Il ne cesse d'affirmer que l'activité véritable appartient aux seuls esprits ; les esprits sont seuls causes, seuls moteurs, les idées ou choses sensibles ne sauraient donc être causes ni d'elles-mêmes ni de rien. D'autre part, comme notre esprit a conscience de n'être pas cause de toutes ses idées, mais qu'il prend en soi-même et immédiatement le sentiment de sa propre causalité, il conclut nécessairement à l'existence d'autres causes spirituelles, analogues à lui. Cette nécessité, qui fonde à nos yeux l'existence de l'esprit divin, fonde aussi la permanence du monde extérieur; car les idées ne peuvent rester suspendues dans le vide ; l'absence de mon esprit qui les perçoit ne peut pas plus les anéantir que sa présence leur donner l'être : mon esprit ne produit encore

(1) *History of the english thought in the eighteenth century*, t. I, p. 41.

une fois que des idées dont il a conscience d'être cause. Le principe de causalité exige donc que les choses non perçues par moi, ou par mes semblables, le soient par Dieu, et si Dieu est éternel, elles sont éternellement idées de Dieu. C'est une induction, soit ; mais une induction nécessaire, et je ne vois pas qu'on puisse logiquement contester à Berkeley le droit de la faire.

Ce qu'on pourrait plus justement lui reprocher, c'est de n'avoir pas déterminé plus nettement l'origine et les caractères de l'idée de cause, la valeur du principe de causalité. La notion du *moi* demeure assez obscure chez Berkeley. Dans le *Common place Book*, il va jusqu'à dire que l'âme n'est rien que ses manières d'être (1). Il semble qu'alors il ait eu peur, même pour l'âme, de la notion de substance, qui implique quelque chose de passif, analogue à la matière en soi. Plus tard, dans les *Principes de la connaissance humaine*, il identifiera la cause et la substance, et l'esprit seul est cause ou substance parce qu'il est essentiellement activité, volonté. Mais il n'est que par la conscience qu'il a de percevoir et d'agir : alors que devient-il quand la conscience est suspendue ? Berkeley ne s'explique pas sur ce point, ou plutôt il affirme que l'esprit pense toujours, et il s'agit ici d'une pensée réfléchie (*cogitation*) (2). Il ajoute que nous avons du *moi*, non une idée mais une *notion*, ce qui veut dire que le moi se saisit non comme une chose étrangère, comme objet de perception, mais par une réflexion immédiate (3). Cela est vrai, profond même, mais voudrait être plus solidement établi. Il n'aborde nulle part, que nous sachions, le problème du libre arbitre ; il se contente d'affirmer la liberté comme une condition de la morale (4). L'activité même du moi, qui est son essence, ne consiste qu'à « percevoir des idées, — c'est l'entendement ; à produire des idées ou à opérer sur elles, — c'est la volonté (5) ». Enfin dans la *Siris* il fera de l'unité le fond le plus intime de

---

(1) « The very existence of ideas constitutes the soul. — Mind is a congeries of perceptions. Take away perceptions, and you take away mind. Put the perceptions and you put the mind. — The understanding seemeth not to differ from its perceptions or ideas. » (Fraser, pp. 438, 439.)
(2) *Princ. of Human Knowledge*, sect. 98.
(3) *Princ. of Hum. Knowledge*, sect. 2, 27, 142. — *Dial. Hyl. et Phil.*, III — Fraser, I, p. 328.
(4) *Common place Book*, Fraser, p. 430.
(5) *Princ. of Hum. Knowl.*, sect. 27.

notre être, ce qui est encore peu clair et bien abstrait. Il lui manque une psychologie, surtout une psychologie de la volonté.

Sa situation d'ailleurs était embarrassante. Il s'agissait de faire évanouir la matière en soi, pour établir plus solidement l'existence de Dieu. La réalité prétendue de la matière devait faire retour aux esprits. Mais il n'était pas prudent de donner trop à l'esprit humain ; car s'il fait, en tant qu'il les perçoit, tout l'être des choses ; s'il produit certaines de ses modifications ; si, en un mot, il manifeste une causalité véritable, n'est-il pas à craindre que cette activité, débordant les limites de la conscience, ne soit la raison secrète et des mouvements instinctifs, et des lois que nous découvrons dans la nature, et des rapports qui unissent entre eux les différents ordres de perceptions ? Dès lors que resterait-il pour la causalité divine et quelle valeur conserverait notre prétendue preuve de l'existence de Dieu ? Le *moi* de Berkeley deviendrait quelque chose d'absolu, comme le *moi* de Fichte.

Il fallait donc, tout en laissant à l'âme l'activité, renfermer rigoureusement celle-ci dans les limites de la conscience, c'est-à-dire du présent. Le temps d'ailleurs n'existe que dans l'esprit, il n'y a d'autre durée que celle de la conscience (1). Tout ce qui n'est pas présent n'existe pas, qu'il s'agisse de notre vie interne, ou des idées que nous appelons des objets. Une étendue trop petite pour être vue n'est rien (2) ; les phénomènes inconscients du dedans ne sauraient exister. Ce n'est pas l'âme qui meut les membres du somnambule ou du dormeur, les doigts du musicien exercé : c'est Dieu (3). La part d'activité qui nous est propre est donc à chaque instant déterminée par la conscience distincte que nous avons d'être cause de certaines modifications internes : le reste est la part de la causalité divine. Le sens intime révèle à la fois la limite et les rapports entre Dieu et nous.

Mais c'est là un des points faibles du système. Il est aujourd'hui démontré qu'une perception se compose d'une

---

(1) *Princ. of Human Knowledge*, sect. 98.
(2) *An Essay towards a new theory of vision*, sect. 80. — *Princ. of Human Knowledge*, sect. 121.
(3) *Siris*, sect. 257.

multitude de perceptions insensibles, que de la conscience à l'inconscience, il y a, non pas un abîme, mais une infinité de transitions ; on ne saurait plus dire où commence, où finit le domaine de l'activité psychique proprement dite. Dès lors, comment déterminer avec rigueur ce qui, dans le *moi*, est de nous, ce qui n'en est pas? Je veux que Berkeley ait prouvé la non-existence de la matière en soi : c'est la distinction entre l'âme et Dieu qui devient difficile. La conscience n'étant plus une quantité fixe ni un critérium suffisant, qui nous assure que ce que nous rapportons à Dieu n'est pas encore en nous l'œuvre d'une activité qui est nôtre sans que nous le sachions? La difficulté d'ailleurs n'est pas particulière au système de Berkeley; elle est commune à toutes les philosophies qui admettent à la fois entre Dieu et l'homme un rapport et une distinction. Ni Descartes, ni Malebranche, ni même Leibniz, ne l'ont résolue. Berkeley a sur eux cet avantage d'avoir affirmé, sinon démontré, l'existence d'une causalité propre à l'âme humaine et du libre arbitre.

II

Connaitre que Dieu existe, est peu de chose, si l'on ignore quel il est. Berkeley est un prédicateur et un apôtre, la spéculation qui ne se tourne pas à bien faire n'a nul prix à ses yeux. Évêque, il voit les progrès de l'athéisme, et suit avec angoisse la décadence des mœurs, dont pour lui l'irréligion est la cause ; patriote, il veut guérir une corruption qui menace la prospérité, la grandeur, l'existence même de son pays. La croyance en Dieu qu'il s'agit de ressusciter dans les âmes doit être telle qu'elle ait une influence pratique ; il faut donc avant tout que ce Dieu, l'homme soit capable de s'en faire une idée.

Philosophes et théologiens, par crainte de l'anthropomorphisme, ont souvent insisté sur l'incompréhensibilité de la nature divine. Au temps de Berkeley, parait-il, les libres-penseurs s'en faisaient une arme contre la religion. Ils invoquaient l'autorité du prétendu Denys l'Aréopagite pour qui Dieu est au-dessus de toute essence et de toute vie, de toute sagesse et de toute connaissance ((ὑπὲρ πᾶσαν οὐσίαν καὶ ζωήν, ὑπὲρ πᾶσαν σοφίαν καὶ σύνεσιν); supérieur à toute négation comme à toute affirmation (ὑπὲρ πᾶσαν καὶ ἀφαίρεσιν καὶ θέσιν). Sa sagesse est sans raison, sans intelligence; elle est folie (τὴν ἄλογον καὶ ἄνουν καὶ μωρὰν σοφίαν). Pour d'autres Pères, Dieu est sans existence et sans essence (ἀνύπαρκτος, ἀνούσιος), il est plus qu'inconnu (ὑπεράγνωστος) (1). On voit que l'Inconnaissable ne date pas d'hier; c'est même l'*Hyperinconnaissable* que nous avons ici. Au commencement du xviii° siècle Peter Browne (2), depuis évêque de Cork et de Ross, et l'archevêque de Dublin King (3), avaient soutenu une théorie semblable; selon eux nous ne connaissons Dieu que par analogie. Mais ils entendaient par là que toutes nos affirmations relativement à la nature et aux attributs divins ne sont au fond que des métaphores et n'expriment aucune vérité.

Le Lysiclès de l'*Alciphron* insiste sur les conséquences d'une telle doctrine. Pratiquement elle revient à l'athéisme, car qu'est-ce qu'un Dieu dont nous ne savons rien? Aussi Anthony Collins, désigné dans le Dialogue sous le nom de Diagoras, disait-il que, si cette doctrine était généralement admise, il ne se serait pas donné la peine d'inventer sa fameuse démonstration pour prouver que Dieu n'existe pas.

Berkeley rétablit donc la vraie signification de la méthode analogique appliquée à la connaissance des attributs divins. Il distingue deux sortes d'analogies : l'analogie métaphorique et l'analogie propre (*analogia proprie facta*, dit Cajetan). C'est conformément à la première que nous parlons du doigt de Dieu, de la colère de Dieu, etc. Mais en vertu de l'*analogie propre*, nous rapportons à Dieu, avec le caractère d'infinité, les perfections relatives que l'observation constate dans la nature de l'homme. Ainsi la connaissance, la sagesse, la bonté, en tant que telles, ne renferment pas d'imperfection; nous avons donc le droit de les attribuer à Dieu « proportionnellement, c'est-à-dire en tenant compte de la proportion à l'infinie nature de Dieu (4) ». Si les mots

(1) *Alciphr.*, IV, sect. 22.
(2) Lettre en réponse à l'ouvrage de Toland, *Christianity not mysterious*, 1699. — Et aussi, *Procedure, Extent, and Limits of Human understanding*, 1728.
(3) *Sermon on consistency of Predestination and Foreknowledge with the Freedom of Man's Will*, 1709.
(4) *Alciphr.*, IV, sect. 16 à 19.

par lesquels on exprime ses attributs n'étaient pas pris dans leur acception véritable et formelle, il est évident que tout syllogisme employé pour prouver ces attributs, ou, ce qui revient au même, pour prouver l'existence de Dieu, comprendrait quatre termes, et, par suite, on ne pourrait rien conclure.

Ainsi la connaissance de Dieu nous est donnée de la même manière que celle des autres esprits. L'univers est conçu comme une hiérarchie d'intelligences, avec l'intelligence divine au sommet.

Les apparents désordres de ce monde ne peuvent être invoqués contre Dieu. Juge-t-on de l'administration d'un État, des mœurs des citoyens qui l'habitent, par ce qui se passe dans les prisons ? La terre, avec ses misères et ses péchés, est à l'univers des esprits ce qu'un cachot est à un royaume. Tout porte à croire qu'il existe d'innombrables ordres d'intelligences plus heureuses et plus parfaites que l'homme. Notre vie est un moment, notre globe est un point dans le système total de la création divine. Nous admirons pourtant la splendeur des choses d'ici-bas : c'est que nous ne connaissons rien de mieux : « Mais si nous savions ce que c'est que d'être un ange pendant une heure, nous reviendrions en ce monde, fût-ce pour y occuper le trône le plus éclatant, avec beaucoup plus de répugnance et de dégoût que nous n'en aurions maintenant à descendre dans le cachot le plus horrible ou dans la tombe (1) ».

Cet optimisme, qui n'est d'ailleurs pas fort original, a chez Berkeley une portée pratique plus grande que chez Leibniz, car il ne s'embarrasse d'aucune considération métaphysique. Leibniz suppose une infinité de mondes possibles, distingue la nécessité géométrique de la nécessité morale, parle de volonté antécédente et de volonté conséquente, prétend concilier la prescience et la providence divine avec une liberté humaine que sa théorie supprime : c'est un imposant appareil de spéculations profondes dont s'enchante la pensée pure, mais qui n'ont, je le crains, que peu d'action sur la conduite. Berkeley, pour qui la philosophie a comme unique objet de rendre les hommes meilleurs, l'allège et la simplifie à l'excès. Il a déjà fait l'économie de la substance matérielle ; il a réduit la psychologie à ce qui est essentiel

(1) *Alciphr.*, IV, 23.

pour que l'homme trouve dans la conscience de son activité et de ses perceptions la preuve de la causalité et de l'intelligence divines; il se borne à constater en Dieu même ce qui seul nous importe réellement pour bien vivre : la puissance, la sagesse, la justice, la bonté. Il n'en faut savoir davantage pour la pratique. Dieu est infini, sans doute, mais cette notion d'infinité est pleine d'embûches, de contradictions; en elle-même, elle est une abstraction inintelligible (1), comme la matière-substance, comme le temps et l'espace. Elle a peuplé de chimères les mathématiques et la géométrie. Gardons qu'elle n'embrouille aussi la théologie naturelle; il sera moins dangereux de dire tout uniment que Dieu est parfait. — Il y a de l'ordre dans l'univers : qui le nie? Mais ne nous demandons pas si cet ordre est immuable, car nous risquerions d'en faire la manifestation nécessaire d'une activité aveugle, inhérente aux choses mêmes : c'est la doctrine de Straton, de Spinoza, à laquelle conduisent tout droit et le mécanisme de Descartes et de Newton, et même le dynamisme de Leibniz. Le mouvement n'est que dans l'esprit (2), la gravitation n'explique rien ; loin d'être une cause, elle n'est qu'une induction fondée sur un certain nombre d'expériences, un symbole qui ne représente même pas tous les faits; « les étoiles fixes ne s'attirent pas réciproquement; la croissance perpendiculaire des plantes, l'élasticité de l'air, s'expliquent par un principe entièrement contraire à celui de la gravitation (3) ». « La nature n'est autre chose qu'une série d'actions libres, produites par un agent très sage et très bon (4). » Ces actions sont réglées par certaines lois générales, mais ces lois peuvent être suspendues non par caprice, mais par sagesse encore, et il y a place pour les miracles (5).

Dieu est le législateur universel; et comme sa sagesse, sa bonté, sa liberté fondent l'ordre du monde sensible, elles fondent aussi l'obligation des lois morales. L'éthique de Berkeley est une sorte d'utilitarisme religieux.

---

(1) *Princ. of Human Knowledge*, sect. 130, 131, et *Analyst*.
(2) Voy. le *De motu*.
(3) *Princ. of Human Knowledge*, sect. 106.
(4) *Discourse on passive obedience*, § 14.
(5) *Princ. of Human Knowledge*, sect. 106.

III

On admet généralement qu'il y a certaines règles morales ou lois de nature éternellement et rigoureusement obligatoires ; mais on diffère quant aux moyens de les découvrir, et de les distinguer de ces prescriptions uniquement fondées sur l'humeur et le caprice des hommes. Les uns nous invitent à les chercher dans les idées divines ; les autres soutiennent qu'elles sont naturellement gravées dans nos âmes ; d'autres encore les fondent sur l'autorité des sages et le consentement de tous les peuples. Il en est enfin qui prétendent que pour les connaître il faut les déduire en prenant pour point de départ les données de la raison. C'est cette dernière méthode que Berkeley considère comme la moins sujette aux difficultés ; mais personne ne l'a jusqu'ici complètement appliquée : il se propose de le faire (1).

L'amour de soi est de tous les principes le plus universel et le plus profondément imprimé dans nos cœurs. Ce qui augmente notre bonheur, nous l'appelons bien ; mal, ce qui le diminue ou le détruit. Le jugement s'emploie uniquement à distinguer l'un de l'autre, et nos facultés n'ont d'autre objet que de fuir celui-ci, de rechercher celui-là. Au début, le plaisir sensible immédiat nous paraît le seul bien ; nous le poursuivons uniquement. Plus tard, à mesure que les facultés supérieures se développent, nous découvrons des biens qui l'emportent de beaucoup sur les satisfactions de la sensibilité physique. Dès lors, nos jugements se modifient, nous apprenons à considérer les conséquences éloignées d'une action, les biens ou les maux futurs que peut nous apporter le cours des événements. Nous devenons capables de sacrifier des plaisirs présents et fugitifs à des biens plus grands et plus durables, fussent-ils trop éloignés ou d'une nature trop raffinée pour affecter nos sens.

Mais la terre, la durée et tout ce qui s'écoule dans son sein ne sont rien en comparaison de l'éternité. La raison nous dicte que nous devons diriger notre conduite unique-

---

(1) *Passive obedience*, § 4. — Fraser, t. III, p. 110.

ment en vue de nous assurer un bonheur éternel. « Et puisqu'il est évident par la lumière naturelle qu'il y a un esprit souverain qui sait tout, et peut seul nous rendre pour toujours heureux ou misérables, il s'ensuit que c'est seulement en se conformant à sa volonté, non en se proposant n'importe quel avantage temporel, qu'un homme agissant selon les principes de la raison devra régler ses actes. La même conclusion résulte avec évidence des rapports qui existent entre Dieu et les créatures. Dieu a créé toutes choses et les conserve. Il est, de droit indiscutable, le grand législateur de l'univers, et, non moins que l'intérêt, tous les liens du devoir imposent au genre humain l'obéissance à ses lois (1). »

Déterminer ce que peut vouloir la volonté divine, quels sont et le dessein général de la Providence à l'égard de l'humanité, et les voies les plus propres à l'accomplissement de ce dessein, — voilà par où seulement nous pourrons découvrir les lois de la nature. Les lois étant en effet les règles directrices de nos actions en vue de la fin que s'est proposée le Législateur, pour connaître les lois de Dieu, il faut d'abord rechercher la fin qu'il veut atteindre par le moyen des actions humaines. Or Dieu étant l'infinie bonté, la fin qu'il poursuit ne peut être que bonne. Comme il jouit en lui-même de toute la perfection possible, cette fin est nécessairement, non son propre bien, mais celui de ses créatures. Mais les actions des hommes se terminent à eux, elles n'ont aucune influence sur les autres ordres d'intelligences ou de créatures raisonnables ; la fin qu'elles doivent réaliser ne peut donc être que le bien des hommes. Mais à ne considérer que sa condition naturelle d'être créé, aucun homme n'a plus droit qu'un autre à la faveur de Dieu ; le seul titre à une préférence est la bonté morale, laquelle consiste dans la conformité de la conduite aux lois de Dieu, et présuppose l'existence de ces lois. La loi supposant la fin vers laquelle elle dirige nos actions, il est clair qu'aucune distinction entre les hommes ne peut être antérieure à cette fin, qui, par suite, ne peut être déterminée ou limitée par aucune considération de personnes. « Ce n'est donc pas le bien particulier de tel ou tel homme, de telle nation, de tel siècle, mais le bonheur général de tous les hommes, de toutes les nations, de tous les âges, que Dieu a dessein

---

(1) *Passive obedience*, § 6.

d'assurer par les actions concordantes de chaque individu (1). »

Pour assurer le bonheur du genre humain, Dieu pouvait imposer à chacun, dans chaque occasion particulière, l'obligation de considérer le bien public et de faire ce qui lui semblerait être, à ce moment même et dans les circonstances présentes, le plus utile en vue de cette fin. Il pouvait aussi commander l'obéissance à quelques lois fixes, déterminées, dont la pratique universelle aurait pour conséquence nécessaire, conformément à la nature des choses, le bonheur de l'humanité, alors même que par suite d'accidents, ou de perturbations résultant de la perversité des volontés humaines, elles devaient être l'occasion de cruelles infortunes pour un grand nombre de gens de bien.

De ces deux voies, la première était impraticable. Calculer toutes les conséquences prochaines ou éloignées de chaque action est impossible ; en tout cas, ce calcul exigerait un temps et une peine qui le rendraient de nul usage dans la vie. De plus, chacun agissant d'après l'idée qu'il se ferait de ce qui est le plus utile au bien public, quelle diversité dans la conduite des hommes vertueux ! Leurs opinions sur les conditions du bonheur universel seront loin d'être d'accord, et, comme les intentions restent cachées dans le for intérieur, on ne saura jamais si tel assassinat, par exemple, est criminel ou non. Ajoutez que la règle, pour le même homme, variera selon les circonstances. Un critérium invariable des actions humaines est, dans cette hypothèse, de toute impossibilité.

Il reste donc que Dieu ait imposé l'observation de règles déterminées, de préceptes moraux « qui, par leur nature, aient une tendance nécessaire à accroître le bonheur du genre humain, considéré dans la totalité des nations et des siècles, depuis le commencement jusqu'à la fin du monde (2) ».

Qui veut la fin veut les moyens ; toute maxime de conduite qui, aux yeux de la droite raison, a une connexion nécessaire avec le bonheur de l'espèce humaine, doit être considérée comme un décret de Dieu, partant comme une loi pour l'homme.

(1) *Passive obedience*, § 7.
(2) *Passive obedience*, § 10.

« De telles propositions sont appelées lois de nature, parce qu'elles sont universelles et qu'elles dérivent leur caractère obligatoire non de quelque sanction civile, mais immédiatement de l'auteur même de la nature. On dit qu'elles sont imprimées dans l'âme, gravées dans les cœurs, parce qu'elles sont bien connues du genre humain, suggérées et inculquées par la conscience. Enfin on les appelle lois éternelles de la raison, parce qu'elles résultent nécessairement de la nature des choses et qu'elles peuvent être démontrées par les infaillibles déductions de la raison (1). »

Ces lois, ni l'intérêt privé, ni l'amitié, ni l'amour du bien public ne doivent nous en affranchir. La bienveillance même et la charité ne sauraient être des motifs suffisants pour nous dispenser jamais de les suivre ; car la passion n'est pas une règle fixe et peut conduire à tous les excès ; le danger est même d'autant plus grand que la passion est plus généreuse et qu'un poison plus doux s'insinue par elle dans le cœur.

Dieu ne dérange pas les lois du monde parce qu'elles produisent des maux particuliers et transitoires : qui niera pourtant qu'elles n'aient pour but et pour effet le plus grand bien de l'univers ? De même l'homme n'a pas le droit de suspendre les lois morales pour se dérober ou soustraire quelques-uns de ses semblables aux maux qu'elles peuvent accidentellement produire. Elles sont vérités éternelles et immuables au même titre que les propositions de la géométrie. Elles ne dépendent d'aucune circonstance ; « elles sont vraies partout et toujours, sans limitation, sans exception (2) ».

Telles sont les règles : « Tu ne te parjureras pas, tu ne commettras pas d'adultère. Tu ne prendras pas le bien d'autrui. » Rien de plus évident que le rapport de ces préceptes avec le bonheur du genre humain. La déduction est à peine nécessaire.

Berkeley observe que les lois morales, celles du moins qui ont le caractère d'obliger universellement et sans condition, s'expriment toujours sous une forme négative. En effet, il arrive souvent, soit parce que les actions morales sont nombreuses et difficiles à accomplir, soit parce qu'elles

(1) *Passive obedience*, § 12.
(2) *Passive obedience*, § 14, 53.

s'excluent mutuellement, qu'il n'est pas possible d'en accomplir plusieurs en même temps : « tandis qu'il est toujours possible de s'abstenir simultanément de toutes les actions positives. Voilà pourquoi, sinon les lois positives elles-mêmes, au moins leur application, comporte suspension, limitation, diversité de degrés (1). »

On objectera qu'il en est de même de certaines lois négatives, celle-ci, par exemple : Tu ne tueras point. Le magistrat met justement à mort le criminel, et c'est un devoir pour le soldat de tuer l'ennemi dans la bataille. Mais c'est qu'alors, ou bien la loi est exprimée en termes trop généraux, et, dans l'exemple cité, *tuer* doit être pris pour *commettre un meurtre* ; — ou bien la proposition étant maintenue avec toute son extension, on doit en excepter les cas précis qui ne rentrent pas dans les conditions de la loi. Ainsi, tous les cas où l'action de tuer ne se confond pas avec celle de commettre un meurtre, sont légitimement exceptés. « Ce n'est donc pas la loi même de la nature qui comporte des exceptions ; c'est une proposition plus générale qui, outre la loi, enveloppe quelque chose de plus : et ce quelque chose doit être supprimé, pour que la loi devienne par elle-même claire et déterminée (2). »

L'expression : *loi de la nature*, peut aussi prêter à équivoque. C'est, dira-t-on, en vertu d'une loi de la nature que tout animal a l'instinct de la conservation et cherche par tous les moyens possibles à éviter la mort qui le menace. Mais une telle loi ne ressemble en rien à celles qui expriment une obligation morale. Elle ne s'adresse pas à la volonté ; elle agit en nous sans notre aveu. La confondre avec un des préceptes de la moralité, c'est excuser par avance tous les crimes qu'un homme pourra commettre pour sauver sa vie.

La morale de Berkeley se rattache, on le voit, de la manière la plus étroite, à sa philosophie religieuse. Ce qui fait proprement le caractère obligatoire et sacré de la loi, c'est qu'elle est un décret de la volonté divine, et qu'elle a pour sanction des récompenses et des peines éternelles. Aussi combat-il avec force, non seulement le paradoxe impie de Mandeville, que les vices sont plus utiles au genre

(1) *Passive obedience*, § 25.
(2) *Passive obedience*, § 32.

humain que les vertus, mais encore la morale tout esthétique de Shaftesbury. Pratiquer la vertu uniquement parce qu'elle est belle, et pour donner satisfaction au sentiment délicat et impérieux que nous avons du bien ; la flétrir comme mercenaire dès qu'elle cherche quelque appui dans l'espérance d'un bonheur ou la crainte de peines à venir : n'est-ce pas chasser Dieu de la morale, en la réduisant à des motifs purement humains et en l'enfermant dans les limites étroites de cette vie (1) ?

Tel est dans ses traits essentiels l'utilitarisme religieux de Berkeley. Il est remarquable par sa grandeur et sa précision. Berkeley s'inspire de Locke, anticipe Butler et Paley, mais il est supérieur à Locke, pour qui l'obligation morale se fonde uniquement sur la toute-puissance divine ; à Paley, qui ne mesure la valeur morale des règles de conduite que par les conséquences des actes. Il n'est inférieur qu'à Butler, dont la doctrine incline parfois aussi vers l'utilitarisme, mais s'en dégage en affirmant le caractère immédiatement et inconditionnellement obligatoire des ordres de la conscience.

Mais la doctrine de Berkeley pourrait bien n'être pas elle-même à l'abri de toute objection. Je n'en veux pour preuve que la théorie de l'obéissance passive. C'est, à l'en croire, un décret divin qui impose une soumission absolue, inconditionnelle, au pouvoir établi. Jamais, dans aucun cas, à quelque excès que puisse se porter le souverain légitime, la rébellion ne cesse d'être un crime contre Dieu. Bossuet, sur ce point, n'est pas plus excessif que Berkeley. Comme la thèse est visiblement fausse, j'en conclus qu'il est dangereux de fonder la morale sur la volonté divine. On risque de rendre celle-ci complice de regrettables erreurs. On revêt d'un caractère sacré les préjugés politiques d'une époque ou d'une caste, on transforme en loi éternelle et universelle les rêves insensés du despotisme. Je rends justice à l'habileté que déploie Berkeley pour soutenir une mauvaise cause ; je reconnais qu'il est désintéressé, car on ne saurait le soupçonner d'avoir voulu flatter les sentiments tories de la reine Anne. Mais jusque dans les théories libérales de Locke, de Grotius et de Puffendorf, c'est encore la libre

(1) *Alciphron, Dial.* II et III.

L. CARRAU. — Philos. relig.

pensée et l'athéisme que Berkeley se croit obligé de combattre.

IV

Un vrai philosophe a beau vouloir simplifier les questions dans l'intérêt de la pratique, il ne réussit pas, s'il est sincère, à fermer toujours les yeux sur une complexité et des difficultés inévitables. Les problèmes sont ce qu'ils sont ; ils ne se laissent pas ramener aux termes et à la mesure où il nous serait le plus avantageux de les réduire. L'auteur de la *Nouvelle théorie de la Vision*, des *Dialogues d'Hylas et de Philonoüs*, de l'*Alciphron* pouvait être satisfait de son œuvre : au moment d'écrire la *Siris*, il ne l'était plus. Non que l'immatérialisme eût succombé sous les coups de ses adversaires : ceux-ci étaient réduits au silence. C'est Berkeley lui-même qui dut apercevoir les lacunes et les points faibles de sa propre doctrine. Elle n'était pas fausse, mais incomplète. Il avait eu trop aisément raison, il avait arbitrairement éliminé tout ce qui pouvait embarrasser l'élégante et quelque peu superficielle ordonnance d'un système où la métaphysique devait tenir aussi peu de place que possible.

Deux points essentiels avaient été omis, sur lesquels il fallait s'expliquer, sous peine de laisser l'immatérialisme sans réponse en face des exigences les plus pressantes et les plus légitimes. Qu'est-ce que la vie ? Quelle en est l'origine et la cause suprême ?

Qu'est-ce que la vie ? — L'immatérialisme triomphait facilement de la prétendue substance en soi des objets inanimés ; toutes les qualités par où ils se manifestent devenant nos idées, que reste-t-il d'eux ? Ils ne sauraient évidemment exister pour eux-mêmes : leur *esse* est *percipi*. Quand il s'agit de notre esprit, l'activité qui lui est essentielle s'oppose si nettement à la passivité de la matière brute, que la définition de l'existence devient précisément l'inverse de ce qu'elle était tout à l'heure ; pour l'esprit, *esse* est *percipere*. Mais n'y a-t-il donc rien entre ces deux extrêmes ? Et les animaux ? Et les plantes ? Les animaux, surtout les animaux supérieurs, ne sont-ils pas, en quelque mesure, *percevants* ? N'y a-t-il pas activité, force, donc esprit, partout où il y a instinct, mouvement spontané, croissance, vie, en un mot ? Que sont alors ces êtres qui pour nous n'existent qu'en tant que groupes d'idées, mais qui, s'ils sont capables de perception, existent aussi pour eux-mêmes ? Tout leur être c'est d'être perçus, et cependant ils perçoivent ; bien plus, ils nous perçoivent, et alors, pour être conséquent avec le principe de l'immatérialisme, il faudra dire que tout notre être consiste à être perçu par eux ! Mais si notre être, à nous, n'est pas dépendant de la perception que les autres esprits ont de nous, qui ne voit qu'il en doit être de même au moins des animaux supérieurs, supposé qu'ils soient plus que de simples machines ?

Mais rien ne devait répugner davantage à Berkeley que l'automatisme cartésien. Lui qui ne voulait pas du mécanisme dans le monde de la matière brute, comment l'aurait-il accepté dans celui de la vie et de l'animalité ? Quoi ! le plus simple mouvement supposera un moteur spirituel, et la matière, qui n'est rien que nos idées, pourrait produire ces complexités merveilleuses de mouvements adaptés qui constituent la vie instinctive de l'animal ! Tout idéaliste qu'on se le représente d'habitude, Berkeley a un sentiment très vif de la réalité ; il est de plus un poète, à sa manière ; dès sa jeunesse, il s'est nourri de Platon, dont le culte s'était conservé intact, depuis le milieu du xviie siècle, dans les universités anglaises, et notamment à Cambridge. Ce n'est pas lui qui se résoudra jamais à voir dans la nature, surtout dans la nature vivante, un théorème glacé de mécanique.

C'est l'explication de la vie qui sera tentée dans la *Siris*. Mais le souffle platonicien qui n'a jamais cessé d'inspirer Berkeley (1), et qui l'anime plus visiblement encore à partir de sa retraite en Irlande, ne devait pas l'abandonner à moitié route. Il l'élèvera, sur les ailes de la dialectique, jusqu'à la cause première de toute vie, jusqu'à la contemplation de l'essence même de Dieu.

Avant la *Siris*, Berkeley, tout entier à sa lutte contre le scepticisme et l'athéisme des libres-penseurs, s'est uniquement préoccupé d'établir qu'il y a un Dieu qui gouverne le monde et l'humanité avec sagesse, bonté, justice ; un Dieu

(1) *Lettre à Prior*, sect. 16.

rémunérateur et vengeur, tel que l'exige l'ordre moral du royaume des esprits. Les rapports de ce Dieu avec les âmes humaines ont été suffisamment déterminés ; il leur donne les idées qu'elles ne produisent pas d'elles-mêmes, et les règles générales de la conduite. Mais dans quelle relation est-il avec le monde ? Dira-t-on que cette question n'existe pas, puisque le monde n'existe que comme perception des esprits ? Mais nous venons de voir que le problème de la vie déborde les solutions trop étroites et trop simples de l'immatérialisme antérieur à la *Siris*. La vie aura Dieu pour cause, bien entendu ; mais la vie dans son essence, échappant à la formule : *esse* est *percipi*, il faudra que la causalité divine intervienne ici autrement qu'elle ne le fait quand elle suscite et unit en nous des idées ; il faudra, si les êtres vivants sont quelque chose pour eux-mêmes, déterminer comment Dieu peut être à la fois le principe de la vie et s'en distinguer ; il faudra, en un mot, pénétrer plus avant dans la nature de la cause première pour constituer, sans tomber dans l'hylozoïsme stoïcien, une philosophie de la vie universelle qui nous sauve des systèmes mécanistes, si favorables aux doctrines athées..

On le voit : la *Siris* n'est qu'un développement plein de grandeur de ce que nous ont révélé les premières œuvres. Berkeley est arrivé au seuil de la vieillesse, il a lutté jusqu'ici contre ce qu'il croit le mal et l'erreur ; nul polémiste n'a été plus ardent, plus souple, plus infatigable ; il a poursuivi dans tous ses retranchements successifs la matière en soi ; il a réfuté Collins, Mandeville, Shaftesbury, combattu l'étendue-substance de Descartes, la monade de Leibniz, l'attraction newtonienne et jusqu'au principe du calcul infinitésimal ; c'est encore en soldat de la vérité qu'il est parti pour les Bermudes. Le voilà dans sa retraite de Cloyne ; sa philosophie, comme sa vie, a cessé d'être militante, il lit et médite, laisse sa pensée poursuivre son ascension de principe en principe, jusqu'à l'Un suprême ; peu soucieux des objections et des preuves, s'enchantant, sans trop s'interroger sur l'authenticité des textes, des échos de la sagesse antique, où il croit surprendre comme le souffle affaibli d'une inspiration sacrée. C'est ainsi que Platon, parvenu au bout de ses jours et au sommet de son génie, laisse à de plus jeunes les procédés de réfutation, les armes de la dispute, et, ressuscitant les vieilles doctrines pour leur donner un plus beau sens, expose plus qu'il ne démontre dans ces œuvres magistrales et sereines, le *Timée*, les *Lois*. Une critique exigeante peut les traiter de romans philosophiques, comme la *Siris* : nous croyons qu'elle aurait tort. Quand une grande intelligence a pensé toute sa vie, ce qu'elle a pensé à la fin, en pleine possession d'elle-même, est ce qui doit nous intéresser le plus, et qui, dans la mesure où les productions humaines en sont capables, doit contenir le plus de vérité.

On connait le point de départ de la *Siris*, le premier anneau de cette *chaîne de réflexions et de recherches*. Berkeley prétend expliquer les propriétés merveilleuses qu'il attribue à l'eau de goudron. L'huile ou baume que sécrètent les arbres résineux, purifiée à travers les pores des racines, raffinée encore par l'action de l'air et du soleil, retient plus aisément l'esprit acide ou âme végétale. Cette étincelle de vie, cette âme des plantes *(spark of life, spirit or soul of plants)* (1) est beaucoup trop subtile pour être sensible, elle est contenue virtuellement ou éminemment dans la lumière solaire, « comme les couleurs dans la lumière blanche » ; et ce sont les organes capillaires des plantes qui, attirant, absorbant certains rayons, en extraient, pour ainsi dire, certaines saveurs et qualités.

Le soleil est ainsi le principe générateur ; de sa lumière la terre reçoit la vie ; il est vraiment, comme dans l'hymne homérique, l'époux céleste qui la féconde : ἄλοχ' οὐρανοῦ ἀστερόεντος (2).

L'âme des plantes est identique à l'esprit acide, ou sel volatil, à qui Newton, Boerhaave, Homberg, paraissent attribuer un rôle considérable dans les combinaisons ou dissolutions chimiques. C'est encore l'*archée*, l'*ens primum*, l'*esprit natif*. Si la lumière en est le principe, l'air en est le réceptacle universel.

« Ces esprits natifs ou âmes des plantes sont respirés ou exhalés dans l'air qui paraît être le réceptacle aussi bien que la source des formes sublunaires, la grande masse, le chaos qui les distribue ou les reçoit. L'air ou atmosphère qui entoure la terre contient un mélange de toutes les par-

---

(1) *Siris*, sect. 40.
(2) *Siris*, sect. 43.

ties volatiles actives du monde habitable, c'est-à-dire de tous les végétaux, minéraux, animaux. Toute émanation, toute corruption, toute exhalaison imprègne l'air qui, étant mis en action par le feu solaire, produit dans son sein toutes sortes d'opérations chimiques, et distribue en des générations nouvelles ces sels et esprits qu'il a reçus des putréfactions (1). »

L'atmosphère est vivante ; « partout il y a de l'acide pour corrompre, de la semence pour engendrer ». Les minéraux mêmes n'échappent pas à la loi et à l'action de la vie universelle ; ils se corrompent, et l'esprit acide les ronge sous forme de rouille ; ils se nourrissent, pourrait-on dire, et l'air leur restitue ce qu'il leur prend. Boyle n'a-t-il pas constaté que les mines de fer et d'étain, épuisées, se reforment à l'air libre (2) ?

L'air n'est donc pas un élément simple, il est un mélange des choses les plus hétérogènes, les plus contraires, devenues élastiques et volatiles par l'action d'une substance infiniment subtile. Par elle s'alimentent à la fois le feu vital et la flamme commune, par elle tout fermente et s'agite ; par elle sont produits les météores et les tempêtes, les tremblements de terre, les maladies, les transmutations des éléments dissous et comme suspendus dans l'atmosphère. Cette partie plus vivante et plus active de l'air, c'est l'éther.

« Cet éther ou feu invisible, le plus subtil et le plus élastique de tous les corps, semble s'insinuer et se répandre à travers tout l'univers. Si l'air est l'agent ou l'instrument immédiat dans les choses naturelles, c'est le feu pur invisible qui est le premier moteur naturel, la source première d'où l'air dérive sa puissance.

« Cet agent puissant est partout présent, toujours prêt à se déchaîner avec impétuosité, s'il n'était retenu et gouverné avec la plus grande sagesse. Toujours en mouvement, jamais en repos, il *actualise* et vivifie la totalité de la masse visible ; également apte à produire et à détruire, il distingue les uns des autres les différents étages de la nature, et gros, pour ainsi dire, des formes qu'il produit au dehors et résorbe constamment, il entretient le cycle perpétuel des générations et des corruptions ; si vif dans ses mouvements,

(1) Sect. 137.
(2) Sect. 138 à 142.

si subtil et si pénétrant dans sa nature, si varié et si multiple dans ses effets, il semble n'être autre chose que l'âme végétative ou l'esprit vital de l'univers (1). »

Cette âme du monde, ce feu invisible, cet éther infatigable et partout répandu, est le principe commun de ces énergies vitales particulières que renferment virtuellement les rayons du soleil, de ces étincelles de vie qui constituent les âmes des plantes. Elle est chez l'homme l'esprit animal (2), l'instrument par lequel l'intelligence active et libre se manifeste dans les mouvements du corps. Seulement l'esprit de l'homme agit par cet instrument nécessairement, l'esprit divin, librement. Dans le gouvernement de l'univers, il n'y a véritablement qu'une cause, l'esprit de Dieu : le feu ou l'Éther est son premier ministre ; le feu agit sur l'air, volatilisant les particules des choses terrestres qu'il contient. Les agents mécaniques ou causes secondes ne méritent pas, à proprement parler, le nom de causes, ils sont en réalité des effets ; leur régularité atteste la sagesse et la bonté de l'agent suprême qui, sans être enchaîné à cet ordre, a voulu, par lui, rendre l'univers intelligible et profitable aux esprits créés. Ce sont des signes nécessaires « pour assister, non le gouverneur, mais les gouvernés (3) ».

Aussi, dans le monde, la variété, la diversité sont-elles irréductibles à l'unité de force et de loi. « L'éther pur contient certaines parties de différentes espèces, qui sont pénétrées par des forces différentes ou soumises à des lois différentes de mouvement, attraction, répulsion, expansion, et douées de dispositions et habitudes distinctes relativement aux différents corps (4). » Ces différences toutes dynamiques des modes de cohésion, attraction, répulsion, sont, beaucoup plutôt que la diversité des formes et figures, la source d'où dérivent les propriétés spécifiques. — Berkeley va jusqu'à prétendre, nous l'avons déjà remarqué, que tout n'obéit pas dans le monde inorganique à la seule loi de la gravitation : les particules de l'eau s'attirent ; mais celles de l'huile et du vinaigre se repoussent (5). Sa physique fait aujourd'hui sou-

---

(1) Sect. 152.
(2) Mélangée à l'air et comme fixée par lui, elle est contenue dans le cerveau et peut quelquefois devenir visible (sect. 205).
(3) *Siris*, sect. 160, et *Princip. of Human Knowledge*, sect. 60 à 62.
(4) *Siris*, sect. 162.
(5) Sect. 235.

rire ; mais il a bien compris que le déterminisme et la pure quantité géométrique ne peuvent rendre compte ni de la variété, ni du mouvement, ni de la vie de l'univers. La nécessité, c'est, au fond, l'identité et l'immobilité de toutes choses. La véritable raison des phénomènes est dans les causes finales, lesquelles excluent le mécanisme, et le ramènent à des considérations de convenance et de sagesse. Socrate critique justement Anaxagore : le bien est la suprême explication. Dans les masses considérables et les mouvements apparents, la régularité des lois de la nature revêt un caractère de rigidité inflexible ; mais elle n'empêche pas que l'agent suprême ne puisse librement communiquer une impression particulière au milieu subtil, de même que l'âme humaine imprime des mouvements volontaires à l'esprit animal. Le miracle n'est ainsi qu'une touche délicate du doigt divin sur l'Éther universel.

Moteur de toutes choses, et mû lui-même par Dieu, le feu élémentaire est comme le véhicule de l'intelligence souveraine. Il transmet et reçoit son action partout où se manifestent une pensée inconsciente, un art irréfléchi. C'est ainsi que l'intelligence divine dirige les mouvements instinctifs de l'homme, gouverne les araignées et les abeilles (1). Car le feu n'est lui-même ni intelligent ni divin ; en cela seul, les anciens se sont trompés. Ils ont confondu l'âme du monde avec Dieu même ; mais leur erreur est moins grave que le mécanisme et l'athéisme modernes. Dire que Dieu est tout, que Dieu est dans tout, ce n'est pas être athée. Le nombre n'est rien en soi, l'unité, c'est nous qui la faisons, et la même chose considérée à des points de vue différents est une ou plusieurs. La faute est donc légère, d'enfermer en une seule notion Dieu et les créatures, pourvu que l'intelligence soit regardée comme souveraine, ἡγεμονικόν (2). Dieu est sagesse, ordre, loi, vertu, bonté ; mais il est permis de pénétrer plus avant dans sa nature. Non que ses attributs intellectuels et moraux soient de simples entités, des produits de notre faculté d'abstraire. De telles notions sont des *idées*, au sens platonicien ; des idées, c'est-à-dire des réalités

---

(1) Sect. 267. — Berkeley ne s'inspire-t-il pas ici, sans le dire, d'Aristote (*De gener. anim.*, III) qui attribue aussi aux abeilles quelque chose de divin ?
(2) Sect. 288.

intelligibles, des causes, dont l'intuition, en quelque sorte innée, illumine et gouverne la partie la plus élevée de l'intellect (1). — Mais au-dessus de l'esprit et de l'intelligence universels, de l'activité et de la pensée divines, la raison entrevoit l'Unité ou le Bien. C'est là la première hypostase, la source même de la Divinité (*fons Deitatis*). Elle est, en un sens, supérieure à l'Être, comme le voulaient Parménide, Platon, les Alexandrins ; elle échappe à la durée, car ce qui existe dans le temps est à la fois plus jeune et plus vieux que soi-même ; on ne peut donc dire d'elle qu'elle a été, qu'elle est ou qu'elle sera. Mais, dit encore Parménide, le τὸ νῦν est partout présent au τὸ ἕν : la réalité de l'Un est un éternel maintenant (*one eternal now*), un *punctum stans*, selon l'expression des scolastiques.

Que l'Un soit sans intelligence, ἄνους, on doit entendre par là qu'étant par essence toute perfection, il est supérieur à l'intelligence et la contient éminemment. De même celle-ci est essentiellement pensée et, par participation, bonté et vie; et la troisième hypostase, qui est en soi la vie, est, par participation encore, intelligence et bonté.

Toutes ces distinctions sont d'ailleurs purement logiques; il n'y a entre les trois personnes divines aucune priorité d'existence. Mais ce dogme de la Trinité, qu'une tradition aussi ancienne que le monde semble avoir maintenu à travers toute l'antiquité païenne, comme un pressentiment du christianisme ou l'écho affaibli d'une révélation primitive, loin d'être le produit d'un jeu arbitraire de dialectique, est confirmé par l'observation de notre propre nature. Ce qui constitue le fond le plus intime de notre être, l'essence de notre personne, c'est l'unité. L'unité que nous sommes impose une forme à la pluralité fuyante des impressions sensibles ; penser, c'est unifier. Philosopher, par suite, ce n'est pas se disperser dans le torrent des apparences : c'est se recueillir en l'unité fondamentale de son être et se rattacher, par la raison et par l'amour, à l'unité suprême : φυγὴ μόνου πρὸς μόνον. Le sens est aveugle et ne saisit que des ombres: la vraie science est celle qui s'élève par la seule vertu de la raison, jusqu'à l'être véritable, les idées, et leur principe suprême, Dieu.

Que sont donc ces idées, si différentes de celles que nous

(1) Sect. 335.

ont rendues familières la *Nouvelle Théorie de la Vision* et les *Dialogues entre Hylas et Philonoüs*? Berkeley n'en dit presque rien. Ce sont, outre les attributs divins, les rapports universels qui, établis par l'intelligence de Dieu, constituent l'ordre général des phénomènes, la beauté et l'intelligibilité de la création. Les choses sensibles, simples modifications des esprits, n'ont d'existence qu'en eux ; ce qu'il y a d'actif et de vivant dans la nature s'explique par l'éther, principe des raisons séminales que l'intuition pure découvre sous le voile des phénomènes : l'éther lui-même est mû par Dieu et comme pénétré de sa pensée. Des esprits créés, des lois, une activité impalpable et invisible que dirige la cause souveraine, voilà tout le réel de la nature, et cette réalité même, si l'on excepte les âmes des hommes, se résout : celle des lois, dans l'intelligence qui les pense ; celle de l'éther, dans la puissance qui le meut.

La philosophie de Berkeley aboutit donc à un dualisme spirituel : les esprits finis, l'Un ou le Bien. L'être du monde se partage, si l'on peut dire, entre ces deux termes : aux esprits finis, les apparences phénoménales ; à Dieu, l'activité et la raison diffuses dans le Cosmos. Mais les esprits finis sont eux-mêmes les créatures de Dieu, ils sont réels, actifs, pensants, par l'unité, la causalité, les idées et les liaisons d'idées qu'ils tiennent de lui Une critique superficielle pourrait accuser Berkeley d'incliner au panthéisme ; de fait, il a négligé de marquer profondément la limite qui sépare les âmes créées de leur auteur. Ne lui en faisons pas de reproche : cette démarcation précise, nulle métaphysique religieuse n'est en état de la faire. Il y a du divin dans l'homme: voilà ce qu'il faut affirmer ; mais la mesure en est variable, et l'homme peut augmenter ou diminuer cette part de divinité. Disons même avec Berkeley qu'il y a du divin dans le monde, que la nature est divine. Mécanisme et matière sont un rideau d'apparences que la vue de l'esprit perce et dissipe : au fond, l'esprit ne pense, ne reconnait, n'accepte que soi. La philosophie de l'esprit, c'est proprement la philosophie.

Nous ne pouvons songer à discuter dans le détail les théories de la *Siris* ; ce serait entreprendre l'examen du platonisme, du néoplatonisme, de presque toute la philosophie grecque. Quant à l'hypothèse du feu pur invisible, si l'on écarte les applications particulières que Berkeley en a faites, elle ne paraît pas entièrement méprisable. On admet aujourd'hui un fluide qui n'est pas l'atome et qui seul explique les phénomènes de chaleur et d'affinité (1). Ce fluide, Berkeley l'appelle, comme nous, l'éther. Peut-être est-ce à lui qu'il faudra demander aussi le secret des faits biologiques de l'énergie vitale, et de ces mystérieuses communications psychiques actuellement étudiées sous le nom de suggestion. Quoi qu'il en soit, le mécanisme atomistique ne suffit pas à rendre compte de la multiplicité des apparences qui constituent le monde sensible, de la diversité des forces que ces apparences manifestent, ni surtout de la vie. Aura-t-on recours à l'homogène primitif d'Herbert Spencer ? La difficulté sera encore de faire sortir la différence, la variété, les formes et qualités spécifiques, l'organisation, le progrès, en un mot, de ce qui ne les contient pas.

La nécessité de concevoir une sorte d'intermédiaire entre la cause suprême et l'infinie multitude des êtres et des faits passagers a d'ailleurs été plus ou moins nettement aperçue par nombre de grands esprits, et il est permis de croire que, sans elle, toute philosophie de l'univers est incomplète. Depuis l'âme du monde, de Platon, jusqu'à la *nature*, de Lamarck, elle tient une place assez importante dans l'histoire de la pensée métaphysique, pour qu'on sache gré à Berkeley d'avoir renoué sur ce point le fil de la tradition qu'avait brisé Descartes.

La philosophie religieuse de Berkeley a cette force et cette faiblesse qu'elle prête peu à la discussion. Elle se maintient, comme à dessein, dans les termes les plus généraux. Dieu est unité, intelligence, vie ; une telle formule concilie à la fois les Alexandrins, les Stoïciens, et même, quoi qu'en dise Berkeley, Spinoza. Dieu est le principe de l'ordre universel : les partisans seuls de l'aveugle nécessité refuseront d'y souscrire. La large tolérance de Berkeley n'excommunie pas le panthéisme, bien qu'elle affirme que le fonds de l'être, en Dieu comme en nous, c'est l'indivisible unité de la personne. Elle fuit les preuves trop scolastiques, les précisions qui provoquent la réfutation ou condui-

(1) V. *La matière, les forces et l'affinité*, par A. Gautier, *Revue scientifique*, 19 déc. 1885.

sent aux antinomies. Elle n'est pas mystique, car elle prétend tenir compte et des faits de la science et des intérêts supérieurs de la pratique, et si, à la suite des Alexandrins, elle essaie de pénétrer jusqu'au fond de la nature divine, elle ne s'abime pas, avec eux, dans l'extase. Elle ne dissipe pas tous les doutes ; elle ne convaincra certes pas l'incrédulité endurcie d'un Collins ; mais à celui que son éducation, les tendances de sa nature morale, un commencement de réflexion personnelle ont détourné de l'athéisme, elle fournira peut-être de nouveaux et sérieux motifs de croire philosophiquement en Dieu.

CHAPITRE II

BUTLER : LA MORALE

Nous ne pouvons guère séparer de Berkeley son contemporain Butler, un évêque aussi, et un philosophe ; moins apôtre et moins polémiste que Berkeley, Butler consacra néanmoins son existence, comme l'avait fait l'illustre évêque de Cloyne, à combattre les libres-penseurs derrière lesquels il apercevait l'athéisme. Ce progrès de la libre-pensée, pendant la première moitié du XVIIIe siècle en Angleterre, nous en retracerons dans le chapitre suivant les phases principales ; nous devons le supposer connu, car seul il explique cette sorte de croisade philosophique de deux prélats qui pouvaient, comme tant d'autres, s'endormir dans la tranquille jouissance de leurs bénéfices. Ce fut l'honneur de l'Église anglicane d'avoir au XVIIIe siècle produit ces deux hommes pour la défense de ce qu'il y a de rationnel dans la foi religieuse. A la même époque le clergé de France déserte la lutte ; car Massillon, orateur plein d'élégance, moraliste et psychologue délicat, ne saurait prétendre au titre de penseur.

Ce nom de Butler, illustre de l'autre côté du détroit, est à peu près inconnu parmi nous. Les Allemands eux-mêmes ont l'air de l'ignorer (1). Les Anglais ont assez de philosophes de premier ordre pour qu'on ne les soupçonne pas de vouloir grandir Butler par vanité nationale ; il faut donc qu'il soit original ou profond, au moins par quelque côté.

---

(1) M. Flint (*Vico*, p. 2) observe qu'Erdmann ne le mentionne pas dans son *Histoire de la Philosophie*; Ueberweg lui consacre trois lignes inexactes; Dorner, dans son *Histoire de la Théologie protestante*, se contente de le nommer. Ni dans l'*Encyclopédie théologique* de Herzog, ni dans le *Dictionnaire philosophique* de Noak, il n'obtient l'honneur d'une mention.

Aussi nous a-t-il paru intéressant de nous arrêter devant son œuvre, d'en extraire la substance philosophique. Bien que l'objet de ce livre ne soit pas l'étude des doctrines morales, nous n'avons pas cru devoir séparer en Butler le moraliste du théologien philosophe : sa morale et sa théodicée se pénètrent intimement, et celle-ci ne se comprendrait guère sans celle-là.

I

La morale de Butler est contenue principalement dans les quinze *Sermons* et la *Dissertation sur la vertu*. Les sermons sont eux-mêmes de véritables dissertations. Cinq seulement ont une valeur philosophique : les trois premiers, le onzième et le douzième. Les trois premiers portent le titre commun : *Sur la nature humaine*.

Dans sa préface de l'édition des *Sermons*, Butler distingue deux grandes méthodes en morale. L'une prend pour point de départ la considération des rapports nécessaires qui existent entre les choses et les êtres ; c'est celle de Malebranche, de Cudworth, de Clarke, de Wollaston ; l'autre, expérimentale, s'attache à l'étude de la nature humaine, pour en tirer des inductions sur la conduite la plus conforme à cette nature prise dans son ensemble. « Dans la première, la conclusion s'exprime ainsi : le vice est contraire à la nature et à la raison des choses ; dans la seconde, le vice est une violation et comme une destruction de notre nature. Elles nous conduisent ainsi toutes deux au même résultat, savoir l'obligation pratique de la vertu, et ainsi elles se fortifient singulièrement l'une par l'autre. La première semble fournir la preuve formelle la plus directe, et, à certains égards, elle est plus à l'abri de la chicane et de la dispute ; la seconde est plus spécialement propre à contenter un esprit bien fait, et plus facilement applicable aux relations particulières et aux diverses circonstances de la vie (1). » C'est la seconde

(2) P. 372. Nous avons sous les yeux l'édition de l'*Analogie* et des *Sermons* en un seul volume (Londres, Bell and sons, 1882). — Nous avons usé de quelques pages remarquables consacrées à Butler par M. Leslie Stephen dans son *Histoire de la pensée anglaise au XVIIIe siècle* (2 vol.), et de l'intéressant ouvrage de M. Lucas Collins sur Butler (voir l'excellente analyse qu'en a donnée M. Penjon dans la *Revue philosophique*, t. XVI, p. 428).

que Butler prétend suivre. « Les trois premiers sermons expliquent ce que l'on entend par nature de l'homme, quand on dit que la vertu consiste à la suivre, et le vice à s'en écarter. » Les stoïciens, poursuit-il, avaient dit la même chose, mais ils ne s'étaient pas mis en peine de déterminer ce qu'est cette nature humaine, et leur formule devient une formule vague, qui semble justifier toute conduite conforme à l'une quelconque des parties de cette nature. — Critique assurément injuste, car Butler avoue lui-même que, pour les stoïciens, la véritable nature de l'homme c'est la nature raisonnable. Les stoïciens ne faisaient d'ailleurs en cela que répéter Platon et Aristote.

Quoi qu'il en soit, Butler croit faire œuvre nouvelle en précisant l'idée « du système, de l'économie ou de la constitution d'une nature ou d'une chose particulière ». C'est, dit-il, une unité ou un tout formé de parties différentes. Mais cette idée reste incomplète tant qu'elle n'enferme pas les relations et les rapports de chacune des parties entre elles. De plus, comme toute œuvre, naturelle ou artificielle, suppose un but, extérieur à elle, en vue duquel elle a été faite, l'idée d'un système implique celle d'une appropriation à cette fin ou à plusieurs.

On ne connaît pas une montre parce qu'on en a sous les yeux toutes les parties. Il ne suffit pas même que ces parties soient juxtaposées et unies entre elles d'une façon quelconque : il faut qu'on en ait découvert les rapports et qu'on ait déterminé comment chacune concourt au but commun, qui est de marquer l'heure. Alors seulement on a l'idée d'une montre. De même pour la constitution intérieure de l'homme. « Les appétits, les passions, les affections et le principe de réflexion, considérés simplement comme parties distinctes de notre nature morale, ne donnent en aucune manière l'idée du système de cette nature. Elle suppose en effet la connaissance des relations qui existent entre chacun de ces éléments, et, de toutes ces relations, la plus importante, c'est l'autorité de la réflexion ou conscience. » Elle suppose de plus la connaissance du but en vue duquel est manifestement faite cette constitution morale de l'homme : ce but, disons-le tout de suite, c'est la vertu.

Diversité des éléments intégrants de la constitution humaine; suprématie de la conscience; l'obligation de la vertu, comme conséquence nécessaire d'une nature ainsi constituée : à ces trois points se ramène ce qu'il y a d'essentiel dans la morale de Butler.

II

Déterminer et classer les principes différents dont l'ensemble et la hiérarchie forment ce système qui est l'homme moral, tel devrait être, semble-t-il, le premier soin de Butler. Une psychologie aussi exacte que possible ne s'imposait-elle pas à lui comme la préface indispensable de son éthique ? Cette psychologie, il ne l'a pas faite. Il parle vaguement d'appétits, de passions, d'affections et de désirs ; il nomme quelques-uns de ces principes : l'amour de la louange, le désir d'estime, l'avarice, la compassion, la vengeance, la bienveillance, l'amour de soi ; quant à une énumération complète, méthodique, on la chercherait vainement. Convient-il de lui en faire un reproche ? Nous ne le pensons pas. Il suffit au moraliste de constater qu'il y a dans la nature humaine des tendances différentes et qu'elles n'ont pas la même valeur. Quand Platon enferme sous la dénomination générale d'ἐπιθυμητικόν tous les désirs sensuels, il n'en présente ni une nomenclature détaillée ni une classification. Qui songe à l'en blâmer ?

Parmi les éléments distingués par Butler, deux lui paraissent également essentiels, également irréductibles : l'amour de soi et l'amour du prochain.

L'amour de soi est distinct des autres affections. Celles-ci aspirent à leur objet pour cet objet même : la faim, par exemple, va à la nourriture sans se soucier du plaisir qu'elle procure. L'amour de soi peut rechercher accidentellement les mêmes choses que les autres affections ; mais il ne les poursuit alors que comme moyens, non comme fins. Son objet propre, c'est nous-mêmes ; il n'est pas extérieur, comme celui des autres tendances. Il s'ensuit que l'amour de soi n'est pas le bonheur et qu'en s'aimant à l'excès on est sûr de ne pas être heureux. Le bonheur, en effet, suppose la jouissance des objets appropriés par la nature à nos différentes affections. Si l'amour-propre se développe au point de supprimer toute autre tendance, nous nous trouvons par là même frustrés de toutes les satisfactions que ces tendances nous auraient pu procurer. L'amour de soi doit donc rester subordonné à cette fin générale que notre constitution lui assigne : rechercher les objets des autres affections. L'intérêt suprême de l'égoïsme, c'est une certaine mesure de désintéressement. L'amour de soi enseigne à l'homme à ne pas trop s'aimer (1).

De tous les principes désintéressés, l'amour du prochain, ou la bienveillance, est le plus important. On n'en saurait contester l'existence ; l'état social ne s'explique et ne se maintient que par lui. Il semble que tous les prétextes soient bons à l'homme pour manifester et exercer la sympathie naturelle qui l'unit à ses semblables. Cultiver le même sol, respirer le même air, faire partie de la même province ou du même district, parler le même idiome, autant de raisons pour qu'un lien de bienveillance s'établisse ou se noue plus étroitement. « Se considérer comme indépendant des autres, ne tenir d'eux aucun compte dans sa conduite, est aussi absurde que de supposer la main, par exemple, sans aucun rapport avec le reste du corps (2). »

On objectera contre l'existence d'un amour inné du prochain qu'il y a un penchant naturel à la malveillance. Autrement, comment les hommes pourraient-ils jamais se nuire les uns aux autres ? — Butler répond que l'homme se nuit bien souvent à lui-même, jusqu'à ruiner sa santé, jusqu'à causer sa propre mort. En conclut-on que l'amour de soi n'est pas un sentiment naturel ? Le vrai, c'est qu'il y a en nous des passions qui, déréglées, vont accidentellement au mal d'autrui, comme elles vont à l'encontre de l'intérêt individuel ; mais, de même que la haine de soi n'existe pas, à titre de disposition essentielle et primitive, de même la malveillance. « Il n'y a pas d'amour de l'injustice, de l'oppression, de la trahison, de l'ingratitude, mais les désirs violents de tel ou tel bien extérieur, qu'on chercherait à acquérir par des moyens innocents, si ces moyens semblaient aussi faciles ou aussi efficaces. L'émulation, qui est un désir d'égaler ou de surpasser les autres, est par elle-même

(1) Serm. XI.
(2) Serm. I.

exempte de haine, sauf quand elle est excessive. L'envie a le même objet que l'émulation ; seulement elle s'en distingue parce qu'elle tend à rabaisser autrui au-dessous de nous. La fin de l'envie n'est donc pas de faire du mal ; mais ce mal est pour elle un moyen d'atteindre sa fin. »

On objecte encore que certains hommes sont dénués de toute affection bienveillante. — Certains aussi manquent d'une affection naturelle pour eux-mêmes. On ne doit rien conclure de telles exceptions. En fait, les hommes pèchent non moins souvent contre l'amour de soi que contre la bienveillance. « Ils contredisent aussi souvent la partie d'eux-mêmes qui tend à leur propre bonheur que celle qui tend au bien public. Ceux qui atteignent tout le bonheur dont ils sont capables ne sont pas plus nombreux que ceux qui font aux autres tout le bien qu'ils pourraient. » Qui ignore, par exemple, que les richesses, les honneurs, les plaisirs des sens, recherchés avec excès, deviennent pour l'individu la source de mille maux ? Et combien, le sachant, agissent en conséquence ?

Reconnus distincts, également naturels et primitifs, les deux principes, l'amour de soi et l'amour d'autrui, sont-ils réellement opposés l'un à l'autre ?

On a vu que, loin d'exclure les autres affections, l'amour de soi les suppose, et que le bonheur n'est possible que si l'égoïsme n'est pas assez puissant pour les détruire. L'amour du prochain n'est pas plus incompatible avec l'amour-propre que l'une quelconque des tendances qui nous portent vers des choses inanimées. L'ambition, par exemple, va aux honneurs : c'est un but extérieur. La bienveillance va au bien d'autrui ; c'est aussi un but extérieur. L'amour de soi recherche ces mêmes objets, non directement et pour eux-mêmes, comme le font les inclinations particulières, mais indirectement et en tant que moyens de satisfaire ces inclinations, dont la satisfaction collective constitue le bonheur, objet propre et immédiat de l'amour de soi.

A l'égard de celui-ci, la bienveillance est donc tout au moins sur le même rang que les autres principes de notre nature. Ajoutons que sa situation est beaucoup plus favorable.

Comparons-la, pour préciser, à l'ambition. Supposons deux hommes dominés chacun par l'une de ces deux tendances. En cas de succès, ils ont également atteint leur but ; mais, en cas d'insuccès, celui qui a poursuivi le bonheur d'autrui trouve une sorte de bonheur dans sa conscience, « car cette poursuite, étant considérée comme vertueuse, est, dans une certaine mesure, sa propre récompense (1) ».

La bienveillance implique la bonne humeur, c'est-à-dire la meilleure disposition pour jouir de tous les plaisirs de la vie. Une fausse analogie tirée de la notion de propriété a pu seule accréditer l'opinion que l'amour de soi est en opposition avec l'amour d'autrui. Il semble que prendre sa part dans la bienveillance du prochain, c'est diminuer en lui celle de l'amour-propre, de même qu'on ne peut partager son argent sans l'appauvrir d'autant. Loin de là : la somme du bonheur individuel, effet de la satisfaction des autres tendances, la bienveillance l'augmente de cette joie sereine et durable qui la suit.

On trouvera peut-être que ces vues de Butler ne sont ni bien neuves ni bien profondes. Il nous semble cependant que, en face de l'utilitarisme qui devait triompher en Angleterre après lui, la position qu'il prend ne manque pas d'originalité. Il maintient l'indépendance essentielle des deux principes, égoïsme et altruisme. Or les plus laborieux efforts d'analyse n'ont pas encore réussi à dériver celui-ci de celui-là. D'autre part, nul parmi les utilitaires n'a mieux montré que lui tout ce que l'homme ajoute à son propre bonheur en travaillant à celui de ses semblables. Peut-être même, entraîné par l'influence de Shaftesbury, a-t-il ici dépassé la mesure. J'admets avec lui que l'égoïsme pur, absolu, sans mélange, exclurait la possibilité du bonheur même qu'il poursuivrait uniquement ; mais est-il vrai que la bienveillance contribue pour une aussi grande part à la satisfaction de l'amour de soi ? N'est-ce pas au contraire élargir son cœur à la souffrance que de ressentir trop vivement celle des misérables, et la joie qu'on éprouve à les soulager n'est-elle pas rendue bien amère par la pensée de tout ce qu'il resterait à guérir ? L'optimisme superficiel du xviiie siècle, en Angleterre surtout, se complaît dans ce lieu commun paradoxal que le meilleur calcul de l'intérêt privé c'est de se vouer au bonheur public ; une sensibilité déclamatoire se flatte d'augmenter la somme de ses plaisirs par les jouis-

(1) Serm. XI.

sances raffinées de la sympathie. La charité n'est plus qu'un ragoût délicat de l'égoïsme. Butler ne dit pas tout à fait cela, et je l'en félicite. Mais une bienveillance qui n'aurait d'autre but que sa propre satisfaction n'irait pas loin et se lasserait vite; l'amour sacré du prochain a ses mécomptes, ses déchirements, ses désespoirs, comme les amours profanes, et, pas plus qu'eux, il ne garantit la paix et le bonheur à ses fidèles. Voilà ce que Butler eût dû nous faire entendre, et sa doctrine, plus élevée déjà que celle de Shaftesbury et surtout de Bentham, en aurait pris, croyons-nous, un surcroît de grandeur.

III

Le vrai titre de Butler, c'est sa théorie de la conscience. Faut-il même donner le nom de théorie à une série d'affirmations ? D'abord Butler est un peu flottant sur le nom qu'il convient de donner à ce principe. Ainsi il l'appelle indifféremment *conscience, raison morale, sens moral, raison divine*. Mais, plus généralement, c'est pour lui le *pouvoir de réflexion*, la *faculté d'approuver ou de désapprouver* (*approving or disapproving faculty*), expression qu'il déclare emprunter à Épictète (δοκιμαστική, ἀποδοκιμαστική).

Qu'est-ce donc que cette faculté ?

Outre les instincts et tendances qui constituent notre nature, celle-ci enferme encore « une capacité de réfléchir sur les actions et caractères, d'en faire un objet pour notre pensée ; et en agissant ainsi, naturellement et inévitablement, nous approuvons certaines actions, à ce point de vue spécial qu'elles sont vertueuses et méritoires, et nous en désapprouvons d'autres, comme vicieuses et dignes de châtiment (1). »

Mais par *actions*, ce qu'il faut entendre ici, ce sont « les principes actifs et pratiques qui, fixés par l'habitude, constituent le caractère ». Les conséquences, utiles ou nuisibles, n'y sont comprises qu'en tant qu'elles ont été prévues dans l'intention de l'agent ; mais le jugement en lui-même est indépendant de ces conséquences.

(1) *Of the nat. of virtue*, p. 334.

La conscience a un double rôle ; non seulement elle juge les actions avant comme après leur accomplissement et les déclare bonnes ou mauvaises ; mais encore « elle se qualifie elle-même comme guide de conduite et de vie, par où elle se distingue et se pose en face de toutes les autres facultés ou principes naturels d'action, de la même manière que la raison spéculative juge directement et naturellement de la vérité ou de l'erreur spéculatives, en même temps qu'elle sait, par une conscience réfléchie, que le droit d'en juger lui appartient ».

Nous trompons-nous ? Il nous semble démêler dans cet obscur passage ce qui sera bientôt la *raison pratique* de Kant. Ce n'est encore ici qu'une comparaison ; la conscience est simplement analogue, dans la sphère de la conduite (c'est-à-dire de l'intention et des dispositions morales), à la raison dans l'ordre théorétique ; mais l'analogie est tout au moins intéressante et vaut d'être signalée.

Butler pourrait à la rigueur se dispenser de prouver l'existence de la conscience. Elle est un fait primordial de la nature humaine, et ce fait, il suffit de le montrer. Il n'est pas inutile cependant de rappeler que toutes les langues renferment les mots *bien* et *mal*, *vice* et *vertu* ; que les systèmes de la plupart des moralistes seraient inexplicables si les notions sur lesquelles ils se fondent étaient purement chimériques ; que, partout, les hommes ont distingué entre une injustice et un dommage causé involontairement ; que, partout, quelques différentes définitions qu'on ait données de la vertu, on a été d'accord sur les conditions essentielles de la bonne conduite et de l'ordre social : la justice, la véracité, l'amour du bien public. Cet appel au consentement universel, dont une critique exigeante pourrait contester la valeur, on devait l'attendre d'un auteur qui entend se fonder uniquement sur les faits.

C'est encore un fait indéniable que la conscience a une supériorité de nature sur les autres éléments dont l'ensemble constitue le système moral de l'homme. Cette supériorité n'est pas une *puissance* (power) ; elle est une *autorité*. La conscience n'a pas seulement à l'égard des autres principes une influence qui se manifeste accidentellement et à son tour ; ceux-ci peuvent être les plus forts quelquefois, souvent, toujours : la conscience n'en reste pas moins la souveraine légitime, qu'aucune déchéance ne peut atteindre, dont aucune rébellion, si prolongée qu'on en suppose le triomphe, ne saurait proscrire les droits. « Qu'elle ait la force comme elle a le droit, qu'elle ait le pouvoir comme elle a visiblement l'autorité, elle gouvernerait absolument le monde (1). »

Un animal, attiré par un appât, tombe dans un piège et est tué. Il a complètement suivi sa nature. Le même acte est en *disproportion* avec la nature de l'homme *(unnatural)*. Pourquoi ? Est-ce parce que dans ce cas l'homme a agi contrairement à l'amour raisonnable de soi-même *(cool self-love)* considéré *simplement* comme partie de sa nature ? Non; car s'il avait résisté à une passion ou à un appétit, il aurait agi contrairement à une autre partie de sa nature. Est-ce parce que l'amour raisonnable de soi-même est plus fort que l'appétit ? Non, puisqu'il s'est ici trouvé plus faible. C'est donc que l'amour raisonnable de soi-même est, par essence et spécifiquement, supérieur à l'appétit et à la passion aveugles; et cette supériorité, la conscience la constate et la révèle immédiatement. Elle est ce principe de réflexion qui contrôle les affections et les actes de l'homme; elle est la règle de la conduite, s'il est vrai qu'il soit légitime de conclure de la constitution d'un être à sa fin, et que cette constitution soit altérée ou détruite aussitôt qu'a cessé de s'exercer cette souveraineté de la conscience.

Par ce principe seul, l'homme est une *loi pour lui-même*. Expression remarquable, que Butler emprunte à saint Paul, et qui annonce la volonté autonome de Kant. Suivre tantôt une impulsion, tantôt une autre, obéir aujourd'hui à la conscience, demain à l'appétit brutal, comme l'âme démocratique de Platon, sous prétexte que tous les éléments de la nature humaine ont droit de prédominer tour à tour, c'est contredire la notion même de cette nature, c'est nier qu'on voit une loi pour soi-même, c'est proclamer l'anarchie gouvernement légitime du dedans.

Faculté intuitive, comme la raison, la conscience est sans doute infaillible (2) ; néanmoins la complaisance coupable que nous avons pour nous-mêmes nous aveugle souvent sur la valeur morale de notre caractère et de nos actes. Mais,

---

(1) *Serm.* II.
(2) « Ce qu'on appelle chercher quel est le devoir dans une circonstance particulière n'est souvent qu'une tentative pour l'esquiver. » (*Serm.*, VIII, sur le caractère de Balaam.)

observe Butler, cette illusion ne se produit que dans la sphère des vices moindres ou des devoirs particuliers et mal définis (1). Quant aux actes manifestement immoraux, c'est seulement à l'égard des circonstances où ils se produisent que nous pouvons songer à nous trouver des excuses. S'ensuit-il que la conscience ne nous parle pas avec une clarté et une autorité suffisantes ? Non ; car nous sentons toujours qu'un examen plus sincère dissiperait nos sophismes et nous montrerait à nos propres yeux tels que nous sommes. C'est la situation d'un homme embarrassé dans ses affaires et qui essaye de s'étourdir en refusant d'y regarder.

Mais, enfin, sur quel fondement repose l'obligation d'obéir à la conscience ? C'est, répond Butler en moraliste théologien, que Dieu même nous l'a donnée comme loi de notre nature et guide souverain de notre conduite.

Cette théorie est certes bien loin d'avoir la rigueur et la précision qu'on serait en droit d'exiger. On cherche vainement une définition de la conscience ; elle nous est donnée comme un principe de réflexion, une faculté d'approuver ou de désapprouver. Tout cela est d'un vague désespérant. On peut réfléchir sur les principes d'action auxquels on obéit sans porter nécessairement un jugement moral. Bien plus, ce jugement n'est possible que si certains principes sont, par eux-mêmes, supérieurs aux autres, et ils ne peuvent l'être qu'en vertu d'une perfection relative, c'est-à-dire d'une conformité plus ou moins grande à un idéal de conduite. Mais Butler n'a même pas déterminé l'idée d'une volonté autonome ; car le chapitre de l'*Analogie* où il essaye de réfuter la doctrine de la nécessité n'a rien à voir avec le problème moral. Ce problème comporte toute une théorie du bien, ou de l'objet de la liberté, que Butler a complètement négligée. Il s'est tenu au point de vue psychologique et subjectif de l'éthique. Comment s'étonner qu'il n'ait pas abouti à une solution satisfaisante ?

On dira que la notion de la nature humaine et d'une hiérarchie entre les tendances ou les principes qui la constituent représente quelque chose d'objectif. Qu'est-ce, en effet, que le bien, sinon réaliser cette nature, maintenir ou

(1) *Serm.* X, et *Serm.* VII.

établir en soi-même cette hiérarchie? — Soit ; mais à la condition que cette nature ne soit pas celle qui nous est donnée par l'expérience. L'expérience nous révèle ce qui est, ce que nous sommes ; en morale, il s'agit de déterminer et de réaliser ce qui doit être. La nature humaine, telle qu'elle est, ne saurait être un idéal, une fin en soi. La hiérarchie actuelle des principes, tendances ou mobiles de cette nature, ne peut être la hiérarchie absolue, définitive, immuable dont l'existence serait la perfection de l'homme moral. En un mot, pour que l'homme soit tenu de suivre sa nature, il faut que cette nature soit conçue par lui comme un idéal, un *doit être*. Ce n'est pas celle que la psychologie peut décrire, mais cette *nature humaine supérieure* dont parle Spinoza et dont la raison seule fournit les traits.

Cette nécessité d'un idéal moral n'a pourtant pas été entièrement méconnue par Butler, qui distingue si justement, quand il parle de la conscience, entre l'*autorité* et le *pouvoir*. Qu'est-ce à dire, sinon que la conscience sans être toujours, en fait, la souveraine, ne cesse jamais de l'être en droit ? C'est donc un homme idéal, un monde idéal, que le monde et l'homme où la conscience tiendrait toutes les forces soumises à son empire. Mais un tel rôle n'est pas celui d'un modeste *principe de réflexion*, d'une simple *faculté d'approuver* ou de *désapprouver* ; il est celui de la raison elle-même, en tant qu'elle conçoit le parfait réalisable par la liberté.

On a reproché à Butler d'avoir donné à l'obligation morale un fondement tout empirique. Mais d'abord il fait de la conscience l'écho en nous de la volonté divine, et pour lui la volonté de Dieu n'est que l'expression de sa raison (1). Ensuite, si nous avons la notion d'une obligation, il faut bien que cette notion soit un fait. L'obligation est nécessaire ; la connaissance que nous en avons est rationnelle ; mais cet acte de la raison qui saisit le caractère obligatoire d'une loi ou d'un motif est, après tout, un fait, comme tous les autres, de notre nature. En ce sens, la morale de Kant lui-même se fonde sur un fait. Butler a dit que la conscience a l'autorité, même quand elle n'a pas le pouvoir. Cela suffit

---

(1) « La conduite de Dieu doit être déterminée par une certaine convenance ou disconvenance morale antérieure à toute volonté. » (*Analogie*, part. II.)

pour qu'on ne soit pas en droit de l'accuser d'empirisme. Ce qui reste vrai, c'est que, pour lui, la conscience juge plutôt qu'elle ne commande. Il n'a pas approfondi l'idée d'une loi obligatoire : ce sera l'œuvre de Kant.

IV

Dans un article intéressant du *Mind* (1), M. Davidson observe que Butler a fait toute une dissertation de la vertu, sans définir ce qu'il entend par vertu. Butler se contente d'affirmer que dans tous les temps les hommes ont été d'accord pour considérer comme vertus la justice, la véracité, l'amour sincère du bien public. Cette définition par énumération des parties est bien insuffisante ; on peut même se demander avec M. Davidson si la notion de vertu n'emporte pas celle d'un effort, d'un triomphe douloureux sur l'égoïsme, et si un homme qui serait strictement juste et s'abstiendrait de mentir ou de tromper mériterait d'être appelé vertueux. Cette réserve n'a pourtant pas échappé à Butler ; il reconnait que le mérite, inséparable de la vertu, varie pour les mêmes actes avec le degré d'intelligence, d'éducation de l'agent, avec la violence plus ou moins grande des tentations qu'il a dû vaincre. Toujours est-il qu'on lui demanderait en vain une définition précise de la vertu ; elle se ramène pour lui à l'idée assez vague d'une conformité parfaite du caractère et de la conduite avec la constitution morale de l'homme.

Ce qui est plus intéressant, c'est la manière dont Butler résout la question des rapports entre la vertu et le bonheur. Butler ne serait pas de son temps et de son pays si les préoccupations utilitaires ne tenaient une grande place dans sa doctrine. Aussi prend-il bien soin d'établir que l'homme n'est pas plus libre moralement de se rendre malheureux que de nuire à ses semblables. Nous condamnons l'imprudence chez nous comme chez les autres, mais cette désapprobation est un jugement moral, indépendant du degré de malaise ou de malheur qui peut résulter de la conduite. Sans doute, nous

(1) Octobre 1884.

désapprouvons notre imprudence et celle d'autrui, moins vivement que certains autres vices ; mais cela ne tient pas à ce qu'elle est moins nuisible ; c'est que d'abord, à l'égard de nous-mêmes, nous portons habituellement en nous le sentiment de notre propre intérêt, qui rend moins nécessaire une condamnation rigoureuse du tort que nous nous sommes causé, tandis que le sentiment de l'intérêt d'autrui est moins permanent et moins vif ; c'est ensuite, à l'égard de nos semblables, que l'imprudence, étant ordinairement suivie d'un prompt châtiment, n'exige pas la même réprobation que l'injustice, la fraude ou la cruauté. Ajoutez que les malheureux sont toujours objet de compassion, le fussent-ils devenus par leur faute. Néanmoins nous les blâmons, tout en les plaignant ; quant aux victimes d'accidents jugés inévitables, nous n'avons pour elles que pitié.

Ainsi c'est vertu que de rechercher le bonheur, non que le bonheur, résultat d'une telle recherche, donne un caractère moral à la conduite, mais parce qu'il est conforme à la nature de l'homme que l'amour raisonnable de soi-même ait l'empire sur les tendances inférieures et les impulsions irréfléchies.

Si l'égoïsme bien entendu est vertu, à plus forte raison la bienveillance, qui est, pourrait-on dire, l'amour et la poursuite du bonheur d'autrui. Il dit même quelque part avec Hutcheson qu'elle est toute la vertu, ou du moins qu'elle résume toutes nos obligations envers nos semblables (1); mais, dans la *Dissertation*, il se corrige. Si la bienveillance était toute la vertu, dit-il, le jugement moral sur notre propre caractère ou celui du prochain porterait uniquement sur le degré de bienveillance que nous constaterions en nous-mêmes ou supposerions chez autrui. Nous n'aurions aucun égard à la personne même qui en serait l'objet. Et pourtant, toutes choses égales d'ailleurs, nous jugeons qu'il vaut mieux favoriser un ami ou un bienfaiteur qu'un étranger, abstraction faite de cette considération que la culture des sentiments de reconnaissance ou d'amitié est d'intérêt général. Que l'on dépouille quelqu'un de ce qui lui appartient pour le donner à un autre : le plaisir du nouveau possesseur peut surpasser la peine qu'éprouve le premier, et la

(1) *Serm.* XII.

spoliation a produit un excédent de bonheur ; dira-t-on qu'elle est un acte de vertu ?

Il est permis de dire que l'auteur de la nature s'est proposé pour but unique et suprême le bonheur universel, et que la bienveillance constitue à elle seule tout son caractère moral. Pour l'homme, il n'en va pas ainsi. Ni la bienveillance n'est toute sa vertu, ni le bonheur du plus grand nombre la fin qu'il doit poursuivre. Le bonheur du monde regarde celui qui en est le maître ; nous ne devons pas chercher à y contribuer autrement qu'en suivant les voies qu'il nous a tracées. S'il nous a constitués tels que nous sommes, c'est qu'il a prévu que cette constitution produirait plus de bonheur que s'il nous avait formés avec une disposition exclusive à la bienveillance générale. Prétendre substituer dans notre conduite ce principe à la conscience, c'est risquer de marcher à l'aventure. Comment être assuré que, dans telle circonstance particulière, notre préoccupation de l'intérêt de tous n'aura pas pour résultat un excédent de malheur ? Qui donc peut se flatter de démêler toutes les conséquences, utiles ou funestes, d'une action ? Qu'on y prenne garde ; on croit de bonne foi n'agir qu'en vue du bien public, et l'on obéit inconsciemment à l'ambition ou à l'esprit de parti. Malgré tout, c'est un des devoirs de l'homme (non le seul) de se proposer un tel but, quelque difficile qu'il soit de s'en faire une idée claire et distincte : mais pourquoi ? parce qu'il y a quelque apparence que notre tentative réussisse, et aussi parce que, ne réussit-elle pas, elle aura tout au moins développé en nous « le plus excellent de tous les principes vertueux, le principe actif de bienveillance ».

Ces considérations sont remarquables. Si elles sont encore insuffisantes pour constituer une théorie de la vertu, si elles nous laissent au seuil de la morale kantienne, du moins renferment-elles les éléments d'une réfutation décisive de tous les systèmes utilitaires jusqu'à celui d'Herbert Spencer. Rappelons-nous que Butler est un prédicateur et un théologien, qu'il a plutôt en vue d'édifier des fidèles que de spéculer profondément sur les principes de la métaphysique des mœurs, et nous comprendrons qu'on ait pu le proclamer le premier, avec Hume, des moralistes anglais de son siècle.

V

Nous avons vu que Butler emprunte à Épictète l'une des dénominations par lesquelles il désigne la conscience ; c'est peut-être à l'exemple d'Aristote qu'il fait du principe des causes finales en morale une si large et parfois si judicieuse application.

Notre nature morale est l'œuvre de Dieu ; chacune de ses parties a donc son utilité, et nulle n'est mauvaise en soi. Une harmonie merveilleuse existe entre la constitution de l'homme et sa situation extérieure. Les affections naturelles nous portent à une certaine conduite qui est la plus conforme au maintien et au développement de la vie, soit individuelle, soit sociale. Considérer la fin vers laquelle elles tendent spontanément, c'est le meilleur moyen d'apprendre nos devoirs.

La compassion est un des principes qui révèlent le mieux cette sorte de finalité. Pourquoi, dit-on, ce *ressentiment* des peines d'autrui qui vient aggraver les nôtres ? N'avons-nous pas assez de notre part ? Et la réflexion n'aurait-elle pas suffi pour nous décider à soulager les maux de nos semblables ? Non, répond Butler ; la réflexion n'eût pas eu la promptitude et l'efficacité de l'instinct. Pourquoi, dit-on encore, est-on plus sensible au malheur des autres qu'à leur bonheur ? — C'est qu'ici-bas l'homme est plus capable de misère prolongée que de félicité durable, et que chacun a plus de puissance pour nuire à ses semblables que pour leur faire du bien. La compassion était donc plus nécessaire, et devait être plus vive que la sympathie pour les joies du prochain. — Utile à autrui, la compassion ne l'est pas moins à nous-mêmes. Non qu'elle se ramène, comme le veut Hobbes, à la crainte égoïste d'un danger analogue à celui dont nous sommes témoins, car alors les plus peureux seraient les plus compatissants : elle est une affection aussi naturelle, aussi spontanée que l'amour de soi. Du moins nous enseigne-t-elle, dans une certaine mesure, à supporter la souffrance ; elle est une maîtresse d'adversité, sans nous infliger la peine ; elle nous prépare à la résignation pour le jour où nous serons atteints nous-mêmes : elle rabaisse enfin nos prétentions au bonheur dont elle nous montre à nu la fragilité.

Mais la compassion peut avoir ses excès. A côté d'elle, Dieu a déposé dans la nature de l'homme un instinct qui nous porte à rendre le mal pour le mal (*resentment*). Cette passion, mauvaise en apparence, ne l'est en réalité que lorsque nous supposons ou exagérons l'injure dont nous nous croyons victime. Sa cause finale, c'est de provoquer la défense personnelle, de prévenir ou de punir l'injustice. Elle contrebalance la faiblesse des conseils que donne la compassion ; elle intimide l'agresseur qui redoute l'indignation des autres, et surtout de sa victime future, alors même que la vertu est impuissante à le retenir. Elle détermine l'offensé, plus sûrement que la froide raison, à exiger le châtiment de l'offense (1).

Nous avons insisté sur ces deux tendances opposées pour montrer l'usage que fait Butler du principe des causes finales. Il lui doit nombre d'observations ingénieuses, délicates, sinon tout à fait nouvelles. On dirait qu'il s'est inspiré des chapitres où Cicéron expose, dans le IV° livre des *Tusculanes*, la théorie des passions selon les péripatéticiens. La nature humaine est pour lui un système admirablement pondéré d'appétits, d'affections, de principes actifs, disposés par la Providence en vue du plus grand bonheur tant de l'individu que de la société. Et pourtant, nous l'avons vu, Butler n'est ni un *eudémoniste*, ni même un optimiste. La vie de l'homme lui apparaît sous un jour plutôt sombre, éclairé faiblement d'un reflet d'immortalité. On l'a comparé à Pascal ; c'est lui faire trop d'honneur. Il n'en a ni les vues de génie, ni la logique enflammée, ni les dramatiques angoisses, ni les effusions éperdues dans le sein de son Dieu ; mais il a une tristesse sereine et résignée qui est aussi l'un des côtés de Pascal, et qui, entre l'optimisme superficiel d'un Shaftesbury et l'utilitarisme un peu vulgaire d'un Paley ou d'un Bentham, présente quelque grandeur. Il a proclamé, seul de son siècle en son pays, l'incomparable dignité de la conscience et son droit souverain à l'empire du monde moral ; souvent, il fait penser à Kant. C'est là un titre qui n'est pas sans gloire.

(1) Des considérations analogues sur l'utilité du *resentment* sont développées dans un chapitre intéressant des *Principles of morals* de M. Fowler, part. II, ch. III.

CHAPITRE III

BUTLER : "L'ANALOGIE"

La controverse déiste était dans son fort (1) quand parut, en 1736, l'*Analogie*. Butler se proposa-t-il spécialement de répondre au livre de Tindal : *le Christianisme aussi ancien que la création* ? Peut-être ; cependant l'*Analogie* pourrait avoir un objet beaucoup plus général. Sans doute l'évêque avait surtout à cœur de réfuter le déisme qui niait la nécessité d'une révélation ; mais le penseur, dépassant le point de vue étroit d'une polémique particulière, devait s'attacher à défendre quelques-uns des dogmes les plus menacés de la religion naturelle. Nous savons par une de ses lettres qu'il fut de bonne heure préoccupé de trouver une preuve vraiment démonstrative de l'existence de Dieu. Cette démonstration, il ne la fournit pas, il est vrai, dans l'*Analogie*, où il prend pour accordé qu' « il y a un auteur intelligent de la nature, et un gouverneur naturel du monde » ; il admet comme valables les preuves diverses qui ont été données de ce postulat, depuis l'argument des causes finales et du consentement universel, jusqu'à l'argument ontologique de saint Anselme et de Descartes. Cependant, si l'*Analogie* ne s'adresse pas aux athées, elle a tout au moins la prétention de combattre les matérialistes qui nient l'immortalité de l'âme ; elle a aussi celle d'établir l'existence d'une Providence dont le gouvernement s'étend au delà de l'univers physique et de la vie terrestre, et dispose, comme sanction, de récompenses et de peines éternelles. L'*Analogie* est donc plus qu'un simple *apologétique*, elle est aussi une œuvre de

(1) Sur cette controverse, voy. le chapitre suivant.

philosophie religieuse ; c'est à ce titre seul que nous allons l'étudier.

I

Le titre complet de l'ouvrage de Butler est : *Analogie de la religion naturelle et révélée avec la constitution et le cours de la nature*. Dans la première partie, l'analogie est établie par rapport à la religion naturelle, et, dans la seconde, par rapport à la religion révélée.

Considérons la nature comme un système dont l'humanité est un des éléments essentiels. Demandons-nous ce qui, pour l'individu comme pour les sociétés, résulte au sein de ce système, et en vertu de l'ordre général auquel il est assujetti, de telle conduite, de tel caractère, de telles habitudes morales ; interrogeons l'expérience sur la signification des rapports qui existent entre les lois de l'univers physique et le développement, la condition, la destinée terrestre de l'homme ; nous pourrons, par analogie, conclure que, s'il y a une autre vie, les choses se passeront de même ; la vertu, qui fait notre bonheur ici-bas, le consommera là-haut, et réciproquement ; au vice qui nous rend déjà malheureux dans le temps sont attachées des peines qui ne finiront pas.

L'analogie, pour être valable, suppose que la constitution des choses que notre expérience n'atteint pas a pour auteur la même intelligence dont l'action se révèle à nous dans cette partie de la nature qui est accessible à notre observation. L'analogie, en effet, est une ressemblance entre deux relations : un certain rapport est constaté dès cette vie entre les lois du monde et la conduite vertueuse ou vicieuse de l'homme ; un rapport analogue doit exister entre cette même conduite et les conditions de l'existence dans une vie future. Un pareil raisonnement ne donne évidemment qu'une probabilité ; mais, observe Butler, la probabilité est à peu près notre seule règle dans l'ordre de la pratique ; nos déterminations volontaires n'ont en vue qu'un résultat probable, et pourtant nous n'hésitons pas à agir quand les chances favorables nous semblent plus nombreuses. Puisqu'il s'agit ici de bonheur ou de malheur éternels, nous serions insensés de mépriser un guide auquel nous accordons, à juste titre, toute confiance ici-bas.

Quelles raisons avons-nous donc de croire à une vie future ? Il faut le reconnaître, les preuves qu'en donne Butler sont faibles, et leur faiblesse compromet la valeur de tout le raisonnement. Elles se fondent presque toutes sur l'analogie. Les changements que subit l'homme depuis la naissance jusqu'à la mort sont tellement considérables que la mort elle-même pourrait bien n'être qu'une métamorphose comme les autres, et non la plus importante. Certains animaux passent par des transformations encore plus radicales et plus soudaines, sans que leur invidualité soit détruite (1). Nous sommes des êtres vivants, capables d'agir, susceptibles d'être heureux ou malheureux. Ces *pouvoirs de vie* (living powers) doivent persister après la mort, à moins que la preuve du contraire ne résulte soit de l'essence même de la mort, soit d'une induction tirée de cas analogues dans la nature. Mais ce qu'est la mort en soi, nous n'en savons rien ; nous n'en voyons que quelques effets, comme la dissolution des organes et des tissus, qui n'implique nullement l'anéantissement des pouvoirs actifs et vivants. Quant à l'expérience de la nature, elle ne pourrait avoir pour objet que la destinée des animaux ; mais rien n'autorise à penser que ceux-ci perdent en mourant leurs facultés actives. L'immortalité des brutes paraît probable à Butler ; il serait même tenté de leur accorder des pouvoirs latents qui se développeraient plus tard dans des conditions favorables. — Hypothèse hardie, pour un théologien, et qui rappelle certaines vues de Leibniz.

Un et indivisible, le principe vivant que nous sommes ne saurait être lié à un système d'organes qui se dissolvent et se renouvellent incessamment. L'analogie porte à croire que si le *moi* résiste à l'écoulement graduel des parties qui constituent le corps, il doit survivre à la séparation plus rapide qui suit la mort. Par analogie encore, nous sommes conduits à penser que la perte de l'organisme entier n'est pas plus fatale que celle d'une jambe ou d'un bras, à l'existence du principe actif et vivant. Mais si le principe survit, en peut-on dire autant de sa faculté de réflexion ? Oui, car la

(1) Je trouve des considérations analogues développées avec vigueur par M. Renouvier, *Essais de critique générale*, deuxième essai, t. III, p. 269 sq.

réflexion est de soi distincte et indépendante des organes et de la sensibilité ; nous en avons la preuve analogique dans ce fait que certaines maladies, même arrivées à leur dernière période, laissent tout entière, parfois exaltent la puissance de la pensée. Rien enfin dans l'idée de la mort n'implique la suspension, fût-elle momentanée, de ce pouvoir de réflexion. Il y a plus : « Selon ce que nous connaissons de nous-mêmes, de notre vie présente et de la mort, celle-ci peut immédiatement, dans le cours naturel des choses, nous placer dans un état d'existence plus élevé et plus complet que ne fait la naissance ; — état où nos capacités, notre sphère de perception et d'action peuvent être beaucoup plus grandes qu'à présent. Car, de même que le rapport qui existe entre nous et nos organes extérieurs des sens nous rend capables d'exister dans cette condition d'êtres sensitifs qui est la nôtre ici-bas, de même, il peut être le seul obstacle naturel qui nous empêche d'exister immédiatement et spontanément dans un état supérieur de réflexion. » La probabilité se fonde ici sur une analogie entre les conséquences du changement que la naissance produit dans notre être et les effets de cet autre changement qui est la mort. La préexistence de l'âme est sous-entendue : c'est presque l'argument platonicien des contraires.

De fausses analogies peuvent cependant nous faire douter de la vie future : celle, par exemple, que l'on tire de la destinée des végétaux. Chez eux, tout périt à la mort : pourquoi n'en serait-il pas ainsi de nous ? Pourquoi les poètes n'auraient-ils pas raison en comparant les générations humaines aux feuilles des arbres, à la fleur flétrie sans retour par le tranchant qui coupe sa tige ? — C'est que la plante n'a pas, comme l'homme, comme l'animal même, un « pouvoir de perception et d'action ». Dès lors, en quoi sa destinée peut-elle nous éclairer sur la nôtre ?

Une dernière analogie, légitime celle-là, permet de croire que la vie future sera comme celle-ci, « un *état social*, où les avantages de toutes sortes, conformément à certaines lois établies par l'éternelle sagesse, seront naturellement attribués à chacun en proportion de sa vertu ».

Nous avons insisté sur ce premier chapitre, pour donner une idée de la méthode de l'auteur et du ton général de l'ouvrage. Butler ne cesse de répéter qu'il ne prétend pas fournir des preuves démonstratives, qu'il se contente de probabilités ; mais l'analogie lui permet-elle d'aller même jusque-là ? Ne conduirait-elle pas souvent à des conclusions précisément opposées ? Quoi ! parce que je puis penser encore après qu'on m'a coupé une jambe, il s'ensuit que je puis penser sans cerveau ! Le tourbillon vital entraine incessamment les parties de mon organisme, sans emporter ma conscience, et j'en conclurai qu'une dissolution rapide n'aura pas pour elle de plus désastreux effets ! La période qui suit la naissance est un progrès sur celle qui la précède ; donc la mort sera suivie d'un développement de notre nature intellectuelle qui sera par rapport à notre existence terrestre ce qu'est celle-ci pour la vie intra-utérine ! Les animaux semblent mourir tout entiers, et l'analogie incline à croire qu'il en est de même de l'homme : mais non ; les animaux recevront plutôt une âme immortelle comme la nôtre ; ils auront ainsi le bénéfice de l'analogie, qui menaçait, sans cette habile concession, de se retourner contre nous. Que dire de l'induction tirée de l'intégrité de la pensée pendant certaines maladies ? L'intelligence fonctionne bien quand les poumons sont malades : ai-je le droit d'en conclure qu'elle ne court aucun risque si je me loge une balle dans la tête ?

On a dit que Butler avait fait plus d'athées que de croyants. Je crains que ses arguments en faveur de la vie future n'aient conquis nombre d'adeptes au matérialisme. Il n'est pas bon d'appuyer certains dogmes sur des preuves insuffisantes ou boiteuses. On suppose aisément qu'il n'en est pas de plus fortes, et leur faiblesse trop manifeste ménage un facile triomphe aux adversaires. La quantité ne peut ici remplacer la qualité. Plus vous apportez de raisons qui ne sont que médiocrement plausibles, plus vous avez l'air d'être impuissant à en fournir une seule qui soit décisive. J'ajoute qu'en ces matières de religion naturelle, certaines âmes délicates aiment mieux croire sans motifs que d'accepter, même en les contrôlant, des démonstrations de valeur contestable. Elles ne savent pas mesurer prudemment leur adhésion aux degrés de probabilité ; c'est une sorte de calcul, et il leur paraît contraire au respect que la vérité commande. Il faut, à leurs yeux, ou s'abstenir de prouver, ou prouver sans réplique.

L'argument le plus sérieux en faveur de la vie future,

celui qui sort, pourrait-on dire, des entrailles mêmes de la misère humaine, Butler ne le donne pas, et il ne pouvait guère le donner. Comment rattacher au principe de l'analogie ce besoin douloureux d'un monde où soient réparés les scandales et les iniquités de celui-ci ? L'analogie demanderait que la justice et le bonheur n'eussent pas une plus large place au delà de la mort qu'en deçà ; mais, à cette condition, la conscience voudrait-elle encore de l'immortalité ? C'est par contraste, non par ressemblance avec cette vie, qu'elle en imagine une autre, qu'elle l'exige comme une réparation nécessaire, qu'elle l'impose, en quelque sorte, à la Providence, comme une justification tardive de son gouvernement.

II

Les développements qui précèdent nous permettent d'être plus brefs dans l'exposé du reste de l'ouvrage. Butler établit successivement, par analogie avec ce que révèle l'expérience de cette vie, que chacun dans l'autre monde sera récompensé ou puni (ch. II) ; que ces peines et récompenses seront en rapport avec ce genre de conduite que nous appelons vertueuse ou vicieuse, bonne ou mauvaise moralement (ch. III) ; que la vie présente est un état d'épreuve (ch. IV) et de discipline (ch. V) à l'égard de l'autre vie ; que les objections tirées de la doctrine de la nécessité ne détruisent pas l'idée d'un gouvernement divin du monde (ch. VI) ; qu'enfin les difficultés qu'on peut élever contre la sagesse et la bonté de ce gouvernement s'évanouiraient avec une connaissance du plan providentiel plus parfaite que celle qu'il nous est possible d'avoir ici-bas (ch. VII).

Ce sont, on le voit, les chapitres II, III, IV et V qui contiennent tout ce qu'il y a d'essentiel dans l'argument. Des deux termes de l'analogie, le premier seul est objet d'expérience directe. Or, celle-ci montre que dans cette vie notre conduite est récompensée ou punie suivant une certaine loi. Le bonheur et le malheur sont la plupart du temps les conséquences de nos actions. Dira-t-on que ces conséquences sont nécessaires, parce qu'elles résultent du cours même de la nature ? Mais Butler admet comme accordé que ce cours des choses est l'œuvre d'une puissance intelligente. Dieu n'a pas besoin de coups d'état pour gouverner le monde ; l'uniformité et la régularité des lois qu'il a établies ne sont pas un argument contre sa Providence. Si les lois civiles pouvaient agir d'elles-mêmes, si elles portaient en elles leurs propres sanctions, serait-il logique d'en conclure qu'il ne peut exister de législateurs ni de magistrats ?

La réponse n'est peut-être pas décisive. Dans l'hypothèse d'une matière nécessaire et éternelle, la Providence n'aurait évidemment pas sa place. Les atomes d'Épicure s'agrègent dans le vide sans obéir à d'autres lois qu'à celle de la pesanteur et du caprice qui porte quelques-uns à *décliner*. Mais la question reste de savoir si cette hypothèse n'est pas contradictoire, si un monde éternel et nécessaire est véritablement intelligible. Butler n'entre pas dans ce débat. Il n'est pas un métaphysicien ; il se tient dans la région moyenne des opinions généralement reçues, et cherche seulement à faire sortir du minimum de déisme qu'il prend comme postulat, quelques conclusions plus contestées relativement à une vie future.

Mais pourquoi un Dieu bon punirait-il après la mort ? C'est un Dieu bon qui nous gouverne ici-bas, répond Butler, et vous voyez qu'il punit déjà certaines actions. Et il punit dès maintenant dans des conditions précisément analogues à celles où, selon la religion naturelle, s'exercera plus tard sa justice. Ainsi la peine suit dans cette vie des actions qui promettent et souvent donnent un plaisir et un profit immédiats. La peine est souvent d'une gravité hors de proportion avec l'intensité et la durée de ce plaisir. La peine est souvent différée, et, quand elle arrive, c'est à l'improviste. Elle plane comme une menace, mais il y a rarement certitude qu'elle doive frapper. Enfin, quand elle frappe, il n'est plus possible de revenir sur l'action qui l'a provoquée ; « le cours naturel des choses ne laisse pas place au repentir ».

Mais ce gouvernement qui s'exerce par des récompenses et des punitions est de plus un gouvernement moral ; la récompense est dès ce monde le prix de la vertu ; la punition, la conséquence du vice. Est-ce là ce que dit l'expérience ? — Oui, répond, Butler : la vertu est, *en général*, plus heureuse que le vice. S'il en coûte de s'amender, si la souffrance accompagne tout effort pour renoncer aux habitudes mauvaises, c'est au vice qu'il faut s'en prendre ; la vertu *par elle-même* est condition de bonheur. La prudence est une espèce de vertu : qui niera qu'elle ne trouve presque toujours ici-bas sa récompense, et que l'imprudence, analogue au vice, n'entraîne à sa suite la douleur qui la punit ? Sans doute, à cet ordre, il est des exceptions, mais elles ne sont pas conformes à la nature des choses. La tendance générale est dans le sens d'une justice distributive, qui se ferait en quelque sorte d'elle-même, si tout obstacle était écarté.

La constitution morale de l'homme implique la suprématie de la conscience, et la conscience nous dicte une conduite vertueuse. Comment le bonheur ne serait-il pas l'effet naturel d'une telle constitution ? N'est-il pas, a dit Aristote, l'acte qui s'ajoute au développement le plus harmonieux et le plus parfait de l'être ?

Mais ce qui est vrai des individus l'est aussi des sociétés. Butler, reprenant la thèse platonicienne, montre qu'un État dont tous les citoyens seraient vertueux atteindrait le comble de la prospérité et de la puissance. Le passage a quelque célébrité dans la littérature philosophique de l'Angleterre :

« Dans un tel État, on ne saurait ce que c'est qu'une faction ; mais les hommes qui auraient le plus de mérite prendraient naturellement la direction des affaires, qui leur serait volontairement abandonnée par les autres et qu'ils se partageraient entre eux sans envie. Chacun d'eux aurait dans le gouvernement la part à laquelle ses aptitudes le désigneraient particulièrement ; les autres, qu'aucune capacité spéciale ne distingue,... s'estimeraient heureux de les avoir pour protecteurs et pour guides. Les résolutions publiques seraient réellement le résultat de la sagesse collective de la communauté, et elles seraient consciencieusement exécutées par la force réunie de tous. Quelques-uns contribueraient d'une manière plus efficace, mais tous contribueraient en quelque matière à la prospérité générale, dans laquelle chacun goûterait les fruits de sa propre vertu. Et comme ils ignoreraient entre eux l'injustice, qu'elle ait pour instrument la fraude ou la violence, de même ils n'auraient pas à la craindre chez leurs voisins. Car la ruse et le faux intérêt personnel, les coalitions dans l'injustice, toujours précaires et accompagnées de factions et de trahisons intestines, voilà ce qu'on trouvera d'un côté : folie enfantine, faiblesse véritable, en face de la sagesse, du patriotisme, de l'union indissoluble, de la fidélité qu'on trouvera de l'autre côté : il suffit qu'on donne aux deux adversaires un nombre d'années suffisant pour faire l'épreuve de leurs forces. Ajoutez l'influence générale qu'un tel royaume aurait sur la surface de la terre, surtout par l'exemple qu'il donnerait ; ajoutez le respect dont il serait entouré. Il serait sans conteste supérieur à tous les autres et le monde tomberait peu à peu sous sa domination, non par voie de violence injuste, mais autant par ce qu'on pourrait appeler conquête légitime que parce que les autres royaumes se soumettraient volontairement à lui dans le cours des âges, et réclameraient l'un après l'autre sa protection, à mesure que leurs embarras les y forceraient. Le chef d'un tel État serait un monarque universel, d'une tout autre manière qu'aucun mortel ne l'a jamais été ».

Cette *utopie* remarquable, où les réminiscences de Platon sont évidentes, a été signalée par M. Leslie Stephen comme un énoncé prophétique du principe darwinien, « la survivance du plus apte ». Il est certain que la sélection, pacifique ou guerrière, s'exerce à la longue en faveur des races ou des sociétés qui s'adaptent le mieux aux lois de la nature. Mais Butler ne s'aperçoit pas que la réalisation de son hypothèse rendrait à peu près superflu le dogme qu'il a tant à cœur de démontrer. Le jour où serait consommée ici-bas l'alliance de la vertu et du bonheur, les hommes auraient beaucoup moins besoin de croire à une vie future. Et cette alliance supposée parfaite, la vertu subsisterait-elle encore ? Que deviendrait-elle, sans les mauvaises passions qu'il s'agit de réprimer, sans l'injustice, qu'il faut ou combattre ou subir ou absoudre, sans la misère enfin, qui donne matière à la charité ? Si le gouvernement providentiel était trop visible en ce monde, il serait moins nécessaire dans l'autre. Tout au plus la conscience continuerait-elle à le réclamer pour les générations qui ne seraient pas entrées dans la terre promise. Mais pourquoi la récompense à qui n'a pas le mérite ? Et quel mérite est possible quand la lutte ne l'est plus ?

La difficulté que soulève l'hypothèse de Butler devient

plus manifeste quand on arrive au quatrième chapitre. Selon la religion naturelle, le gouvernement moral de Dieu suppose que nous sommes en cette vie dans un état d'épreuve (a state of trial) relativement à la vie future. Pour que cette conclusion soit fondée, conformément au principe de l'analogie, l'expérience doit nous montrer que notre condition présente est un état d'épreuve en ce qui concerne la vie terrestre. Mais si l'épreuve est essentielle à notre existence dans le temps, il s'ensuit qu'une certaine somme de mal et de désordre, à peu près constante, est ici-bas nécessaire.

Que disent les faits? Que mille causes perturbatrices, circonstances extérieures, passions, etc., nous sollicitent à négliger nos intérêts temporels même les plus évidents. Butler va jusqu'à admettre comme une vérité philosophique indépendante de toute révélation et fondée sur le seul témoignage de la vie humaine, que « nous sommes dans un état de dégradation, dans une condition qui ne paraît être, d'aucune manière, la plus avantageuse que nous puissions imaginer ou désirer, tant au point de vue de nos capacités naturelles que de nos facultés morales, pour assurer soit nos intérêts présents, soit nos intérêts futurs ». C'est presque une vue originale, au milieu de l'optimisme irritant des moralistes et théologiens anglais du XVIII° siècle. Mais, craignant de trop charger la Providence, Butler se hâte d'ajouter que l'épreuve, si sévère soit-elle, n'est jamais au-dessus de nos forces, et qu'enfin la douloureuse énigme du mal s'éclaircirait sans doute, pour la réhabilitation du gouvernement divin, si nous connaissions la totalité des choses ou un fragment plus considérable du système universel.

C'est encore le problème du mal que pose, sans le résoudre, le cinquième chapitre. Pourquoi l'épreuve? La religion naturelle répond : pour nous former à la vertu et par là mériter le bonheur futur.

On sera tenté de la croire, si l'expérience montre qu'en cette vie, l'homme est « dans un état de discipline morale », c'est-à-dire que l'évolution qui nous conduit de la naissance à la mort a manifestement pour objet de développer nos facultés en vue d'une perfection plus grande et, par suite, d'une félicité plus complète. La vie est une éducation ; l'enfance prépare la jeunesse et celle-ci l'âge mûr ; à chaque stade une forme supérieure d'existence est atteinte, les puissances de l'être s'épanouissent, le caractère se constitue. Le bonheur est en raison de ce progrès dont les conquêtes successives sont assurées et à mesure facilitées par l'habitude. Butler distingue déjà nettement les deux sortes d'habitudes, et il observe avant Maine de Biran que les impressions passives s'affaiblissent en se répétant, tandis que les mêmes actes, fréquemment reproduits, deviennent plus aisés et plus agréables. Il en tire cette pénétrante remarque que spéculer sur la vertu, parler d'elle avec éloquence, en tracer de belles peintures ne dispose pas nécessairement à être plus vertueux ; au contraire, l'habitude de recevoir ainsi dans l'esprit l'impression passive de la vertu finit par en affaiblir l'influence et l'autorité, rend peu à peu insensible à toutes considérations morales.

Si, dans l'étroit espace de cette vie, des facultés, latentes à l'origine, peuvent atteindre un éminent degré de culture, l'analogie porte à croire qu'il en sera de même au delà. Dans la société d'outre-tombe, les vertus ici-bas acquises, la véracité, la justice, la charité, auront encore leur place et leur rôle. Les passions naturelles ne seront pas abolies ; peut-être des tentations nouvelles viendront-elles solliciter les âmes, et les habitudes vertueuses contractées sur la terre serviront à en triompher. Le progrès moral restera possible ; le même rapport que l'expérience constate entre la conduite et le bonheur persistera dans l'autre vie.

Pour le plus grand nombre, il est vrai, c'est l'apprentissage et l'habitude, non de la vertu, mais du vice, qui est le résultat de l'épreuve. Difficulté redoutable, que Butler ne songe pas à éluder. Que d'âmes tombent dans l'Éternité, qui se sont irrémédiablement perdues ! Elles sont mortes, celles-là, et pour jamais, à la vertu comme au bonheur ! Que penser d'un gouvernement providentiel sous lequel peuvent se produire de tels désastres ? — Mais, répond Butler, des faits analogues se passent à chaque instant dans ce que nous connaissons de la nature, où l'action de la Providence n'est cependant contestée par personne. Germes de plantes et d'animaux périssent par milliards ; des circonstances fatales les étouffent à leur naissance ; imperceptible est, en comparaison, le groupe des élus qui parviennent à leur complet développement. Pourquoi s'étonner ou se plaindre que tant de semences spirituelles avortent et qu'une sélection, juste après tout dans sa rigueur, élimine sans retour celles qui n'ont pas su conquérir leur destinée par leur vertu ?

Il est permis de protester contre un pareil emploi de l'analogie. La profusion magnifique du Créateur peut jeter à pleines mains les germes de la vie, et certes, c'est une étroite philosophie que celle qui prétend imposer à l'artisan suprême l'économie des matériaux dont il se sert pour fabriquer le monde, comme s'il ne disposait, ainsi que l'homme, de quantités, de forces, et de moyens limités. Dieu n'a pas à rendre compte des multitudes de graines qui ne deviendront jamais des plantes, ni des jeunes qui n'atteindront jamais l'âge mûr. La lutte pour la vie exige qu'il y ait plus de vaincus que de vainqueurs ; elle est la condition du progrès, et le progrès veut ces vastes avortements, ces hécatombes immenses des moins bien armés. Mais, quand il s'agit d'âmes immortelles, de personnes morales d'un prix infini, il n'en va plus de même. Dieu n'a pas le droit de sacrifier avec indifférence les pires aux meilleures ; et s'il a pu prévoir que le plus grand nombre des volontés libres, succombant dans l'épreuve, deviendrait la proie d'un malheur éternel, la conscience repousse une fausse analogie, et demande pourquoi la pitié souveraine n'a pas tout au moins, en leur refusant le funeste bienfait de l'existence, traité avec autant de miséricorde que ceux des règnes inférieurs les déshérités du règne humain.

III

La démonstration que poursuivait Butler est, de fait, terminée avec le chapitre cinquième ; les deux derniers de cette première partie de l'*Analogie* n'ont pour objet que de répondre à certaines difficultés.

L'hypothèse de la nécessité semble bien être en contradiction avec celle d'un gouvernement moral de la Providence. Butler s'efforce d'établir qu'il n'en est rien ; mais sa démonstration repose sur un malentendu. Il confond le fatalisme et la nécessité. Le fatalisme, selon lui, n'exclurait pas l'idée d'un Dieu créateur et organisateur de l'univers ; seulement ce Dieu obéirait à la nécessité, de même que la construction d'une maison, si elle est supposée nécessaire, implique toujours l'existence d'un architecte, mais d'un architecte construisant nécessairement. Dès lors et par analogie, la doctrine de la nécessité, fût-elle théoriquement vraie, ne serait pas incompatible avec la croyance à un gouvernement moral de la Providence, c'est-à-dire avec le dogme d'un Dieu récompensant ou punissant l'homme, selon ses mérites, dans une vie future. Mais l'expérience nous montre qu'en agissant ici-bas comme si nous n'étions pas libres, nous compromettons nos plus chers intérêts, notre existence même. Tout l'ordre social repose sur le postulat de la liberté. Par analogie, nous conclurons qu'il en est pratiquement de même à l'égard de nos intérêts éternels, et qu'agir et vivre en fatalistes est le plus sûr moyen de les ruiner. Si la nécessité n'est pas en contradiction avec l'existence d'un Dieu qui gouverne le monde, elle n'exclut pas davantage le caractère moral de ce Dieu, les attributs de bonté, de véracité, de justice. En effet, le fataliste admet que l'homme a une certaine nature, et même l'homme ne peut être que ce que sa nature exige qu'il soit; il est impuissant, dans l'hypothèse, à la modifier par sa volonté. Pourquoi n'en serait-il pas de même de Dieu? Pourquoi, parmi ces attributs nécessaires, ne compterait-on pas la justice? — Mais, dit-on, la nécessité admise, la punition du coupable cesse d'être juste, car il n'y a plus de coupable. — Cette même nécessité, répond Butler, supprime du côté de Dieu l'injustice du châtiment. D'ailleurs cette protestation des fatalistes, au nom de la justice, prouve combien profondément sont ancrées au cœur de l'homme, avec l'idée du juste, celles de mérite et de démérite, qui supposent elles-mêmes la liberté. Ces notions, sur lesquelles est fondé le dogme du gouvernement moral de l'univers, semblent ainsi prendre une nouvelle force des attaques mêmes qui devaient les détruire.

Mais, réplique le fataliste, ce gouvernement moral, nous avons besoin, pour y croire et l'accepter, de l'illusion du libre arbitre; et si la liberté n'existe pas, comment admettre qu'en vue de légitimer à nos yeux son gouvernement, Dieu nous entretienne dans une opinion qu'il sait être une erreur? La manière dont Butler échappe à cette difficulté a de quoi surprendre. C'est un fait qu'il y a un Dieu qui gouverne le monde par un système de punitions et de récompenses. Si la doctrine de la nécessité est en contradiction avec ce fait, c'est qu'elle est fausse, et que l'homme est libre. Mais le fait subsisterait alors même que le fatalisme serait vrai ; car l'expérience montre que les brutes mêmes sont gouvernées ici-bas par récompenses et châtiments. Donc, en tout état de cause, on doit maintenir que certaines actions (libres ou non) sont en cette vie généralement récompensées, d'autres punies, et, par analogie, la même conduite qui assure notre bonheur ou notre malheur terrestres doit être jugée conforme ou contraire à nos intérêts éternels.

On trouvera que cette discussion est confuse et insuffisante, et l'on n'aura pas tort. Mais je cherche qui, au XVIIIe siècle (Kant excepté), a pénétré plus profondément dans le problème du libre arbitre. Il faut bien le dire, l'évidence prétendue des faits ne peut, à elle toute seule, résoudre une question qui plonge par ses racines jusqu'au principe de notre être et des choses. Butler confond le fatalisme et la nécessité, deux conceptions qui s'excluent. Il ne s'aperçoit pas que, si tout est nécessaire, sa Providence n'a plus de raison d'être ; c'est pour se débarrasser d'elle et de son gouvernement que l'on voudrait faire de la matière l'être existant par soi, et des actes libres les effets absolument déterminés de causes fatales. Enfin, il va jusqu'à appeler châtiments et récompenses les plaisirs et les douleurs des animaux, comme si les idées de responsabilité, de liberté, n'étaient pas impliquées rigoureusement dans celles de récompense et de punition !

Une difficulté plane sur toute l'*Analogie*. Si l'univers est soumis à un gouvernement moral, pourquoi tant d'imperfections et d'injustices ? Pourquoi les malheurs immérités, les prospérités scandaleuses ? Sans doute, l'autre vie remettra tout en ordre ; mais n'oublions pas que, pour Butler, c'est la Providence ici-bas qui doit servir à démontrer la Providence après la mort. L'analogie veut que le gouvernement moral soit assez visible en ce monde pour qu'il soit probable encore au delà. La situation est délicate : si tout est bien dès maintenant, à quoi bon la vie future ? Et si la vie future est nécessaire, c'est que tout n'est pas bien dans celle-ci. Mais alors le gouvernement moral, dans les limites où notre expérience peut se mouvoir, n'est donc plus tellement évident, et la prémisse du raisonnement analogique peut être contestée. Il faut donc qu'il y ait du mal, le moins possible, assez pour que la vie éternelle ait sa raison d'être, pas assez pour que la Providence puisse être mise en doute. Or, aux yeux de l'expérience, il y en a beaucoup, et Butler n'est pas de ces fades optimistes à la manière de Shaftesbury. D'ailleurs, si peu qu'il y en ait, c'est toujours trop, sous le règne d'un Dieu tout puissant et bon. Butler se tire d'embarras, comme Leibniz, en invoquant notre ignorance. Nous ne connaissons pas toute la nature, ni tout le gouvernement providentiel ; les conséquences lointaines des événements nous échappent ; tel moyen, fâcheux en lui-même, peut avoir, à la longue, les plus heureux effets. Ce que nous voyons est assez bien ordonné pour nous permettre de juger que l'ensemble est ordonné avec une souveraine perfection. Qu'on ne dise pas que de notre ignorance nous n'avons le droit de rien conclure : cette ignorance elle-même est un fait positif ; elle nous interdit de prononcer sur le tout autrement que par analogie avec ce que nous savons de la partie.

A qui connaîtrait l'univers et la totalité du gouvernement divin, les événements de la nature apparaîtraient comme subordonnés harmonieusement aux convenances d'une justice et d'une bonté indéfectibles : c'est ainsi que le monde végétal est subordonné au monde animal, celui des corps à celui des âmes. Les choses sensibles et les phénomènes qui se déroulent dans le temps sont les instruments de ce que Leibniz appelait le règne de la grâce, de ce que Kant appellera le règne des fins. La même loi morale qui explique et justifie dès maintenant, en dépit de quelques anomalies apparentes, le cours et la constitution des choses, garantit dans l'avenir aux êtres libres une destinée conforme à celle que, par leur soumission ou leur révolte, ils se sont déjà faite ici-bas.

Ces espérances, d'ailleurs, ou ces craintes, solidement fondées sur l'analogie, ne sont pas nécessaires pour imposer la pratique de la vertu. Celle-ci, quoi qu'il en puisse être, reste toujours ce que commande inconditionnellement la conscience. Nos obligations morales découlent d'une loi intérieure que nous ne pouvons violer sans nous condamner nous-mêmes Mais il n'est pas indifférent sans doute que les conseils de la prudence s'ajoutent aux ordres de la conscience en nous rappelant la probabilité de sanctions futures, analogues à celles que le cours des choses, en cette vie même, attache à notre conduite.

Une probabilité, non une certitude, voilà donc où aboutit la première partie de l'ouvrage, la seule qui intéresse le philosophe. Nous en étions prévenus, mais ce résultat n'est pas médiocre, s'il est véritablement atteint. Vertu, bonheur, malheur et vice sont choses pratiques, et pour la pratique la probabilité suffit, parce qu'elle est presque toujours notre seul guide.

IV

Les remarques dont nous avons accompagné notre exposition nous dispensent d'insister sur la critique générale de l'ouvrage. Il est certain que l'*Analogie* ne répond guère aux préoccupations de la pensée contemporaine. Prendre pour accordée l'existence d'un Dieu intelligent, *gouverneur moral* du monde, c'est supposer sans preuves ce qui, pour beaucoup, serait fort difficile à prouver. Et si l'on accordait cela, on serait assez coulant en matière de vérités philosophiques pour accorder aisément le reste, c'est-à-dire la persistance, après la vie terrestre, de ce gouvernement providentiel par récompenses et punitions. L'appareil logique de l'*Analogie* serait presque inutile à qui serait ainsi, par nature, prédisposé aux actes de foi. Le livre un peu lourdement méthodique de Butler est moins œuvre de science que d'édification; il n'apporte pas grand secours aux convictions des uns, et n'inquiétera que faiblement l'incrédulité des autres.

Il nous semble pourtant que le raisonnement analogique a son prix, et qu'aujourd'hui encore on pourrait l'employer avec quelque succès en faveur de la cause déiste. Le cours des choses, pour parler comme Butler, suit une direction ; dans la nature, comme dans l'histoire, l'évolution, prise en général, est dans le sens d'un progrès. Ce ne sont pas les adversaires de la religion naturelle (nous donnons à cette expression la signification consacrée au xviiiᵉ siècle) qui pourront sérieusement le contester ; car la croyance au progrès est précisément celle qui a battu en brèche et prétendu remplacer le dogme d'un Dieu créateur et providence. Toute la question est de savoir si cette marche vers le mieux aboutit à un abîme ; si la nature et sa fille, l'humanité, s'avancent vers la décadence et le néant. L'analogie permet de conclure du passé et du présent à l'avenir : si chaque phase de l'évolution universelle a manifesté une forme supérieure de l'être, il y a probabilité pour que des formes nouvelles et supérieures soient enveloppées, comme d'obscures promesses, dans celle qui constitue l'univers d'aujourd'hui. Je sais que des inductions cosmologiques nous laissent entrevoir dans le lointain des âges futurs la destruction totale des systèmes solaires et stellaires ; mais la pensée, qui, n'importe comment, est venue dans ce monde, et qui, elle aussi, est allée grandissant, depuis sa naissance, sur le globe ou sur les globes, pourrait bien n'être pas fatalement condamnée à disparaître dans la suprême catastrophe. L'évolutionisme matérialiste n'a pas, à l'heure qu'il est, scientifiquement établi que la destinée des consciences soit liée indissolublement à celle des organismes ; tant qu'il n'aura pas prouvé qu'elles sont seulement un des modes du mouvement, une chance restera pour qu'elles échappent à cette loi qui ramène tout composé à l'existence amorphe et élémentaire de l'homogène primitif. Si donc il est au moins possible que la pensée plane encore au-dessus du monde, réduit, dans des milliards de siècles, à l'état de vapeur sans densité, la cause du progrès peut être gagnée, et l'analogie avoir définitivement raison. La pensée pourra, dans des conditions que j'ignore, selon des lois qui lui sont propres et qu'elle ne soupçonne pas aujourd'hui, continuer pour son compte l'évolution de l'être, et gravir sans cesse, dans le silence de l'immensité vide d'univers, des degrés toujours plus élevés de perfection.

Mais la pensée, en général, n'existe pas ; il y a des pensées, ou plutôt des êtres pensants. Si, dans le cours des générations, chaque individu pensant s'est anéanti sans retour, la même loi de mort doit abolir les derniers venus ; la matière subsistera seule au moment du cataclysme final ; le progrès tout entier de l'être aboutit au non-être ; l'évolution est la marche contradictoire d'une existence qui s'enrichit, se complique et se perfectionne à chaque pas pour s'évanouir dans l'indigence absolue de toute forme et de toute perfection. Si le progrès est vrai, si l'analogie est légitime, il faut donc que seuls les êtres pensants soient les dépositaires d'espérances que les soleils n'accompliront pas.

Il est donc permis de concevoir une république d'âmes dont les impérissables destinées perpétueront le progrès, quand l'univers matériel aura fini la sienne. Il est permis également de croire que cette république n'est pas livrée à l'anarchie. Si le progrès est une ascension vers le mieux, et si le mieux suppose le parfait ; si c'est ce désir de perfection qui, travaillant sourdement le monde et l'humanité, arrache à l'indétermination et à l'inertie du néant les forces brutes et pensantes pour les porter toujours plus avant et plus haut ; si le Bien est ainsi la raison d'être de l'être et la cause finale absolue : — n'est-il pas conforme à l'analogie que cet idéal des choses et des âmes existe encore en acte, qu'il ne soit pas éternellement une simple possibilité du futur, et comme un beau rêve des consciences ? Dieu — n'hésitons pas à le nommer — serait alors la conclusion dernière du raisonnement analogique, l'explication suprême du progrès.

Ces vues, il ne convient pas de les développer ici, mais nous avons cru devoir les indiquer, pour montrer quel rôle pourrait encore jouer en théologie naturelle le principe de l'analogie. Butler a le mérite d'en avoir fait une application méthodique ; mais, en prenant pour accordée la thèse fondamentale du déisme, il a réduit à des proportions un peu minces l'intérêt et la portée de son œuvre. Au fond, c'est à la seconde partie qu'il tenait sans doute le plus, celle où il traite de la religion révélée. Mais, comme philosophe, nous avons le droit de ne pas l'y suivre, pas plus que nous ne suivons aujourd'hui Pascal dans son exégèse des Écritures. Le métaphysicien, dans Butler, reste inférieur de beaucoup au moraliste, et c'est la hauteur de l'inspiration morale qui donne presque seule un sérieux attrait à nombre de pages de l'*Analogie*.

CHAPITRE IV

LES DÉISTES : BOLINGBROKE

Le xviiie siècle en Angleterre fut bien loin d'être une époque d'indifférence religieuse. Jamais, peut-être, en aucun pays, les questions relatives à la destinée de l'âme, à l'existence de Dieu, à la divinité du christianisme, ne furent plus universellement et plus passionnément agitées. La controverse fut surtout vive dans le premier tiers du siècle. Des livres comme ceux de Toland, de Collins, de Tindal, de Woolston, étaient lus avec une avidité que nous avons peine à comprendre aujourd'hui. Au témoignage de Voltaire, les *Discours sur les Miracles*, de Woolston, tout remplis de bouffonneries indécentes, se vendirent en peu de temps à plus de 30,000 exemplaires, et quatre évêques usèrent leur plume à les réfuter. S'il faut en croire Waterland, « la dispute sur la Trinité occupait les hommes de tous rangs et de toutes conditions, et le *Credo* d'Athanase était l'objet ordinaire des conversations ». Berkeley rapporte que les gens du monde parlaient morale et religion jusque dans les cafés, les *chocolateries*, les brasseries et les tavernes. Ce furent, dit-on, des arguments entendus au café qui convertirent Toland à la libre pensée.

Ce mouvement, derrière lequel l'œil clairvoyant des Berkeley et des Butler apercevait avec inquiétude l'athéisme, ne devait cependant pas, dans l'intention de ses promoteurs, conduire jusque-là. Il s'agissait seulement de secouer le joug de la révélation, de l'autorité traditionnelle et ecclésiastique, de constituer par la raison seule un minimum de religion, valable pour tous les temps, pour tous les esprits. Ce minimum serait la religion naturelle, en opposition à celle des théologiens. Nous allons retracer brièvement dans ce chapitre les phases principales de cette révolution qui aboutit en Angleterre au déisme philosophique de Bolingbroke, en France à celui de son disciple Voltaire (1).

I

Si l'on voulait rechercher à qui revient l'honneur d'avoir formulé le premier les principes et la méthode d'une religion exclusivement naturelle, il faudrait l'attribuer à lord Herbert de Cherbury. Nous n'apprendrons rien à personne en rappelant que lord Herbert n'a pas eu, jusqu'à M. de Rémusat, la place qui lui revient dans l'histoire de la philosophie. Sans être un profond penseur, il fut original. Il entreprit, avant Descartes, de déterminer les conditions essentielles pour connaître la vérité. La vérité existe ; philosophes, théologiens sont sur ce point d'accord avec le sens commun. Mais comment la trouver ? Les uns prétendent subordonner la raison à la foi ; les autres, tout asservir à une autorité traditionnelle. Ce n'est pas là philosopher librement. Il y a dans tous les esprits certaines notions communes, principes de tous nos jugements : là seulement sont les véritables fondements de la certitude. Il s'ensuit que le consentement universel est le signe de la vérité. C'est dans le consentement universel, non dans les livres des philosophes, que lord Herbert cherche à la fois le point de départ et le critérium de sa philosophie.

Le rapprochement entre lord Herbert et Descartes, le *De Veritate* et le *Discours de la méthode*, s'impose de lui-même. Descartes aussi pense que « le bon sens est la chose du monde la mieux partagée », et que le principal « n'est pas d'avoir l'esprit bon, mais de l'appliquer bien ». Descartes aussi tient, au fond, le consentement universel pour marque suprême du vrai ; car le moyen que l'évidence ne

(1) Pour plus de développements, on consultera avec fruit l'ouvrage déjà cité de M. Leslie Stephen auquel nous avons beaucoup emprunté ; voir aussi Lechler, *Geschichte des Englischen Deismus* (Stuttgart, 1841). — Sur Bolingbroke, Ch. de Rémusat, *l'Angleterre au XVIIIe siècle; études et portraits*; Robert Harrop, *Bolingbroke, a political study and criticism*.

soit pas aperçue de tous les esprits, et, une fois aperçue, ne s'impose pas à tous également ? De là ses étonnements irrités en face de ses contradicteurs. Enfin, d'après lord Herbert, les principes ou notions communes « émanent d'une Providence qui a mis une certaine harmonie entre les choses et notre intelligence (1) ». Descartes de même y voit « la marque de l'ouvrier sur son ouvrage ». Je ne voudrais pas prolonger un parallèle trop flatteur pour Herbert, mais comment ne pas signaler entre ces deux hommes une certaine analogie d'existence militante et vagabonde, au moins dans la jeunesse ? Comment ne pas rappeler que tous deux se crurent redevables de leur méthode à une sorte de révélation surnaturelle (2) ?

Sur les notions communes, les mêmes chez tous les hommes, repose tout ce qu'il y a de certain dans la religion. Il y a donc une religion naturelle, et, pour en formuler les dogmes essentiels, il suffira de dégager les points sur lesquels l'universalité des esprits se trouve d'accord. Herbert l'a essayé, et voici le *Credo* qu'il nous propose :

1° Dieu existe ;

2° Nous avons l'obligation de lui rendre un culte ;

3° C'est principalement par la vertu et la piété que nous nous acquittons de cette obligation ;

4° Le repentir est efficace pour nous faire rentrer en grâce auprès de Dieu ;

5° Il y a une vie future, avec des récompenses et des châtiments.

Une vérification est nécessaire ; on ne peut la chercher que dans une étude historique des différentes religions. C'est ce que fit Herbert, au moins pour l'antiquité classique, dans un traité assez considérable, *De Religione gentilium*. M. de Rémusat suppose qu'il dut employer le secours de quelque collaborateur érudit. Au fond, il importe assez peu qu'Herbert ait plus ou moins exactement connu la religion des païens ; ce qui nous intéresse, c'est surtout sa méthode, qui

---

(1) De Rémusat, *Histoire de la philosophie en Angleterre*, t. I, p. 210

(2) « C'est à Paris, écrit M. de Rémusat, qu'après avoir médité longtemps son *Traité de la vérité*, comme la pensée de toute sa vie, il le termina un *beau jour d'été*, dit-il, dans la dernière année de son ambassade. En posant la plume, inquiet du parti qu'il allait prendre, il demanda à Dieu de lui révéler par quelque signe s'il devait publier ou supprimer son livre. Il entendit alors je ne sais quel bruit inconnu qu'il jugea surnaturel et le *De Veritate* parut (1624). »

va devenir celle de tout le déisme du xviii° siècle, et qu'on peut ramener à ces deux principes :

Il y a un minimum de croyances religieuses fondées sur la raison : le simple bon sens les aperçoit ; la réflexion les détermine avec une clarté et une précision suffisantes pour les besoins de la pratique.

En fait, dans tous les temps et chez tous les peuples, ces dogmes essentiels ont été reconnus. Ils sont le fonds immuable des religions changeantes. Ils constituent la religion naturelle, la seule qu'exigent la morale et l'ordre social, la seule que puisse accepter l'esprit humain.

Tout le reste n'est qu'impostures des prêtres ou subtilités des philosophes. La religion naturelle est tout aussi éloignée des théologies que des métaphysiques : les unes sont la perversion de la raison, les autres en sont l'abus. La nature, toujours la même et toujours infaillible, les ignore également.

On voit clairement par où ce point de vue diffère des tentatives plus ou moins heureuses qui ont pour but d'établir un prétendu accord entre la raison et la foi. Ces tentatives sont fréquentes en Angleterre, où l'orthodoxie protestante laisse plus de latitude à la libre interprétation que l'orthodoxie catholique. L'esprit anglais, on l'a remarqué souvent, n'aime pas à procéder par destructions soudaines et radicales ; jusque dans le progrès il prétend respecter la tradition. Avec beaucoup de bonne volonté, il semblait possible de concilier les données de la lumière naturelle et celles de la révélation, — à la condition toutefois que la révélation ne fût pas formulée en dogmes d'une précision trop inflexible. Depuis Culverwel, un disciple original de lord Herbert, jusqu'à Butler, en passant par Clarke, Locke et Berkeley, ç'a été l'effort principal de la pensée religieuse en Angleterre de montrer que la foi dit, avec plus d'autorité et en d'autres termes, les mêmes choses que la raison. Ajoutant à celle-ci, retranchant à celle-là, on arrive à les rendre à peu près équivalentes. Ce compromis, qui finit par triompher, permit à l'esprit philosophique de ne pas cesser d'être croyant, et au chrétien convaincu de ne pas jeter anathème à la libre-pensée. Berkeley lui-même n'en veut tant aux esprits forts que parce qu'il les prend pour des athées ; mais son indépendance de philosophe n'est nullement gênée par sa foi. Il n'est pas, comme Malebranche, obligé de se défendre sans cesse contre des tentations ou des reproches d'hérésie, ou, comme Voltaire, de sacrifier la religion révélée pour rester fidèle à ce qu'il croit être la raison.

Tout autre est le déisme anglais. Il *minimise*, si l'on peut dire, la foi religieuse en la ramenant à la mesure du raisonnable et du démontrable, en excluant la révélation, le mystère, le miracle : *Christianity not mysterious*, tel est le titre du célèbre ouvrage de Toland (1), qui va ouvrir le feu de la polémique et provoquer des réfutations passionnées. Toland, qui cite Spinoza, le grand ancêtre de la libre-pensée en matière religieuse, avec un respect rare pour l'époque, part de ce principe que partout où il y a probabilité, non certitude, nous devons suspendre notre jugement. Mais, dans certains cas, le témoignage aussi donne une certitude, et comme la révélation ne repose que sur le témoignage, il faut que celui-ci soit digne de foi. A quelle condition le sera-t-il ? A la condition que les vérités prétendues dont il est le garant porteront « le caractère irrécusable d'une sagesse divine et d'une saine raison ». Par là se trouve exclu d'une religion véritable, non seulement tout ce qui est contraire à la raison, mais aussi tout ce qui la dépasse. Et que devient le mystère ? Il n'est plus que l'inconnu. Mais l'inconnu d'aujourd'hui sera peut-être le connu de demain. L'existence de l'Amérique était un mystère avant Christophe Colomb. De même, la révélation chrétienne était un mystère avant l'Evangile et les apôtres ; mais ce qu'elle apportait au monde ne pouvait être inconcevable sous peine de ne pas être la vérité. D'ailleurs, une chose n'est pas mystérieuse parce que nous n'avons pas une idée entièrement distincte de toutes ses propriétés ou de sa nature essentielle. Autrement, un caillou, un brin d'herbe, seraient pour nous de profonds mystères, et la science serait tout entière aussi mystérieuse que la religion. Si l'on admet, au contraire, qu'il n'y a pas nécessairement mystère partout où il n'y a pas connaissance adéquate de l'objet, on reconnaîtra que ni

---

(1) Ces lignes étaient écrites quand nous avons pris connaissance du très intéressant chapitre que M. Nourrisson a consacré à Toland dans son récent ouvrage : *Philosophies de la nature* (Paris, Perrin et C¹ᵉ, 1887). — Nous y renvoyons le lecteur, regrettant de n'avoir pu mettre à profit la piquante analyse que M. Nourrisson a donnée du *Pantheisticon* de Toland.

l'âme, ni Dieu même ne sont des mystères. De l'une ni de l'autre, en effet, nous ne connaissons l'essence ; mais les propriétés de l'âme ne nous sont pas plus cachées que celles de la matière, et, quant à Dieu, rien ne nous est plus compréhensible que ses attributs.

On voit la conclusion : les vérités révélées ne sont pas d'un autre ordre que celles de la science ou de la philosophie. De part et d'autre, il y a ou il n'y a pas mystère selon le sens qu'on attache à ce mot. Partant la révélation est inutile, car tout ce qu'elle enseigne de véritable, la raison avait qualité pour le découvrir, et le reste ne compte pas.

Toland, il est vrai, faisait encore la part assez belle à cette religion dépouillée de mystère, puisqu'il admet comme rationnellement évidentes ou démontrées l'existence de l'âme, celle de Dieu et de ses attributs. Mais la raison pourra devenir plus exigeante et resserrer le cercle de ses affirmations. Au fond, comme le remarque finement M. Leslie Stephen, Toland allait contre son but. Il voulait exterminer de la religion l'inconcevable et la ramener à la mesure de la raison. Mais si l'existence de Dieu n'est pas plus mystérieuse que celle d'un brin d'herbe, si rien ne nous est plus clair que ses attributs, où donc commencera l'obscurité ? La théologie devient aussi certaine que les mathématiques ; tout ce qui peut être pensé sans contradiction présentera un caractère, une forme d'évidence ; l'esprit ne sera pas plus embarrassé de concilier la toute-puissance divine et la liberté humaine que d'affirmer un rapport d'identité entre deux fois deux et quatre. Dès lors, la religion révélée n'a plus rien à craindre d'une raison aussi complaisante. Quel est le dogme dont elle ne pourra dire qu'il n'est pas mystérieux, à la condition que l'énoncé n'en soit pas contradictoire ? La Trinité, par exemple, n'est pas plus difficile à croire que l'existence d'un caillou.

Les intentions de Toland n'en devaient pas moins paraître diaboliques aux défenseurs intransigeants de l'orthodoxie. Sans parler de Norris, le malebranchiste anglais, qui écrivit contre Toland un livre intitulé : *Account of Reason and Truth*, Peter Browne signale, à grand renfort d'injures, les effroyables conséquences auxquelles devait conduire, selon lui, le rationalisme de *Christianity not mysterious*.

Si la religion est fondée sur la raison, l'autorité politique ne saurait avoir d'autre base : et que devient alors le droit divin des rois ? Suit un appel au bras séculier qui dispenserait Browne d'une plus longue réfutation, car « la tolérance, écrit-il, n'est pas faite pour le blasphème et le sacrilège » ; il ne demanderait pas mieux que de remettre Toland aux mains des magistrats, « non qu'il y soit poussé par quelque emportement de passion, mais parce qu'il s'inspire du zèle qui anime tout chrétien pour sa foi ». Voilà une charité qui aurait pu coûter cher à Toland si elle eût été partagée par le roi et ses ministres. Heureusement, l'autorité séculière, depuis la révolution de 1688, restait généralement sourde aux objurgations de cette nature. Browne y gagna pourtant l'évêché de Cork, et il eut, dit-on, le bon goût de reconnaître que le pauvre Toland, en lui fournissant le sujet de ses pieuses invectives, avait été pour quelque chose dans son élévation.

Mais les injures, la haine théologique pour les libres-penseurs, ne sont pas des raisons. Il en fallait à Browne, et il les trouva dans une doctrine qui refuse, en matière religieuse, toute compétence à la raison. S'il n'inventa pas *l'agnosticisme*, il lui fit une sorte de popularité parmi les orthodoxes. Il publia, en 1728, sous le titre de : *Procedure, Extent and Limits of Human Understanding*, un livre qui, s'il avait rempli son programme, aurait rendu inutile la *Critique de la raison pure*. Mais Browne n'a pas de telles ambitions ; il ne voit que les besoins de sa polémique avec les ennemis de la révélation. Sa stratégie, dangereuse peut-être, ne manque pas d'habileté. En face de la raison, la situation du théologien est délicate. Tolérera-t-il son concours pour la démonstration des vérités de la foi ? Il peut craindre qu'elle ne prétende bientôt à dominer, à décider toute seule : *intellectus quærens fidem*. Songera-t-il à se passer d'elle entièrement ? Comment faire accepter aux hommes des vérités qu'on déclare inconcevables et de tout point étrangères à la raison ? Voilà la porte ouverte à un scepticisme qui, de proche en proche, risque d'engloutir les croyances mêmes qu'on avait prétendu mettre sous sa garde. On aura beau faire, ce sera toujours une mauvaise recommandation pour la vérité que d'être présentée comme l'inintelligible pur. Le *Credo quia absurdum* n'est qu'une boutade ou un défi. Faisons donc la raison ouvrière de sa propre abdication en matière de choses divines. Qu'elle nous démontre que, dans cette sphère supérieure, elle ne peut rien démontrer. Que de l'analyse de nos facultés il ressorte avec évidence que nous ne pouvons rigoureusement rien connaître de Dieu, de sa nature, de ses attributs. Alors il sera prouvé que l'orthodoxe ne fait pas moins usage de la raison que le rationaliste ; mieux encore : seul, il en fait bon usage, puisqu'il sait y renoncer là où elle cesse, par sa constitution même, de voir clair.

Déjà avant Browne, l'archevêque de Dublin, King, dans un sermon sur la *Prédestination*, prêché en 1709, déclarait que si nous pouvons attribuer à Dieu la sagesse et la prescience, ce n'est que « par voie de ressemblance et d'analogie » ; analogie lointaine dont on ne peut tirer aucune connaissance positive, pas plus que « de la ressemblance entre une contrée et la carte de cette contrée on n'aurait le droit de conclure que cette contrée est en papier ». C'est, sous une autre forme, le mot célèbre de Spinoza : « La pensée humaine ressemble à la pensée divine, comme le Chien signe céleste ressemble au chien animal aboyant. » Un autre prélat, Synge, archevêque de Tuam, dans une réponse à Toland, renchérissant sur King, comparait la connaissance que l'homme peut acquérir des choses divines à celle qu'un aveugle peut avoir de la lumière et des couleurs. Browne est plus explicite, sinon plus radical ; jamais positiviste n'a plus impérieusement proclamé l'impuissance de l'esprit humain en fait de théologie que ce théologien : « Nous ne pouvons, déclare-t-il, avoir de la nature divine aucune idée ou conception, ni complète, ni incomplète, ni distincte, ni confuse, ni claire, ni obscure, ni déterminée, ni indéterminée. » La véracité, la justice, la miséricorde de Dieu, diffèrent non seulement en degré, mais en nature, des qualités qui reçoivent les mêmes noms parmi les hommes. La conséquence, selon Browne, c'est que la révélation peut seule faire luire la lumière en une telle obscurité.

L'agnosticisme mis au service de la foi ira plus loin encore. En matière religieuse, la raison n'est pas seulement impuissante : elle se contredit irrémédiablement. Telle sera la thèse de M. Mansel dans ses *Bampton Lectures*. Et ces antinomies nécessaires, Herbert Spencer les invoquera à son tour pour élever sur les débris de toute religion, positive ou philosophique, l'idole dernière de l'esprit humain, l'Inconnaissable.

Le nom de H. Spencer, devenu ainsi par une filiation directe l'héritier des théologiens qui combattaient la « superbe raison » à la manière de Pascal, donne à réfléchir. Sans doute il est agréable pour un orthodoxe de voir cette odieuse raison « invinciblement froissée par ses propres armes » ; mais, en fin de compte, c'est la pensée religieuse qui sort la plus meurtrie de la lutte. Jeu dangereux que de trop humilier la raison en lui interdisant toute compétence en fait de choses divines ; elle pourrait bien à la longue en prendre son parti et, sans accepter la foi toute faite qu'on lui présente, s'assurer que, puisqu'elle n'en peut rien savoir, il n'y a pas de choses divines. Un *fidéisme* intolérant conduit ainsi, soit au positivisme le plus plat, soit à l'athéisme le plus catégorique. Est-ce cela que l'on voulait ? le ferme génie de Berkeley, — un théologien pourtant, — ne s'y trompa pas; et, dans l'*Alciphron*, nous l'avons vu attaquer avec le bon sens le mieux trempé les King, les Synge, les Browne, en qui il voit, non sans motifs, les précieux auxiliaires des athées.

II

Après Toland, le principal champion du déisme fut Matthew Tindal. Son principal ouvrage : *le Christianisme aussi ancien que la création* (1730) marque le point culminant de cette grande controverse qui remplit les dix dernières années du xvii° siècle et la première moitié du xviii° siècle en Angleterre. Voltaire quitte ce pays en 1728, rapprochement significatif. Il part tout imprégné des principes et des arguments du déisme anglais ; l'ouvrage de Tindal va lui fournir de nouvelles armes. Nul doute qu'il ne l'ait mis largement à profit.

Par une coïncidence qui ne laisse pas d'être piquante, si Voltaire fut élève des jésuites, Tindal se convertit un instant au papisme, et, on peut le supposer, de très bonne foi. Chez l'un comme chez l'autre, le rationalisme fut une protestation de la pensée comprimée. Ce n'est pas que Tindal ait eu à souffrir, comme Toland et même comme Voltaire, pour la cause de la libre-pensée. Confortablement installé dans son bénéfice à Oxford, il attendit d'avoir dépassé soixante-dix ans pour publier l'ouvrage qui devait renouveler en l'aggravant le scandale de *Christianity not mysterious*. Le premier volume parut seul de son vivant : le manuscrit du second fut supprimé après sa mort par l'évêque Gibson, qui l'eut entre les mains. Procédé commode de réfutation. Mais le premier volume contenait déjà tout le venin. C'est au point de vue historique que se place Tindal. Dieu, dit-il en substance, est infiniment sage, bon, juste et il est immuable. De même, la nature humaine ne change pas. Donc, la loi que Dieu établit pour les hommes doit être parfaite et inaltérable. Comment comprendre alors que ce Dieu ait fait choix, dans la totalité du genre humain qui remplit tous les siècles de l'histoire, d'une obscure tribu, d'un peuple à moitié barbare, perdu dans un coin de l'Orient? Comment comprendre surtout que sa loi parfaite et éternelle puisse être confondue avec ce code de dogmes et de prescriptions frivoles ou ridicules qui constituent la foi et le culte des juifs et des chrétiens ? Eh ! quoi ! le Dieu de l'univers ne s'est révélé qu'à un si petit nombre de ses créatures raisonnables, et les autres, pour avoir ignoré ou méconnu cette prétendue révélation, sont destinées à des supplices qui ne finiront pas ?

On sait tout ce que Voltaire a tiré d'un pareil thème. Sa verve est intarissable sur le soleil arrêté par Josué, sur les ordres donnés par Dieu au prophète Ézéchiel et l'étrange nourriture qu'il lui impose, sur Oolla et Ooliba, sur les démons envoyés dans des corps de pourceaux. Ces plaisanteries, dont quelques-unes n'ont d'autre fondement qu'une complète inintelligence du texte hébreu, nous laissent froids aujourd'hui. On souffre à voir un beau génie s'acharner à des procédés de polémique dont le moindre défaut est trop souvent d'offenser le goût. Mais, en somme, Tindal et Voltaire mettent le doigt sur une des plus graves difficultés qu'on puisse élever contre une religion qui s'est produite et développée dans le cours de l'histoire. Si le Dieu des Juifs est le vrai Dieu, il faut accepter en bloc, comme l'expression de la sagesse et de la sainteté souveraines, tout ce que l'Ancien-Testament nous rapporte comme ayant été voulu, fait ou inspiré par lui. Quelles que soient les protestations de la raison humaine, c'est la raison qui a tort. Elle a tort de réclamer contre les massacres en masse des infidèles, les pieux assassinats, les prostitutions sacrées, les absurdités scientifiques. Elle est sacrilège en demandant pourquoi, les Juifs exceptés, tous les hommes, jusqu'à la venue du Christ, sont plongés dans d'invincibles ténèbres, et pourquoi, depuis le Christ, les chrétiens seuls ont chance de salut. La révélation, si elle est nécessaire pour échapper aux flammes éternelles, est difficilement conciliable avec l'idée d'un Dieu bon. Aussi les orthodoxes ont-ils plus d'une fois pris à leur compte la doctrine même exprimée par le titre de l'ouvrage de Tindal : que le Christianisme est aussi ancien que la création. La philosophie de l'histoire de saint Augustin, celle de Bossuet, n'en sont que le développement plein de grandeur. L'évolution entière de l'humanité, de toute la nature, a pour unique raison de préparer l'avènement du christianisme, puis d'en propager le développement et d'en consommer le triomphe. Seulement, la révélation était nécessaire pour annoncer au genre humain des mystères qu'auparavant il pressentait peut-être, mais qu'il eût été, par lui-même, éternellement impuissant à découvrir. — Le genre humain, réplique habilement Tindal, était incapable avec ses seules forces de découvrir vos mystères ; mais Dieu doit avoir traité tous les hommes de même façon ; donc les doctrines qui ne sont pas révélées à tous également ne peuvent être les doctrines que Dieu impose également à tous les hommes. La raison, seule faculté accordée à tous sans exception, doit, en conséquence, suffire pour guider tous les hommes vers la vérité. Ou la raison seule juge, ou le scepticisme universel : voilà l'alternative. Car, dit Tindal, « la tentative même de détruire la raison par la raison démontre que les hommes n'ont que la raison à qui ils puissent se confier ».

Il conviendrait peut-être de se demander si le témoignage de la raison est chez tous également clair, et même ce qu'on entend précisément par la raison. Quoi qu'il en soit, contentons-nous, pour le moment, de suivre les conséquences que Tindal croit pouvoir tirer de sa critique. Si la raison est seule juge du vrai, de même la tendance à augmenter le bonheur du genre humain est le seul critérium de la vérité des croyances religieuses. « On ne saurait sans blasphème prétendre que Dieu exige quelque chose pour lui-même ou qu'il puisse infliger quelque châtiment qui n'aurait pas pour but l'amélioration du coupable. » Par là Tindal nie implicitement la possibilité des peines éternelles.

Les prêtres seuls, pour assurer leur crédit, ont pu imposer aux hommes des pratiques qui n'aient pas un rapport direct à leur bonheur. Dieu n'en est pas responsable. Obéir à la nature, voilà l'unique précepte de la religion, le résumé du culte universel. « Celui qui dirige ses appétits naturels de la manière la plus utile à la fois pour l'exercice de sa raison, la santé de son corps et les jouissances des sens (car ces trois conditions réunies constituent le bonheur), peut être certain qu'il ne pourra jamais offenser son créateur. En effet, puisque Dieu gouverne toutes choses conformément à leurs natures, il ne doit pas exiger de ses créatures raisonnables une autre conduite que celle qui est conforme à leur nature. » La religion consiste en quelques vérités que leur simplicité même nous porte à méconnaître. Elle se ramène à « une constante volonté de faire tout le bien possible, et de nous rendre ainsi agréables à Dieu en agissant selon la fin de la création ». Elle n'a pas besoin de miracles pour lui servir de témoignage ; toutes les religions en ont d'ailleurs, et le seul moyen de distinguer entre les vrais et les faux, c'est de chercher si la doctrine qui les invoque en sa faveur est conforme ou non à notre raison. Le miracle est donc inutile, s'il n'est impossible, puisqu'une religion est jugée, non sur ces titres tout extérieurs, mais sur sa valeur intrinsèque. La loi naturelle, qui contient toute morale, contient aussi toute piété : il n'y a d'autre culte que de lui obéir. L'ascétisme, qui lui est contraire, est par cela même antireligieux. Le formalisme des sacerdoces ne l'est pas moins, et Tindal, à qui Voltaire emprunte peut-être sa haine du judaïsme, pourrait bien lui avoir inspiré aussi sa tendresse pour les Chinois. Voilà des gens qui ne s'embarrassent pas de pratiques absurdes, barbares ou sanguinaires ! Confucius est le sage des sages ; sa religion n'est que morale, et sa morale est tout humaine. Avec son

positivisme utilitaire, la Chine apparaît aux déistes du
XVIII° siècle comme un pur foyer de lumière philosophique
qu'aucune superstition n'a jamais terni. A vrai dire, on la
connaissait peu ; aujourd'hui, il en faudrait rabattre. Mais
alors la Chine était un excellent argument de combat. En
face de Confucius, le Jéhovah de la Bible, peu philosophe,
du moins à la manière de Tindal et de Voltaire, fait pauvre
figure. Et tous les Chinois, comme on sait, sont fidèles à la
morale de Confucius, s'en tiennent là, ce qui les dispense
des pieux massacres pour des dogmes inintelligibles,
des Saint-Barthélemy, de l'Inquisition. Plus un peuple est
lointain, plus il est un auxiliaire commode à invoquer contre
ce qu'on veut détruire chez soi.

En effet, il s'agissait uniquement de détruire, non d'édifier. Le but n'était peut-être pas d'abolir tout entier le
christianisme, mais d'en éliminer tout ce qui n'est pas la loi
naturelle, c'est-à-dire, en définitive, tout ce qui fait de lui
une religion. M. Leslie Stephen a sur ce point une pénétrante remarque. Le déisme, pris dans son idée générale et
chez ses principaux représentants, est la négation du progrès. Si la religion ne doit être que la morale, et si la morale
est partout la même ; si la révélation naturelle de Dieu à
l'homme a dû être complète et parfaitement claire dès l'origine, en sorte qu'elle se retrouve identique chez tous les
peuples, malgré l'effort des sacerdoces pour la défigurer et
la corrompre à leur profit, tous les cultes positifs, à mesure
qu'ils se sont établis, marquent un obscurcissement de la
raison et comme un recul du genre humain. L'échelle de la
civilisation est précisément l'inverse de ce qu'on pouvait
croire. Le sauvage est tout en haut : la nature chez lui
rayonne encore dans toute sa pureté première. Le Chinois
vient après, s'il est vrai qu'il s'en tienne à la morale. Juifs
et chrétiens, avec leurs pratiques, leurs dogmes, leurs mystères, leur intolérance, leurs théologiens, sont aux derniers
échelons. Seuls, de cette tourbe misérable que ronge et
déshonore la superstition, quelques déistes, Tindal et Voltaire, par exemple, se dégagent, et montent avec effort
vers les régions lumineuses où vivent, en plein ciel de la
raison, les indigènes des îles Marquises et les disciples de
Confucius.

C'est que la notion d'évolution est étrangère aux philosophes rationalistes du xviiiᵉ siècle. L'état de nature, dont pourtant Voltaire s'est moqué, leur apparait comme un idéal dont la civilisation s'éloigne de plus en plus. Le paradoxe de Rousseau s'impose, qu'ils le veuillent ou non, à ces penseurs superficiels à qui le sens de l'histoire a si complètement fait défaut. Les orthodoxes avaient au moins le dogme de la chute, qui rendait possible, même nécessaire un relèvement, c'est-à-dire un progrès. L'humanité, pour eux, avait devant elle un but auquel la conduisait lentement et sûrement le doigt divin : le règne du christianisme sur tous les cœurs et sur toutes les volontés. Ainsi la position respective des adversaires était précisément le contraire de celle qu'ils semblent occuper aujourd'hui : les rationalistes avaient le regard tourné vers un passé chimérique ; les orthodoxes croyaient marcher vers un avenir divin. En tout cas, si quelques-uns de ceux-ci étaient tentés d'appeler aussi de leurs vœux la restauration d'un passé, c'était un passé du moins qui avait le mérite d'avoir sa place dans l'histoire ; c'était l'époque de simplicité, de foi, de vertus surnaturelles qui avait vu le christianisme s'établir et se répandre dans le monde païen.

Tindal fut combattu, mais avec moins d'âpreté que Toland. Les théologiens semblent, dès le début de la querelle, avoir épuisé toute la provision de leurs arguments. Ils ne font plus guère que se répéter. D'ailleurs la théologie anglicane était, nous l'avons dit, moins éloignée du déisme purement philosophique que la théologie catholique. Toland, à vrai dire, n'avait fait que tirer en toute rigueur des conséquences implicitement contenues dans des ouvrages qui n'étaient nullement suspects, ceux de Clarke, par exemple. Il est donc peu utile de s'arrêter aux adversaires de Tindal : Foster, Conybeare, Leland. Ils dorment aujourd'hui dans un oubli mérité. Pourtant, toutes leurs objections ne sont pas méprisables. — La justice, disait Tindal, obligeait Dieu à donner à tous la vérité qu'il n'a révélée qu'à quelques-uns. — C'est là, lui réplique-t-on, une question non de droit, mais de fait. On pourrait supposer de même qu'il devait faire de tous les hommes de bons logiciens ; niera-t-on qu'il y a des esprits absurdes et insensés ? Les hommes peuvent avoir, *en principe*, des droits égaux en face de Dieu (voilà déjà les droits de l'homme !) ; en réalité, ils sont inégaux.

Qui, vous assure que Dieu n'avait pas de bonnes raisons pour établir cette inégalité ? — Pourquoi, objecte-t-on encore à Tindal, Dieu n'aurait-il pas établi quelques prescriptions qui, sans avoir un caractère précisément moral, auraient pour ceux qui les observeraient une utilité que nous ne pouvons apercevoir ? Et en admettant qu'elles soient indifférentes, est-il indifférent que l'homme soit mis en demeure de témoigner son obéissance à la volonté souveraine ? Des ordres arbitraires mettront d'autant mieux à l'épreuve la soumission de la créature au Créateur, et cette soumission c'est la piété même. Enfin, il n'est pas sûr que la loi naturelle soit par elle-même si manifeste à la raison. Les principes de la morale peuvent être évidents et certains pour tous les hommes : les règles particulières et pratiques ne sont pas toujours faciles à déduire. Le code des devoirs, même en ce siècle de lumières philosophiques, est loin d'être fixé. La révélation peut être nécessaire pour affirmer, avec une autorité surnaturelle, là où l'esprit humain, livré à lui-même, ignore ou hésite. Rien ne prouve, par exemple, que le suicide fût aujourd'hui regardé universellement comme un crime si la loi positive de Dieu ne nous l'eût interdit.

Parmi les adversaires de Tindal, une place d'honneur est due à William Law. Sa *Réponse* a un ton de sincérité et comme un accent religieux qu'on cherche vainement chez les autres, plus préoccupés, semble-t-il, de mériter un évêché ou un bénéfice que de défendre la cause de Dieu. Law reproduit l'agnosticisme de Browne, mais avec une originalité qui touche à la profondeur. Le déiste parle des devoirs de Dieu envers tous les hommes, comme s'il y avait une communauté de nature entre Dieu et nous ! Les orthodoxes répliquent en invoquant les droits de Dieu, mais Dieu n'est pas un roi constitutionnel exerçant certaines prérogatives dans les limites d'un ordre de choses qu'il n'a pas fait. En vérité, des deux parts, c'est anthropomorphisme. Dieu est le créateur de l'univers, partant de l'ordre universel et de ces convenances, prétendues nécessaires, que découvre et proclame la raison. Sa volonté est antérieure à tout, elle produit cette loi morale et cette justice au nom desquelles on prétend déterminer la conduite qu'il a dû tenir envers les hommes. Elle n'a pas à se conformer à des rapports dont elle est le principe souverain. Volonté et sagesse sont en Dieu identiques et coéternelles. « Sa bonté est arbitraire et son arbitraire est bonté. »

C'était élever singulièrement le débat et le porter sur les sommets de la métaphysique. Law ressuscitait, sans le savoir peut-être, la doctrine de Duns Scot, de Descartes, celle que soutient de nos jours, on sait avec quelle distinction, M. Secrétan. Soumettre la toute-puissance de Dieu à un ordre éternel et nécessaire des vérités morales ou logiques, n'est-ce pas, disait Descartes, l'assujettir, comme celle d'un Jupiter ou d'un Saturne, à une sorte de destin ? Aussi Descartes va-t-il jusqu'à dire que les plus évidents axiomes des mathématiques et de la géométrie ne sont tels que parce que Dieu l'a voulu. Saint Thomas, Leibniz, Clarke, toute l'école appelée intellectualiste, soutiennent de leur côté que Dieu n'a jamais pu vouloir l'absurde, ni faire que cela fût vrai dont le contraire implique contradiction. Nous n'avons pas à prendre parti dans la querelle ; observons seulement qu'une doctrine qui s'abrite sous le nom de Descartes ne saurait être traitée à la légère, et nous en conclurons que le déisme du xviiie siècle faisait preuve d'une certaine inintelligence en simplifiant à l'excès sa philosophie religieuse. On a beau vouloir tout ramener à la mesure de la raison, ou plutôt de sa raison, prétendre enfermer la science des choses divines, tel qu'il est donné à l'homme de la connaître, en un petit nombre de formules très claires et toutes populaires ; la raison même soulève de nouveaux problèmes, brise le cadre artificiel des formules, obscurcit une évidence de surface, répond sans cesse aux affirmations par des doutes ou des négations qui sollicitent des recherches toujours plus âpres, en sorte que la pensée vraiment religieuse ne peut jamais se satisfaire de ses conquêtes, et que, plus elle s'enfonce en des profondeurs, plus elle aperçoit devant elle un champ d'investigation infini comme son objet.

III

En même temps qu'elle était attaquée dans son principe même, au point de vue de sa possibilité ou de son utilité, la révélation chrétienne l'était aussi dans ses preuves externes, les prophéties et les miracles. Ici encore les déistes anglais précèdent Voltaire et lui forgent des armes dont il saura se servir merveilleusement. Nous ne rappellerons que les noms principaux : Collins s'en prend surtout aux prophéties, Woolston et Hume s'en prennent aux miracles.

Collins est l'auteur célèbre du *Discours sur la libre-pensée* (1713) qui lui valut les anathèmes de Berkeley, une âpre réfutation de Swift et une demi-persécution. Si on ne lui interdit pas la terre et l'eau, comme le demandait charitablement l'auteur d'un article du *Guardian*, qui n'est peut-être que Berkeley lui-même, il crut prudent de se priver quelque temps du sol de la patrie et se réfugia en Hollande. Cette chaude alerte ne le corrigea pas, et, en 1724, il publiait un *Discours sur les fondements et les raisons de la religion chrétienne*. Il y soutient que les prophéties doivent être prises dans un sens non littéral, mais allégorique. Par exemple, la prophétie par laquelle le Christ annonce qu'il reviendra sur la terre ne s'est pas réalisée, si on la prend à la lettre, mais seulement si on l'entend au sens mystique d'une diffusion par toute la terre de la doctrine chrétienne. Collins invoque en faveur de sa thèse l'autorité d'un certain Surenhusius (1), érudit hollandais, qui aurait trouvé dans les auteurs du Talmud jusqu'à dix procédés pour l'interprétation des prophéties de l'Ancien-Testament.

Quelques années plus tard, Woolston appliquait le même système d'explication aux miracles. Nourri, jusqu'à y compromettre sa raison, de l'étude d'Origène, Woolston voit de l'allégorie partout. Ainsi les noces de Cana symbolisent l'union du Christ et de son église ; le manque de vin signifie l'absence du Saint-Esprit ; le bon vin substitué au mauvais, c'est l'interprétation spirituelle de l'Écriture prenant la place de l'interprétation littérale, Woolston celle des docteurs orthodoxes. Et puis, il essaie de plaisanter ; par malheur, il n'a pas tout à fait la légèreté de Voltaire. Qu'on en juge : au lieu de myrrhe et d'encens, les mages et les rois auraient mieux fait d'apporter à la crèche du sucre, du savon et de la chandelle. Le Christ et sa mère pourraient bien avoir trop bu aux noces de Cana, et la résurrection de Lazare est

---

(1) Surenhusius est cité dans la *Vie de Spinosa*, par Colerus.

une grossière supercherie montée par le Sauveur et ses disciples. De ce fait, la condamnation prononcée par les chefs des prêtres et les pharisiens fut pleinement justifiée. Voilà où en était la glorieuse exégèse des Ewald, des Strauss, des Baur et des Renan!

Le plus étrange, c'est qu'il se trouva des théologiens pour discuter lourdement ces insanités. Un certain Smalbroke, évêque de Saint-David, alla même loin dans le ridicule. Woolston s'était moqué, avant Voltaire, des six mille diables logés par le Christ dans un troupeau de deux mille porcs. Smalbroke prouve, par Arnobe et Origène, que la gent démoniaque fut particulièrement turbulente à l'époque du Sauveur; que, sans doute, les habitants de Gadara ont dû avoir une désagréable surprise en voyant se noyer leur richesse porcine, mais qu'après tout c'était une juste punition; qu'enfin trois démons dans chaque pourceau sont un moindre mal que six mille dans un seul homme; car... etc. Deux évêques prièrent Smalbroke de supprimer, dans l'intérêt de la cause, ce triomphal argument : il refusa.

Le débat sur les miracles se relève avec Hume. Ce vrai penseur, le plus grand du siècle en Angleterre, le premier du siècle après Kant, a soumis la méthode, les preuves et les dogmes de la religion naturelle à une critique qui, pour la profondeur, ne le cède guère à celle du philosophe de Kœnigsberg; mais je ne veux parler ici que de son célèbre argument contre les miracles, si souvent discuté et récemment encore, par Stuart Mill. L'argument, à vrai dire, n'a pas toujours été bien compris, et M. Leslie Stephen en détermine avec beaucoup de justesse le sens et la portée. Hume ne nie pas la possibilité *a priori* du miracle. Il n'est pas contradictoire qu'un être tout-puissant, extérieur au monde et auteur de l'ordre qui s'y manifeste, puisse arbitrairement changer ou suspendre les lois qu'il a lui-même établies. Hume conteste seulement qu'en fait nous puissions jamais avoir la preuve expérimentale d'un miracle. Car cette preuve est toujours fondée sur le témoignage des hommes, et, dit Hume, nous pouvons toujours nous demander lequel est le plus croyable : ou que les témoins nous trompent (volontairement ou non), ou qu'un événement se soit produit en opposition formelle avec le cours de la nature tel que l'expérience l'a toujours constaté. En d'autres termes, un fait miraculeux est un fait singulier, unique, contraire à toute induction légitime. Il est donc toujours plus légitime d'induire des témoignages mêmes sur lesquels se fonde la croyance au miracle, qu'ils sont trompeurs, car ce n'est pas un fait unique et miraculeux que les hommes se trompent ou nous trompent. L'induction légitime est donc toujours en faveur de l'illusion ou de l'imposture des témoins.

On peut, il est vrai, soutenir qu'il n'y a pas, à proprement parler, de miracles, et que les faits qualifiés tels manifestent seulement des lois de la nature encore inconnues. Mais, en ce cas, ils n'ont plus aucune valeur comme preuves d'une religion révélée. Il y faut des événements que la toute-puissance produise directement, non seulement sans l'intermédiaire d'aucune loi naturelle, mais en contradiction irrécusable avec toutes les lois connues, et le dilemme subsiste : ou le fait n'est pas proprement miraculeux, et alors il ne prouve rien ; ou il est prétendu miraculeux, et alors il est impossible de prouver qu'il le soit.

On cherche vainement ce qu'on pourrait répondre. Tout effort pour établir historiquement l'authenticité des miracles, et, par elle, la vérité de la révélation, toute tentative analogue à celle de Pascal dans la seconde partie des *Pensées*, vient échouer contre l'argument de Hume. Mais le déisme philosophique n'avait pas à crier victoire. Hume n'avait pas travaillé pour lui. Les *Dialogues concerning natural Religion* portaient de terribles coups à cette religion naturelle que Toland, Tindal, Bolingbroke, Voltaire, tous les libres-penseurs, prétendaient édifier sur les ruines du christianisme convaincu de déraison. Il est vrai que, quand Adam Smith consentit, non sans résistance, à publier (1779) les *Dialogues* que l'amitié de Hume lui avait légués, Toland, Tindal, Bolingbroke, étaient depuis longtemps morts et Voltaire venait de mourir.

IV

La vraie philosophie, dit Pascal, se moque de la philosophie. Le vrai philosophe, semble avoir pensé Brolingbroke, méprise et injurie beaucoup les philosophes ; et le plus vraiment philosophe pour Bolingbroke, c'est Bolingbroke. Quiconque est en désaccord avec lui n'est qu'un sot, un fourbe, un insensé. Croire qu'on puisse connaître quelque chose de l'esprit, en tant que distinct de la matière, c'est le fait d'un fou. Les philosophes païens et les platoniciens chrétiens sont autant d'extravagants et d'aliénés. L'étude de la métaphysique est un simple délire et ceux qui admettent la légitimité de l'ontologie sont « de savants lunatiques ». Descartes est fou toutes les fois qu'il s'abandonne au raisonnement a *priori* ; Leibniz est « un des esprits les plus creux et les plus chimériques qui se soient jamais fait un nom dans la philosophie ». Clarke, la bête noire de Bolingbroke, n'a qu'un bavardage étourdissant et dénué de sens. Wollaston a sa place marquée à Bedlam. Ecoutez ce précieux jugement sur Platon : « Quand il abandonne son faux sublime, il tombe à plat et s'enfonce plus bas qu'aucun autre écrivain n'en est capable dans une fastidieuse ironie socratique, dans des raisonnements nébuleux et hypothétiques qui ne prouvent rien, dans des allusions qui sont de pures vulgarités et qui n'expliquent ni ne confirment rien de ce qui devrait être expliqué ou confirmé. » Les écrivains sacrés, cela va sans dire, ne sont pas mieux traités. « Là où l'enseignement de saint Paul est intelligible, il est souvent absurde ou puéril. » — « Il est impossible de lire le récit de Moïse sur la création sans éprouver du mépris pour le philosophe, de l'horreur pour le théologien. » Seuls Bacon et Locke trouvent grâce devant Bolingbroke, parce qu'il les croit favorables à ses vues ; et il épargne Berkeley en faveur des relations personnelles du pieux évêque avec Pope, Swift et lui-même.

Des aménités de ce goût nous font déjà pressentir ce que pourra être le déisme de Bolingbroke. Puisque nous n'avons pas affaire à un métaphysicien, il faut bien que l'expérience soit pour Bolingbroke le seul guide sûr, la seule méthode légitime. Et Bolingbroke, qui n'a ni l'impartialité ni le sérieux d'un vrai penseur, poursuit les *aprioristes* de la même haine et des mêmes invectives dont il poursuivait son adversaire politique Walpole ; comme Tindal et Toland, comme son élève Voltaire, il ne connaît guère qu'une philosophie de combat : c'est dire qu'il ne faut pas lui demander beaucoup de cohérence dans la doctrine ni une parfaite rigueur de raisonnement. Il affirme plus qu'il ne prouve et se contredit fréquemment. Ce sont manières de grand seigneur ; bon pour les cuistres de ne pas se prononcer là où l'évidence fait défaut et d'être respectueux de la logique. Voltaire aussi a ce ton cavalier en des matières qui ne le comportent pas ; mais il le fait accepter à force d'esprit et de grâce française.

Il y a pourtant dans Bolingbroke les membres peu cohérents d'une philosophie religieuse qui n'est pas absolument méprisable. D'abord il est déiste et déiste convaincu. S'il repousse les preuves *a priori* de l'existence de Dieu (bien qu'à l'occasion il en emprunte une à Clarke), il se croit en mesure d'établir par expérience la réalité d'un ouvrier suprême. Il en appelle d'abord au témoignage du genre humain : n'est-il pas vrai que les traditions de tous les peuples s'accordent sur ce fait que l'univers a eu un commencement ? Son érudition, certes, pas plus d'ailleurs que celle de Voltaire, n'est ni bien sûre ni très étendue ; mais c'est, après tout, une application légitime de la méthode expérimentale que de chercher, dans les manifestations les plus anciennes et les plus spontanées de la pensée religieuse, les titres de la croyance en la divinité. Cette méthode est celle-là même que met en œuvre avec tant d'éclat M. Herbert Spencer. Par malheur, il s'y mêle nécessairement une forte dose d'interprétation et de conjecture. Ainsi Bolingbroke va jusqu'à supposer que les premiers hommes ont bien pu voir directement le Créateur formant en différentes contrées de nouvelles races d'animaux. — Evidemment, si les auteurs primitifs des légendes cosmogoniques ont été des témoins oculaires, on ne peut leur refuser une grande valeur.

L'autre argument empirique invoqué par Bolingbroke est celui des causes finales. La puissance et la sagesse divines s'établissent expérimentalement par la considération de l'ordre universel. Mais voici où Bolingbroke devient presque original. Le spectacle de la nature nous permet, dit-il, d'induire l'existence d'un être doué d'attributs en rapport avec l'existence et l'organisation de cette nature ; et ces attributs, puissance et sagesse, on peut les appeler naturels ; mais il ne nous apprend rien sur la justice et la bonté du Créateur. Ce sont là des attributs moraux, et nous n'en prenons quelque notion que par l'étude de nous-mêmes et de nos semblables. L'expérience, pour Bolingbroke, n'est au fond que l'expérience sensible, celle qui a pour objet le monde physique. Bien que nous ne puissions rien savoir de l'essence divine et du mode d'opération de la toute-puissance, les attributs naturels peuvent être raisonnablement conjecturés : à l'égard des attributs moraux, notre ignorance est beaucoup plus profonde. C'est pur anthropomorphisme que de transporter en Dieu, ainsi que le font les théologiens, les qualités et les vertus humaines : « c'est faire de Dieu un homme infini. »

Si l'on ne peut affirmer que Dieu soit bon et juste, il ne s'ensuit pas, selon Bolingbroke, que l'optimisme ait tort. « Tout ce que Dieu fait est grand et bon en soi, mais ne paraît pas toujours tel si nous le rapportons à nos idées de justice et de bonté. » En d'autres termes, l'univers a une valeur plutôt esthétique que morale; Dieu est un créateur tout-puissant, un admirable architecte : il n'est pas prouvé qu'il soit pour les hommes un juge et un père. Ou, s'il est permis de supposer en lui l'existence d'attributs moraux, ce n'est que dans la mesure où ils sont impliqués par sa sagesse. Son intelligence seule nous répond de sa moralité.

Cette curieuse doctrine, pense M. Leslie Stephen, pourrait bien avoir été suggérée à Bolingbroke par le désir d'être désagréable aux théologiens, qu'il affecte de confondre avec les athées. Que font, en effet, les théologiens ? Pour rendre nécessaires la rédemption, la vie future, les peines et les récompenses éternelles, ils nous peignent l'humanité déchue, impuissante par elle-même pour le bien, plongée dans un abîme de misères. Mais qu'est-ce autre chose que nier l'ordre et l'harmonie du monde, la beauté de l'œuvre divine, la puissance, la sagesse, la bonté, la justice de son auteur ? Qu'est-ce autre chose que l'athéisme ? Bolingbroke ne serait optimiste que pour contredire Butler et tous les orthodoxes.

Cela est possible, mais peu intéressant pour l'histoire générale des idées. Ce qui l'est davantage, c'est de rechercher si la doctrine de Bolingbroke est une conséquence légitime de la méthode expérimentale réduite à l'observation du monde extérieur et aux inductions qu'il est permis d'en tirer. Et il semble bien qu'elle soit même la seule conséquence légitime de cette méthode, quand on voit le plus grand des empiriques contemporains, Stuart Mill, aboutir à des conclusions analogues. Pour Mill, comme pour Bolingbroke, le spectacle de l'univers laisse entrevoir une puissance et une sagesse ordonnatrices, mais ne nous dit rien de la justice et de la bonté du démiurge. Bien plus : l'indifférence suprême de la nature à l'égard du bonheur humain, une sorte de raffinement dans les souffrances imméritées qu'elle inflige aux êtres sensibles, une *amoralité* absolue dans la répartition des biens et des maux entre les hommes, conduisent à penser que l'auteur, quel qu'il soit, du *cosmos*, est, ou dénué d'attributs moraux, ou impuissant à les manifester à travers les résistances d'une matière éternelle dont il n'a pu entièrement vaincre l'inconsciente perversité.

Cette dernière alternative, qui n'est pas celle de Bolingbroke, semble acceptée déjà par son disciple Voltaire. C'est ainsi que, l'une après l'autre, sortent nécessairement toutes les conséquences logiques d'une méthode. En philosophie, Voltaire, sous son apparente légèreté, a parfois des vues pénétrantes et dignes d'un vrai penseur. Il paraît avoir compris que, l'expérience ne nous donnant rien d'infini, il est contraire à toute induction expérimentale d'attribuer à Dieu l'infinité. Il tient pour le vide, avec Newton contre Descartes, et le vide, dit-il, prouve que la nature et Dieu sont finis. Donc, ni l'intelligence ni la puissance de Dieu ne sont infinies ; Dieu est borné par la résistance de la matière, et le mal est nécessaire. Dans cette application, très logique, selon nous, des données de l'expérience externe à la théodicée, Voltaire va jusqu'à soutenir que Dieu ne peut être simple, et qu'il est étendu. Certains disent bien aujourd'hui qu'il doit être un grand cerveau !

Nous ne pouvons d'ailleurs savoir que fort peu de chose de son essence. Il est aussi impossible de le nier, en face de l'ordre universel, qu'il est impossible de le connaître. Dans les prétendus attributs métaphysiques, tout est contradiction. Ce qu'il est permis de conjecturer, c'est que Dieu n'est pas une substance à part, il est dans toute la nature ; il l'anime, il en est la vie, comme la sensation anime tout le corps, sans en être séparable. Il ne saurait donc être question de sa personnalité, S'il est libre, c'est à la condition d'agir nécessairement. Il n'a pas d'affections humaines ; il n'est pas un père tendre, ayant soin de ses enfants. « Le sage reconnaît une puissance nécessaire, éternelle, qui anime toute la nature, et il se résigne. » Il se résigne, mais il ne glorifie pas l'auteur des choses, parce qu'il est loin de penser que tout est pour le mieux. Voltaire repousse avec une sorte d'éloquence indignée l'optimisme de Bolingbroke, de Pope, de Shaftesbury. Pour lui, le mal est partout, et il déborde, dans l'histoire comme dans la nature, au moins dans cette partie de la nature qui est douée de sensibilité. Les animaux sont encore moins malheureux que l'homme, en dépit du carnage immense et réciproque qui est la loi même de leur conservation. « Ceux qui ont crié que tout est bien sont des charlatans. Shaftesbury, qui mit ce conte à la mode, était un homme très malheureux. J'ai vu Bolingbroke, rongé de chagrins et de rage, et Pope, qu'il engagea à mettre en vers cette mauvaise plaisanterie, était un des hommes les plus à plaindre que j'aie jamais connus, contrefait dans son corps, inégal dans son humeur, toujours malade, toujours à charge à lui-même, harcelé par cent ennemis jusqu'à son dernier moment. Qu'on me donne du moins des heureux qui me disent : Tout est bien. » — Et séparant judicieusement l'univers physique, où la finalité lui paraît incontestable, de l'humanité où il ne voit que désordre et souffrance, Voltaire ajoute : « Si on entend par ce *Tout est bien*, que la tête de l'homme est bien placée au-dessus de ses deux épaules ; que ses yeux sont mieux à côté de la racine de son nez que derrière ses oreilles ; que son intestin rectum est mieux placé vers son derrière qu'auprès de sa bouche ; à la bonne heure ! Tout est bien dans ce sens-là. Les lois physiques et mathématiques sont très bien observées dans sa structure. Qui aurait vu la belle Anne de Boulen, et Marie Stuart, plus belle encore, dans leur jeunesse aurait dit : Voilà qui est bien ; mais l'aurait-il dit en les voyant mourir par la main d'un bourreau ? l'aurait-il dit en voyant périr le petit-fils de la belle Marie Stuart par le même supplice, au milieu de sa capitale ? l'aurait-il dit en voyant l'arrière-petit-fils plus malheureux encore, puisqu'il vécut plus longtemps ? etc. »

Tel est le déisme dont Voltaire emprunte à Bolingbroke les traits essentiels, et dont il fait en France l'évangile de la libre-pensée. Mais avec une circonspection qui, au milieu de ses témérités, ne l'abandonne jamais, il s'efforce d'établir (est-il bien sincère ?) que ce déisme n'a rien de menaçant pour l'ordre religieux, civil et politique tel qu'il existait alors. Les déistes ne veulent supprimer aucun culte, ils ne font nul appel à la violence. Ils sont les plus soumis des sujets. La religion qu'ils professent est la religion primitive ; elle est seule universelle, seule immuable, parce qu'elle est seule conforme à la raison et à la morale ; elle n'attend son triomphe que du progrès des lumières et de la vertu. Voltaire se défendant de faire œuvre de démolisseur ! La chose est piquante et je ne sais si elle avait été remarquée.

V

A la mort de Bolingbroke (décembre 1751), le grand débat qui avait passionné la pensée religieuse en Angleterre depuis le commencement du siècle semble épuisé. Déistes et théologiens orthodoxes sont à bout d'arguments, et l'intérêt public se lasse de polémiques où le bon goût, la courtoisie, la sincérité, font trop souvent défaut. On avait trop oublié que la religion est aussi affaire de cœur, de foi, de pratique: les âmes ne se nourrissent pas, ne se consolent pas avec des syllogismes. De là le succès presque miraculeux de la prédication de Wesley.

Je n'ai pas à retracer, même sommairement, l'histoire de ce mouvement méthodiste que M. Leslie Stephen considère comme ayant été, à certains égards, le fait le plus important du siècle en son pays. J'en voudrais seulement tirer un enseignement et une conclusion.

Le déisme se donne comme une théologie uniquement fondée sur la raison. Malheureusement il ne nous dit pas ce qu'il entend par la raison. Je ne connais pas de mot sur le sens duquel on soit moins d'accord et qui ait plus besoin d'être rigoureusement défini. Pour le psychologue, la raison est cette faculté de l'intelligence qui nous fait connaître des vérités ou des principes nécessaires, c'est-à-dire dont le contraire implique contradiction. A ce compte, il n'y aurait proprement qu'une vérité rationnelle, savoir le principe d'identité, dont le principe de contradiction n'est qu'une autre expression, sous forme négative : ce qui est est ; la même chose ne peut pas à la fois être et n'être pas dans le même temps et sous le même rapport. Voit-on quelle théologie on peut édifier sur des vérités aussi élémentaires ? La raison, prise en ce sens, est la plus pauvre des facultés humaines ; elle n'est que l'absence de la déraison ; elle nous empêche d'être absurdes, elle ne nous apprend rien.

On ajoute, il est vrai, que la raison est aussi la faculté de former des jugements *synthétiques a priori*, tels que celui-ci : tout ce qui commence d'exister a une cause ; qu'elle s'élève nécessairement de là à la conception d'une cause première, et que la cause première c'est Dieu même. Par e plus simple mouvement dialectique, la raison atteindrait Dieu. — Mais alors les difficultés commencent. Des hommes qui ne sont pas déraisonnables, Hume, par exemple, et Stuart Mill, ont fait la critique de l'idée de cause et du principe de causalité ; ils ont nié qu'ils eussent les caractères de nécessité, d'universalité qu'on leur attribue ; ils ont nié surtout qu'ils aient quelque valeur et quelque légitimité en dehors des limites de l'expérience. Et voilà le déiste rationaliste, qui prétend ne se fier qu'aux lumières infaillibles de la raison, arrêté dès son premier pas aux épines d'une discussion qui n'est pas près de finir.

On dit encore que la raison nous oblige à conclure de l'ordre universel à l'existence d'une intelligence ordonnatrice. — Ce n'est là qu'une application particulière du principe de causalité, et la conclusion n'est valable que dans la mesure où le principe lui-même est légitime. Et, d'ailleurs, cet ordre universel ne serait-il pas l'effet d'une aveugle nécessité ? Qui sait si la matière éternelle n'a pas pu produire le *cosmos* par la seule vertu de ses propriétés et de son mouvement essentiels, dans le cours infini de son évolution ? Depuis Lucrèce jusqu'à Spencer, l'argument des causes finales n'en est plus à compter ses adversaires qu'il serait puéril de taxer d'insanité.

On dit enfin que la raison connait et affirme directement l'existence d'un être parfait dont il est facile de déduire les principaux attributs. S'il en est ainsi, nous sommes en possession d'une théologie vraiment et exclusivement rationnelle. Par malheur, tous les déistes dont nous avons parlé dans ce chapitre répudient l'argument ontologique de saint Anselme et de Descartes. Par malheur encore, cet argument a eu à subir la critique de Kant, et cette critique, il y faut répondre.

Sur la raison seule, en prenant le mot dans le sens étroit où le prenaient les déistes que nous venons d'étudier, quelle théologie certaine, indiscutée, commune, ainsi que la géométrie, à tout le genre humain, pourrait-on construire ? On le cherche vainement. Pour se tirer d'embarras les déistes du xviii° siècle font appel au témoignage universel. Cela, disent-ils, est raisonnable, que tous les hommes sans préjugé ont cru à toutes les époques de l'histoire. Mais cette enquête historique, ils n'en soupçonnent ni les difficultés ni l'étendue. On la commence à peine aujourd'hui, et ce qui paraît en devoir sortir, ce n'est assurément pas le déisme philosophique de Bolingbroke et de Voltaire.

J'en conclus, non que la religion (j'entends la religion naturelle) ne repose pas en définitive sur le témoignage de la raison, mais que ce témoignage il faut savoir l'entendre. Il ne suffit pas pour cela de penser superficiellement à ces problèmes, et de dire : voilà ce que la raison affirme ; car alors, comment, encore une fois, expliquer que des hommes raisonnables et sincères aient pu mettre en doute des vérités évidentes ? — Puis un principe rationnel, comme celui de causalité, implique l'idée de cause ; or, l'idée de cause, ce n'est pas la raison qui la donne, c'est la conscience ; il faut donc interroger celle-ci, l'observer, et sérieusement, pour y trouver le fait de la causalité. De même, l'idée du parfait ne se révèle pas, dans la plénitude de sa réalité vivante, au premier regard jeté sur le *moi*. Qu'on appelle cette idée une idée de la raison, je n'y contredis pas ; mais une méditation profonde et prolongée peut seule la dégager en pleine lumière, et permettre ainsi de répondre aux objections qui se sont élevées contre les preuves cartésiennes fondées sur la notion du parfait.

Enfin, il est dans l'âme humaine des besoins qu'on pourrait appeler religieux et qui donnent naissance à tout un monde de sentiments et de croyances qui n'ont rien à faire avec les propositions nécessaires de la raison. Je ne demande pas que la théologie philosophique se ramène à un acte de foi ; mais il me paraît que ces faits religieux doivent être aussi tenue, non pas, si l'on veut, pour des preuves, mais pour des présomptions dont une méthode très délicate peut seule déterminer la valeur et le degré de probabilité. Ce qui a surtout manqué aux déistes que nous venons de passer rapidement en revue, c'est le sens profond de ces phénomènes intérieurs qui sont la racine vivante de toute religion. Ils ne furent pas des méditatifs; leur existence fut comme emportée dans le tumulte des polémiques ou dans le tourbillon des événements et des intérêts du dehors : la philosophie religieuse veut un peu plus de recueillement et de détachement. Leur œuvre ne fut pas inutile; mais la raison n'avait pas tout dit dans leurs livres, et nous l'allons bien voir.

CHAPITRE V

DAVID HUME

Il faut souvent faire deux parts bien distinctes dans les convictions d'un philosophe. Les conséquences de ses principes, les nécessités de la logique peuvent l'avoir mené beaucoup plus loin qu'il ne voulait aller. Tel aboutit au scepticisme, qui, sur certains points tout au moins, est resté croyant dans le fond de son âme. Ce fut, ce me semble, le cas pour David Hume. Ce grand raisonneur est très décidé à n'accepter pour vrai que ce qu'il aura reconnu démonstrativement être tel, et sa dialectique dissout sans merci tous les dogmes de la théologie naturelle; pourtant, il reste obstinément attaché, semble-t-il, à un minimum de religion. L'existence de Dieu, fondée sur la preuve des causes finales, voilà ce qu'il voudrait sauver pour les autres, et ce qu'il a probablement conservé pour lui-même. M. Compayré, dans sa remarquable étude, l'a établi sur des témoignages qu'il n'est pas facile de renverser. M. Huxley, et après lui M. Leslie Stephen, pensent au contraire que Hume est allé, ici comme ailleurs, jusqu'au bout de son doute, et M. Stephen lui en fait même un mérite [1]. Ce courage spéculatif lui paraît d'autant plus digne d'éloges, qu'il est pour ainsi dire unique en Angleterre au xviiiᵉ siècle. Hume n'aurait pas accumulé tant d'objections contre la légitimité philosophique des croyances religieuses, s'il fût sincèrement resté déiste. Nous n'avons pas le droit de faire peser sur lui le soupçon d'une telle inconséquence.

[1] Je signale, comme le travail sans doute le plus récent sur D. Hume, une intéressante étude intitulée : *Saggio sul criticisme e sull' associazionismo di Davide Hume*, par S. Tarautino, *privat Docent* de philosophie à l'Université de Naples.

Mais il y a plusieurs manières d'entendre et de pratiquer le devoir envers ce qu'on tient pour la vérité. On peut refuser de voir les objections, ce qui n'est pas d'un philosophe ; on peut les voir et les réfuter superficiellement, à la hâte, comme importunes, odieuses, impies : cela non plus n'est pas d'un esprit sincère. On peut encore, si l'on est fermement attaché à une foi qui déclare elle-même ne pas relever de la raison, multiplier les difficultés, les contradictions ; les proclamer insolubles et faire appel, comme suprême ressource, à une autorité révélée : c'est la méthode chère à nombre de théologiens ; elle est antiphilosophique et peut se retourner contre la vérité même qu'on prétend mettre ainsi au-dessus de toute atteinte. On peut enfin prendre une sorte de plaisir intellectuel à opposer le pour et le contre, se complaire dans un jeu dialectique qui, sans aller jusqu'au sophisme, ruine ou du moins ébranle toute certitude ; étaler impartialement, à ses propres yeux et à ceux des autres, toutes les pièces du procès, s'abstenir de conclure, parce qu'aucune conclusion ne s'impose avec évidence ; pousser le respect de la raison jusqu'à la plonger dans le doute, parce qu'elle ne voit pas clair, le scrupule pour les droits de la vérité, jusqu'à contester sa présence tant qu'elle ne la manifeste pas par une lumière irrésistible, et cependant confesser dans son cœur, et pour des motifs d'ordre moral, cette vérité dont on nie les titres logiques : ce fut là peut-être l'attitude de David Hume en matière religieuse. Je voudrais qu'on n'y vît qu'un raffinement de sincérité. Beaucoup d'entre nous lui ressemblent. Ils sont très attachés à certains dogmes, très désireux qu'ils fussent démontrables, et très exigeants en fait de preuves. Il leur paraît dangereux pour la vérité même, qui leur est chère, d'associer sa fortune et son crédit à la solidité contestable de certains arguments. Ils aiment mieux ruiner de leurs propres mains un appui qu'ils supposent chancelant, que de lui confier plus longtemps ce qu'ils ont de plus précieux. J'exagère peut-être un peu les sentiments que je prête ici à Hume ; mais à coup sûr, il est nombre de sceptiques apparents, que l'on enveloppe avec lui dans une réprobation commune, pour qui je demande que l'on tienne compte des intentions. Je suis loin de les approuver ; je les trouve trop délicats, et le jeu qu'ils jouent est dangereux. N'y eût-il d'autre inconvénient que de paraître mériter le nom de sceptique, ce serait déjà trop : il n'est ni prudent, ni convenable, à qui croit dans son cœur, de s'exposer au fâcheux soupçon de scepticisme. Les preuves peuvent n'être pas inébranlables : le devoir est de les fortifier, non de les rendre encore plus fragiles. Enfin, les objections peuvent être moins fortes que les preuves mêmes, et alors on passe ou pour un sophiste, ou pour un esprit sans portée. Personne n'accusera Hume de manquer de pénétration ; mais on ne lui a pas épargné l'accusation de sophisme : voilà pourquoi, tout en blâmant son procédé, j'ai cru devoir en donner une explication qui me permit de me porter garant de sa bonne foi.

M. Leslie Stephen observe avec justesse que la critique de Hume s'est attaquée à tous les arguments invoqués par la théologie naturelle en faveur de l'existence de Dieu. La preuve ontologique de Descartes, la preuve cosmologique telle que Clarke l'avait présentée, sont battues en brèche dans la quatrième partie du *Traité de la nature humaine* et plus directement dans les *Dialogues* (posthumes) *sur la religion naturelle*. Ces deux preuves, qui sont une application de la méthode *a priori*, n'ont pas toujours paru, même aux théologiens, les plus démonstratives : l'argument physico-téléologique, ou des causes finales, est pour beaucoup, surtout chez les Anglais, l'objet d'une particulière prédilection. On sait que Kant lui-même n'en parle pas sans une sorte de tendre respect. C'est la tâche principale des *Dialogues sur la religion naturelle*, de le soumettre à une discussion aussi ingénieuse que prolongée. — On peut douter de la puissance de la raison spéculative, la croire incapable, même en présence des marques de finalité que l'observation parait saisir, de s'élever jusqu'à une cause intelligente de l'ordre universel, et l'on a recours alors à la preuve morale, celle que Kant prétend édifier sur les ruines de toutes les autres. La critique de Hume saisit corps à corps ce nouvel argument, non précisément sous la forme que Kant lui a donnée, mais sous celle qu'il avait reçue de Clarke et de Butler. La doctrine morale de Hume est, en effet, destructive de celle de Clarke et des inductions religieuses que celui-ci croit pouvoir tirer de son éthique ; et quant à Butler, il est réfuté dans l'*Essai sur une providence particulière et un état futur*. — Enfin, successivement chassé de toutes ses positions, le théologien (et j'entends par là quiconque tient l'existence de Dieu pour une vérité démontrable) peut, en désespoir de cause faire appel à l'histoire, soutenir qu'elle nous montre l'idée d'une Divinité suprême gravée dans l'esprit des hommes par une main surnaturelle : c'est ce dernier refuge qu'a mission de détruire l'*Histoire naturelle de la religion*.

Le cycle est ainsi complet. On ne voit pas, aujourd'hui même, quelle preuve pourrait bien avoir échappé à la critique de Hume. Si cette critique est vraiment victorieuse sur tous les points, il ne reste d'autre alternative que le doute absolu, ou le mysticisme. Mais les mystiques sont en dehors de la raison; le philosophe ne saurait ni les joindre, ni discuter avec eux, et Hume ne dissimule pas son mépris pour des gens qu'il appelle des « fous enthousiastes ». D'ailleurs, aux yeux de la philosophie, le mysticisme est à peu près l'équivalent du doute absolu.

Que ce doute ait été la solution définitive à laquelle Hume se serait personnellement arrêté, là n'est plus pour nous la question. Il ne s'agit plus maintenant que de savoir quelles sont ses objections, et quelle en est la valeur.

I

Nous serons très bref sur la critique de la preuve ontologique. Toute la doctrine de Hume en est la négation. Hume n'admet pas que l'esprit humain puisse s'élever au-dessus de l'expérience sensible : la preuve ontologique est exclusivement *a priori*. Hume se refuse à reconnaitre l'existence, la possibilité même d'aucune substance : la preuve ontologique pose comme existant par soi et nécessairement une substance souveraine, absolue, celle de l'être parfait. En général, toute tentative pour sortir du monde des phénomènes est absurde et contradictoire (1). Essayez, et tout aussitôt surgissent d'insolubles antinomies.

---

(1) *A treatise on human nature*, Book I, part. IV, sect. V, édit. d'Édimbourg, p. 297, sq.

Admit-on d'ailleurs la nécessité de la croyance à l'existence de Dieu, on n'en serait pas plus avancé. Nombre de théologiens conviennent que la nature divine est absolument incompréhensible. Dire que Dieu est esprit, c'est dire simplement qu'il n'est pas matière, car la pensée, la sagesse que nous lui attribuons ne ressemblent en rien à ce que ces mots désignent quand nous les appliquons à l'humanité. L'agnosticisme des théologiens ne diffère pas au fond du scepticisme et de l'athéisme. Cette objection de Cléanthe, l'avocat des causes finales, dans les *Dialogues*, à Déméa, le partisan des preuves *a priori*, était déjà faite, on s'en souvient, par Berkeley. Mais Hume opposant les théologiens les uns aux autres, Cléanthe à Déméa, Berkeley à Browne et à King, triomphe dans le personnage de Philon, et conclut manifestement à l'impossibilité logique de toute théologie. « Un esprit dont les actes, les sentiments, les idées ne sont ni distincts ni successifs, un esprit qui est entièrement simple et immuable, est un esprit qui n'a ni pensée, ni raison, ni volonté, ni sentiment, ni amour ni haine ; en un mot, ce n'est pas un esprit (1). » La preuve ontologique, fût-elle légitime, ne saisit qu'un néant.

Mais par la nature même de son objet, une telle preuve est impossible. L'argumentation de Hume, sur ce point, mérite d'être remarquée. Si Dieu existe, dit-il, son existence est un fait. Or, il est absurde de prétendre démontrer un fait, surtout par un raisonnement *a priori*. « Rien n'est démontrable que ce dont le contraire implique contradiction. Rien de ce qui est distinctement concevable n'implique contradiction. Tout ce que nous concevons comme existant, nous pouvons le concevoir aussi comme non-existant. Donc, il n'y a pas d'être dont la non-existence implique contradiction. En conséquence, il n'y a pas d'être dont l'existence soit démontrable (2) ». M. Leslie Stephen trouve ce raisonnement décisif contre la preuve ontologique. En vain Reid veut-il faire une exception en faveur de l'Être suprême,

---

(1) *Dialogues concerning natural religion*, édit. d'Edimbourg, 1826, p. 439.

(2) Et encore « On prétend que la Divinité est un être nécessairement existant, et on essaie d'expliquer cette nécessité d'existence en avançant que si nous connaissions son existence ou sa nature dans sa totalité, nous verrions qu'il lui est aussi impossible de ne pas exister qu'à deux et deux de ne pas faire quatre. Mais il est évident que cela n'arrivera jamais, tant que nos facultés resteront ce qu'elles sont à présent. Il sera toujours possible pour nous

avouant que toutes les autres vérités concernant l'existence sont frappées de contingence ; on ne voit pas pourquoi la vérité concernant l'être suprême aurait seule ce privilège de nécessité. « La preuve cartésienne, dit M. Leslie Stephen, n'est au fond qu'une subtile pétition de principe. Il est contradictoire de parler d'existence non existante ; par suite, si Dieu est défini comme l'Être existant, son existence est évidemment nécessaire. Mais transformer cette nécessité logique en une nécessité objective est un simple tour de passe-passe. C'est prouver que Dieu existe, s'*il* existe ; proposition vraie, sans doute, mais stérile. En fait, l'argument ne prouve rien, ou ne fait qu'affirmer cette proposition manifestement identique, que toute existence existe. Tout être qui existe nous est connu comme en relation avec d'autres existences et limité par elles. De l'expérience que nous avons d'une existence particulière, nous pouvons, au moyen de ces relations, nous élever à d'autres existences qui sont en dehors de notre expérience immédiate. Mais une existence prouvée par un argument *a priori*, et par suite indépendante de toute relation avec les faits de l'expérience, ne peut être que la totalité de l'existence. La conclusion doit être aussi large que les prémisses. D'un argument indépendant de toute expérience, nous devons conclure une existence qui n'affecte pas l'expérience, ou qui affecte toute expérience également (1) ».

On le voit, le pénétrant historien donne pleinement raison à la critique de Hume et à celle de Kant, contre tout argument ontologique et *a priori*. Je ne serais pas, pour ma part, aussi affirmatif ; non que la preuve dite de Saint-Anselme me paraisse inattaquable en tant que raisonnement, mais précisément parce que je refuse d'y voir un raisonnement. Saint-Anselme et Descartes disent : la définition de l'Être parfait emporte la nécessité de l'existence absolu de cet être, car s'il n'existait pas il ne serait plus

---

de concevoir la non-existence de ce que nous avions précédemment conçu comme existant ; jamais l'esprit ne sera soumis à la nécessité de supposer qu'un objet quelconque sera toujours existant comme nous sommes soumis à la nécessité de concevoir toujours que deux fois deux font quatre. Donc, les mots *existence nécessaire* n'ont pas de sens, ou, ce qui revient au même, n'ont pas un sens qui ait une consistance logique (*none that is consistent*). » (*Dialogues*, p. 498.)

(1) *English Thought in the eighteenth century*, 1, 309.

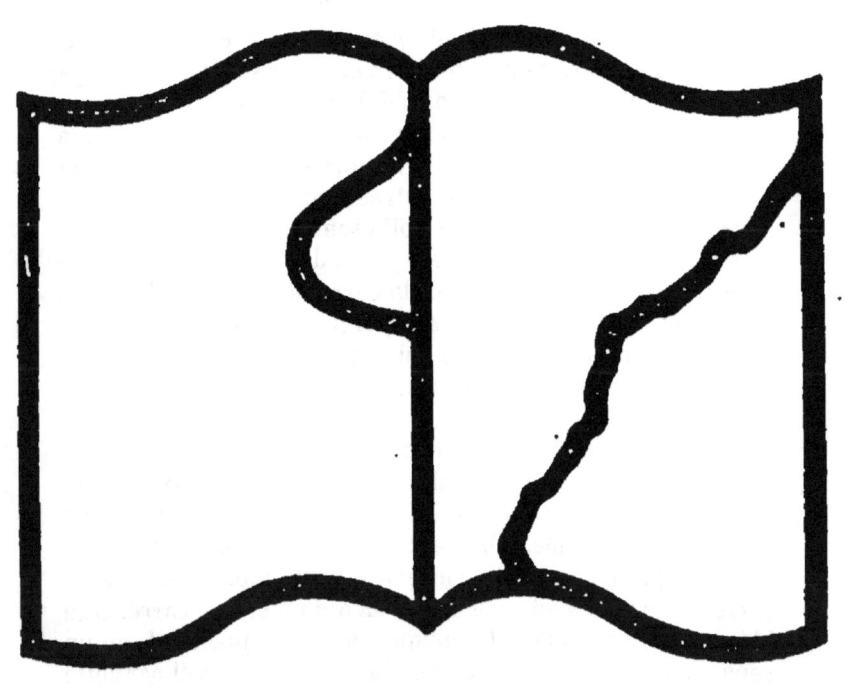

Texte détérioré — reliure défectueuse
NF Z 43-120-11

VALABLE POUR TOUT OU PARTIE DU DOCUMENT REPRODUIT

parfait. A quoi l'on répond que *supposer* le parfait (qui enferme déjà l'existence objective et nécessaire), c'est supposer ce qui est en question. Mais pourquoi est-il logiquement possible de *supposer* le parfait? Sans doute, parce que l'esprit en forme l'idée. Et s'il en forme l'idée, c'est qu'il en est capable, qu'il peut, en d'autres termes, penser cette idée sans absurdité. Le peut-il ? voilà tout le débat. Il ne pourrait certainement pas penser, je dis d'une pensée qui ne se nierait pas elle-même, un cercle carré ou un triangle ayant quatre angles. Or, on n'a pas aperçu jusqu'ici que l'idée du parfait fût contradictoire en soi ; tout ce qu'on peut prétendre, c'est qu'elle n'existe pas dans l'esprit. La polémique de Gassendi contre Descartes n'a pas d'autre sens. Il s'agit donc de savoir si l'esprit pense le parfait. Question de fait. Et il ne suffit pas, pour l'établir, de cette preuve banale que l'existence du nom dans le langage implique dans l'esprit l'existence de l'idée. On peut fort bien nommer l'absurde. On peut prononcer à la suite les deux mots : cercle et carré, sans qu'il y ait pour cela l'idée d'un cercle carré. Une idée est un acte mental, quelque chose de positif et, en un sens, une réalité. L'esprit humain se manifeste-t-il par cette forme spéciale d'activité qui est la pensée du parfait? Les uns répondent oui, les autres non. Gassendi et les empiriques répondent non, puisque pour eux le parfait n'est que l'amplification graduelle, par l'imagination discursive, de certaines qualités constatées par l'observation. Descartes répond oui, puisqu'il ne reconnaît pas son idée de parfait dans l'équivalent menteur que lui en offre la doctrine empirique, et qu'il affirme pourtant avoir l'idée du parfait. Certes, il l'a, cette idée ; elle est positive, elle est vaste, elle remplit la capacité de son intelligence, échauffe son cœur et son amour.

Il y a bien des manières d'avoir une idée. On peut l'avoir, pour ainsi dire, à fleur d'esprit, ne la penser que dans la mesure où on la nomme, ne lui prêter qu'une attention distraite, juste suffisante pour ne pas la confondre avec une autre, ne s'enquérir que superficiellement de son contenu. Telle est l'idée du parfait chez la plupart des hommes : pratiquement elle équivaut à un néant d'idée. Telle elle n'est pas chez Descartes et chez ceux qui véritablement rentrent en eux-mêmes. Elle veut être réfléchie, approfondie, dégagée et comme vivifiée par une pieuse méditation. Dira-t-on que l'idée de l'excellence d'une œuvre d'art soit la même chez un artiste plein de goût et d'enthousiasme, et chez un ignorant étourdi ? Pourquoi donc l'idée du parfait n'aurait-elle pas aussi, selon la nature des âmes, ses degrés de clarté, d'évidence, de perfection ?

En général, croyons-nous, on a trop considéré les idées qui représentent les êtres comme identiques dans tous les esprits. Identiques, elles le sont peut-être, quant à leur essence et à leurs objets ; elles ne le sont certainement pas quant à la manière dont elles sont conçues. L'esprit les saisit d'une prise plus ou moins forte, et, selon l'intensité de son travail intérieur, les entoure de plus ou moins de lumière, se pénètre plus ou moins profondément de la réalité qu'elles expriment. De là, telle idée, qui est vivante et rayonnante dans une intelligence, est inerte, vide et morte dans une autre. En fait, elle n'existe vraiment que là où elle vit. On a dit que la connaissance est un acte de volonté libre : c'est aller trop loin ; mais connaître, au moins quand il s'agit des vérités d'ordre métaphysique, c'est réfléchir, méditer, méditer ncore, et certes cela suppose et la volonté, et quelque chose même de plus, l'amour philosophique des réalités intelligibles.

Si donc, dans tout esprit qui la pense véritablement, en toute plénitude, l'idée du parfait est un fait réel et positif, si cette idée n'est pas en soi contradictoire, si enfin elle emporte l'existence absolue de son objet, je ne vois pas, pour prouver cette existence, qu'il soit besoin d'un raisonnement. L'argument ontologique n'est au fond qu'une proposition analytique. J'ai l'idée du parfait veut dire j'ai l'idée d'un être qui existe parfaitement, ou, ce qui revient au même, objectivement et nécessairement. Car s'il n'existait que dans mon esprit, il ne serait pas parfait, et mon idée ne serait plus celle de parfait. On reproche à Descartes de supposer dans les prémisses ce qu'il s'agit de démontrer. Je réponds qu'on ne suppose rien, qu'on pose seulement un fait mental, l'idée du parfait dans sa réalité et son intégrité. On objecte encore que Descartes n'a pas le droit de conclure de l'idée à l'être. Ceci est un tout autre débat. Quelle est en général la portée légitime des facultés de connaître ? Sommes-nous irrémédiablement condamnés à ne pouvoir sortir de nous, à ne saisir jamais aucune réalité qui ne soit notre pensée même, ses formes, ses lois, ses modifications? Il est clair que si l'idéalisme subjectif est le vrai, notre idée du parfait ne représente pas nécessairement un être parfait. Mais on en peut dire autant de toute idée qui exprime une existence. Ni l'idée du moi ne représentera un moi réel, ni l'idée de l'univers un univers réel. Ce n'est plus même le subjectivisme, c'est le phénoménisme le plus radical. Mais ce phénoménisme est contradictoire, car il pose comme existant seul en soi, le phénomène, qui est la négation de toute existence absolue.

D'ailleurs, si l'idée du parfait ne représentait rien qu'elle-même, il serait impossible que l'esprit pensât le parfait. Celui-ci n'est tel qu'à la condition d'être absolu, objectif, et l'on ne comprendrait pas comment l'esprit pourrait à la fois penser le parfait, c'est-à-dire l'existence souveraine, et le penser à titre de simple concept, c'est-à-dire non existant. De sorte que, si l'esprit est dupe ici d'une illusion, cette illusion est tellement nécessaire qu'elle ne pourrait se dissiper sans emporter avec elle l'idée même du parfait. Or, celle-ci existe; d'où ce dilemme : ou niez l'idée elle-même telle qu'elle se révèle à ceux qui la pensent, non d'une pensée superficielle, mais, si l'on peut ainsi parler, de toute leur âme ou renoncez, sur ce point du moins, à votre subjectivisme.

M. Leslie Stephen déclare irréfutable l'argument de Hume contre la nécessité des vérités concernant l'existence des êtres, et ne voit pas sur quoi se fonde l'exception que Reid voudrait établir en faveur de l'existence d'un être suprême. Mais cette exception peut, ce nous semble, se justifier aisément. Quand j'affirme l'existence de ce qui n'est pas le parfait, j'affirme de l'objet de ma pensée qu'il n'existe pas nécessairement, par là même que je le pense comme imparfait. C'est tout le contraire quand il s'agit du parfait. Ou je ne le pense pas du tout, ou ma pensée lui attribue l'existence nécessaire, non qu'elle ait pour cela besoin d'un raisonnement : l'acte même de penser le parfait emporte, pour l'esprit, l'existence nécessaire du parfait. Il n'est donc pas vrai que « tout ce que nous concevons comme existant, nous pouvons le concevoir aussi comme non existant », et Reid a raison contre Hume, tout en ayant le tort de n'avoir pas assez montré pourquoi il avait raison.

Mais peut-être avons-nous eu tort nous-même d'affirmer que l'idée du parfait n'est pas contradictoire. Leibniz, on le sait, n'admettait la validité de la preuve ontologique qu'à la condition qu'on eût préalablement établi la possibilité de l'Être parfait. Il n'est donc pas évident à ses yeux que l'idée du parfait n'enveloppe pas une contradiction latente; c'est ainsi qu'un mouvement d'une vitesse infinie, tout en étant *pensable*, est impossible. Ce scrupule de Leibniz n'a pas toujours été compris. De fait, l'idée de Dieu, on l'a souvent montré, paraît se contredire elle-même. Il semble, par exemple, que la sagesse, la bonté souveraines excluent la toute-puissance; car si Dieu ne peut faire ni le mal ni l'absurde, sa puissance se trouve par cela même limitée. Des théologiens, comme M. Mansel, des penseurs indépendants, comme M. H. Spencer, M. Béraud (1), se sont complu à mettre ainsi en conflit, à détruire l'un par l'autre les prétendus attributs divins, à montrer, sous toutes ses faces, l'impossibilité logique du concept même d'un être nécessaire et absolu. C'est même un jeu assez facile de dialectique, dont la seconde partie du *Parménide* nous offre le modèle accompli. Il serait grave cependant que l'être parfait comptât parmi ses perfections d'être impossible et contradictoire.

Je voudrais ici distinguer. J'ai dit plus haut qu'il y a deux manières de penser le parfait. Quand on le pense avec profondeur et émotion, comme une réalité souveraine affranchie de toutes misères, comme l'être qu'aucune imperfection ne saurait dégrader, on n'aperçoit pas, ce semble, ni qu'un tel être soit impossible, ni qu'il implique contradiction. On le saisit parfait, c'est-à-dire ne pouvant pas ne pas exister. Telle est l'intuition simple, immédiate, lumineuse, que produit chez Descartes, et les esprits de sa famille, la méditation métaphysique. On peut ensuite abstraire cette idée, la séparer, pour ainsi dire, du fond vivant de l'âme où elle a ses racines, l'enfermer dans une définition, la soumettre au travail dissolvant de l'analyse, séparer les attributs les uns des autres, considérer leurs rapports entre eux, ou avec l'univers, et la liberté de l'homme; alors les difficultés commencent, et selon, l'expression du vieil Empédocle, de ce

---

(1) *Étude sur l'idée de Dieu dans le spiritualisme moderne* ; Paris, Reinwald, 1875.

dieu mort et déchiré, on voit tous les membres se faire la guerre :

πάντα μάλ' ἐξείης πολεμίζετο γυῖα θεοῖο.

Les contradictions que l'on accumule sont d'ailleurs plus apparentes que réelles ; et à prendre ainsi les idées dans leur abstraction et leur isolement, à leur faire subir l'épreuve de cette dialectique à outrance, il n'en est aucune qui ne s'abîme dans son contraire ou dans le néant. Idées du nombre, de l'un, du plusieurs, du temps, de l'espace, du moi, de la matière, toutes peuvent être convaincues, par ce procédé, d'être impossibles et de se nier elles-mêmes. Les Mégariques ne démontraient-ils pas que l'être est le non-être, que le non-être est l'être ? Faut-il rappeler l'étonnante conclusion du *Parménide* : « Que l'un soit ou qu'il ne soit pas, lui et les autres choses, par rapport à eux-mêmes et par rapport les uns aux autres, sont absolument tout et ne le sont pas, le paraissent et ne le paraissent pas. »

Une idée, disait Spinoza (1), n'est pas une chose muette et inanimée, comme une peinture, mais un mode de la pensée et l'acte même du penser. Cela est surtout vrai de l'idée du parfait : elle est, pourrait-on dire, l'acte de l'âme tout entière, la manifestation à la fois la plus intime et la plus intense de notre nature intellectuelle et morale. Si elle est cela, et elle ne saurait être autre chose pour qui pense véritablement le parfait, elle porte avec elle la preuve de sa vérité, *veritas index sui*, c'est-à-dire qu'elle pose invinciblement et l'intelligibilité souveraine et l'existence nécessaire de son objet.

II

Passons à l'argument cosmologique Hume, avant Kant, affirme qu'il se ramène à l'argument ontologique et s'en distingue à peine. Il y a pourtant cette différence que le premier enveloppe une donnée expérimentale, savoir que quelque chose existe, d'où l'on conclut qu'un être existe nécessairement, comme cause de l'existence contingente du

(1) Eth., II, pr. 43, Sch.

monde.— Nous serions disposé pour notre part à contester la légitimité de cette distinction. Nous l'avons dit, l'argument ontologique n'est pas proprement, pour nous, un argument. Il est, en un sens, un fait d'expérience intérieure : nous pensons le parfait.

Nous ne voyons pas d'ailleurs comment il serait possible de procéder uniquement et exclusivement a *priori*. Ou l'a *priori* n'est rien, ou il est pensé, et il y a toujours au moins ce fait d'expérience, qu'il est pensé. Un a *priori* pur devrait planer éternellement au-dessus de l'esprit même.

Quoi qu'il en soit, la critique appliquée par Hume à l'argument cosmologique porte essentiellement sur deux points : la prétendue contingence du monde, la valeur du principe de causalité.

La contingence du monde n'est nullement évidente par soi. Pourquoi, s'il faut qu'il y ait un être nécessaire, l'univers ne le serait-il pas ? « Nous n'oserions pas affirmer que nous connaissions toutes les propriétés de la matière, et elle peut, autant que nous pouvons conjecturer, en posséder certaines qui, si elles étaient connues, nous feraient juger sa non-existence aussi contradictoire. que la proposition : deux et deux font cinq. Je ne trouve qu'un argument pour établir que le monde matériel n'est pas l'être nécessairement existant, et cet argument est dérivé à la fois de la contingence de la matière et de la contingence de la forme du monde. « Toute partie de matière, dit-on (1), peut être conçue comme annihilée, toute forme comme altérée. Une telle annihilation, une telle altération ne, sont donc pas impossibles ». Mais il faut, semble-t-il, une grande prévention pour ne pas voir que le même raisonnement s'applique également à la Divinité, dans la mesure où nous pouvons la concevoir, et que l'esprit peut tout au moins imaginer ou la non-existence de Dieu, ou l'altération de ses attributs. Il doit y avoir quelques attributs inconnus, inconcevables, qui nous font paraître, en fait, sa non-existence impossible ou ses attributs inaltérables ; et l'on ne peut donner aucune raison qui établisse que ces qualités n'appartiennent pas aussi à la matière. Comme elles sont absolument inconnues et inconcevables, il ne sera jamais possible de prouver

---

(1) Clarke.

qu'elles soient ncompatibles avec l'essence de la matière (1). »

Ce curieux raisonnement semble accorder ce que Hume avait nié d'abord (2), savoir qu'en *fait* nous concevons l'existence de Dieu comme nécessaire. Seulement cette nécessité, qui n'est peut-être que pour notre esprit, résulte de certains attributs divins inconnus, car rien, parait-il, dans ce que nous connaissons de la nature divine, ne l'explique. — Rien, répondrons-nous, si ce n'est la nature divine elle-même ou la nature du parfait. — Quant à l'univers, poursuit Hume, on reconnait qu'il est ordinairement conçu comme pouvant ne pas exister ou pouvant être altéré dans son essence ; mais il se pourrait que nous fussions ici dupes d'une illusion inverse à celle de tout à l'heure, et que ces mêmes attributs inconnus qui font la nécessité apparente de l'existence divine fissent, pour une intelligence plus parfaite que la nôtre, la nécessité apparente aussi de la matière. — L'objection est loin d'être méprisable; car le fort du panthéisme, c'est précisément que l'être parfait et nécessaire est le monde même ou le tout. Pour les Stoïciens (3), l'univers est souverainement vertueux, intelligent et sage ; pour Spinoza, toutes choses découlant de la nécessité de la nature divine existent avec une haute perfection et ne sauraient être, dans leur ensemble, autres et meilleures qu'elles ne sont. Quant à l'argument de Clarke, Stoïciens et Spinozistes y répondront aisément en disant que le tout est un, qu'une partie ne saurait être anéantie sans entrainer la destruction de la totalité, que l'imagination seule et l'ignorance nous font apercevoir les parties du monde comme distinctes et indépendantes les unes des autres ; que multiplicité, variété sont des apparences qui s'évanouissent aux yeux de la raison ; que celle-ci ne connait proprement que l'unité immuable ; que la face de l'univers est toujours identique à elle-même, que toute idée découle de celle de l'être universel.— De fait, il n'y a peut-être là qu'une querelle de mots. Si l'on veut dire que dans son principe l'univers est Dieu, que la nature naturante est la substance divine, je n'y vois pas d'inconvénient. Ce sera là ce que nous appelons le parfait. Mais quelle que soit peut-être, aux yeux de la raison spécu-

---

(1) *Dialogues*, p. 490.
(2) V. la note, p. 96.
(3) V. Cic. *de Nat. Deor.* II

lative, l'essentielle unité et la liaison intime des choses, quelque bâtarde que soit la connaissance que nous avons du *plusieurs*, il faut bien reconnaître que dans le tout nous distinguons des parties, que la nature naturée n'est pas un pur néant. Ces parties prises en soi, cette infinie multiplicité des modes, pour parler comme l'auteur de l'*Ethique*, sont inadéquates à l'idée de la perfection. Nous n'apercevons pas qu'elles s'imposent à notre esprit avec le caractère d'existence absolue et nécessaire que nous attribuons au parfait. Cela suffit pour qu'aux yeux de notre pensée le monde phénoménal ne se confonde pas avec Dieu. On ne s'explique pas, dans l'hypothèse de Hume, pourquoi *en fait* l'univers nous apparait comme contingent, et non la divinité. Si celle-ci doit son apparence de nécessité à des attributs inconnus, si ces mêmes attributs cachés au fond de la matière, mais à nous inconcevables, peuvent faire du monde sensible, en dépit du jugement de contingence que nous portons sur lui, une réalité qui, mieux connue, paraîtrait nécessaire, d'où vient cette différence d'aperception ? Il y faut une cause, qui doit être raisonnablement cherchée dans une différence de nature entre les objets aperçus.

Mais Hume nous refuse le droit d'invoquer contre lui le principe de causalité. Je ne veux ni rappeler ni apprécier sa critique célèbre de l'idée de cause ; ce serait, ou à peu près, faire l'examen de toute sa philosophie ; je me borne à l'objection spéciale dirigée, dans les *Dialogues sur la religion naturelle*, contre la prétendue nécessité de concevoir une cause de l'univers. Elle se résume ainsi : « Demander une cause pour une succession éternelle d'effets est absurde, car la cause implique l'antériorité dans le temps. Dans cet enchaînement sans commencement ni fin, chacun des anneaux est causé par le précédent et cause le suivant. — Mais, dit-on, le tout implique une cause à son tour ? — Appeler l'ensemble un tout, c'est exprimer un acte de la pensée qui ne suppose aucune différence dans la nature des choses. Les provinces qui constituent un royaume ne sont pas moins des provinces, ne sont modifiées ni quant à leur étendue ni quant à leur configuration géographique, pour être considérées comme parties d'un royaume. Si je puis montrer la cause de chaque individu dans une collection de vingt unités, il serait absurde de me demander la cause du total vingt. Elle est donnée par cela que les causes particulières sont données (1). »

Ainsi le principe de causalité, quelles qu'en soient l'origine et la valeur, n'est applicable que pour chaque phénomène particulier et dans les limites de l'expérience. Il n'a plus de sens quand on le transporte des événements qui se déterminent mutuellement, à la totalité des événements et des êtres. Ou bien il conduit nécessairement à une régression à l'infini, car la cause de la totalité des êtres, étant elle-même un être, devient partie de cette totalité même, exige une cause à son tour, laquelle, par la même raison, en exige une troisième, et ainsi de suite.

La difficulté est assez grave pour que Stuart Mill l'ait reproduite comme décisive contre toute application transcendante du principe de causalité. Nous ne pouvons essayer d'y répondre qu'en entrant dans quelques considérations sur l'idée de cause.

On a pu soutenir sans absurdité que, dans l'univers physique, nous ne saisissons pas, à proprement parler, la causalité. Celle-ci semble supposer une puissance indépendante, au moins logiquement, de son effet, et qui lui préexiste dans la plénitude de son efficacité potentielle. Or, le monde physique pourrait peut-être, en dernière analyse, être conçu comme un seul et même phénomène. La théorie de l'unité des forces induit en effet quelques philosophes à penser que la diversité n'existe que pour notre esprit; que le spectacle mobile des choses n'est qu'une série d'équivalences, une quantité unique se développant en une chaîne d'équations dont il nous est impossible d'assigner le commencement ni la fin.

Quoi qu'il en soit de cette théorie, il y a pourtant une vraie cause dans l'univers et qui est irréductible au mécanisme phénoméniste, c'est la liberté. Je sais qu'on peut la nier; mais je crois que, pour les besoins d'une démonstration particulière, on ne peut soulever tous les problèmes, et je prends pour accordé que la liberté ne s'explique pas tout entière par des antécédents physiologiques, chimiques ou physiques; qu'elle est dans son essence, sinon dans ses effets, en dehors et au-dessus; qu'elle est de plus, par la

---

(1) *Dialogues*, pp. 499, 500.

nature de l'impératif moral qui est sa loi, étrangère et supérieure aux conditions du temps et de l'espace.

Cette liberté, ou pour mieux dire ces libertés, inexplicables par le déterminisme de l'univers matériel, font cependant partie de cet univers ; si elles sont causes, les seules peut-être que nous connaissions, elles ne sont ni causes premières, ni causes absolues, ni causes nécessaires ; elles le proclament elles-mêmes et l'on doit les en croire ; car s'il est moins difficile de se donner toutes les perfections que l'existence, comme l'observe Descartes, on peut dire de même qu'il est moins difficile de connaître qu'on est cause première que de l'être. Les libertés ont conscience d'elles-mêmes, et, si elles étaient causes premières, elles le sauraient.

Voilà donc la liberté partie de l'univers, et cependant distincte de lui par son essence et par sa loi, sachant de plus qu'elle n'est cause ni de l'univers ni d'elle-même.

Elle est cause pourtant, et cela aussi, elle le sait. Elle ne peut donc nier ni la causalité ni le principe de causalité. Il faut donc qu'elle cherche sa propre cause : cette cause n'est pas l'univers ; elle en conclut que celui-ci, comme elle, et plus qu'elle, puisqu'il lui est inférieur, est un effet. La cause de l'univers, pour un être qui a conscience d'être libre, ne peut être que liberté ou quelque chose de plus parfait encore.

En tout cas, cette cause absolument première ne peut être un anneau, comme les autres, du déterminisme universel, parce qu'alors elle n'expliquerait pas ces libertés que nous sommes, la moralité qui est leur raison d'être et qui contient implicitement avec la négation du déterminisme la promesse d'un ordre que la nature ne connaît pas. La cause de l'univers ne peut être qu'en dehors et au-dessus de l'univers : conscience, volonté, sainteté absolues.

Je ne me dissimule pas ce que peut avoir d'incomplet cette démonstration, ce qu'elle suppose comme évident ou démontré sans établir qu'elle a droit de le faire, quels développements elle exigerait pour produire un commencement de raisonnable conviction. Elle ne prétend d'ailleurs à aucune originalité. Telle qu'elle est cependant, elle me paraît la seule réponse à peu près satisfaisante à l'objection de Hume. Ce n'est que dans la nature morale de l'homme qu'on doit chercher les preuves vraiment décisives de l'existence de Dieu.

III

J'arrive à l'argument physico-téléologique ou des causes finales. C'est celui sur lequel la critique de Hume s'est étendue avec le plus d'abondance et de variété. Son caractère, plus expérimental, son influence pratique, que Hume, avant Kant, se plait à proclamer, lui méritent, de la part de notre philosophe, une visible et particulière sympathie. Il est clair que s'il se laissait aller au mouvement de son cœur ou seulement à l'impulsion spontanée de sa raison, il se tiendrait pour satisfait par cette preuve vénérable. Que la dialectique réduise à l'absurde ou au néant les preuves dites *a priori*, le mal n'est pas grand : jamais elles n'ont conquis, elles ne conquerront jamais une âme à la religion ; mais la démonstration fondée sur le spectacle de l'univers est le plus ferme soutien du déisme parmi les hommes. Il faut pourtant en explorer la solidité ; le devoir du logicien est de vérifier sévèrement les titres des croyances, fussent-elles consacrées par l'adhésion naïve de tous les siècles, ou même par l'assentiment réfléchi d'un petit nombre de sages. Et ce devoir, Hume le remplit, à regret sans doute, avec une telle rigueur, que si sa logique n'est pas en défaut, on se demande ce qu'il peut bien rester de l'argument des causes finales. Donnons-nous le plaisir d'assister d'abord à la discussion en spectateur impartial ; nous jugerons les coups et conclurons, s'il y a lieu.

Cléanthe, l'avocat des causes finales, commence par proposer l'argument sous sa forme classique et traditionnelle : « Jetez un regard sur le monde ; contemplez-en et l'ensemble et chacune des parties ; vous verrez qu'il n'est rien qu'une grande machine, subdivisée en un nombre infini de machines moindres, qui elles-mêmes comportent des divisions au delà de tout ce que les sens et les facultés humaines sont capables de saisir et d'expliquer. Toutes ces machines diverses, et même leurs parties les plus petites, sont ajustées avec un soin qui ravit d'admiration tous ceux qui les ont observées. L'adaptation curieuse des moyens aux fins, dans toute la nature, ressemble exactement, bien qu'elle soit beaucoup plus parfaite, aux productions de l'art humain, à celles d'un dessein humain, d'une pensée, d'une sagesse, d'une intelligence humaines. Puisque les effets se ressemblent, nous sommes donc conduits à inférer, conformément à toutes les règles de l'analogie, que les causes aussi se ressemblent et que l'auteur de la nature est en quelque mesure semblable à l'intelligence de l'homme, bien qu'il possède des facultés de beaucoup supérieures aux nôtres, et proportionnées à la grandeur de son œuvre. Par cet argument a *posteriori*, et par celui-là seul, nous pouvons prouver à la fois et l'existence d'une divinité et sa ressemblance avec l'esprit et l'intelligence de l'homme (1). »

Il est impossible d'exposer plus nettement la nature des prémisses, le principe logique, la valeur et l'objet de l'argument. Philon, le sceptique, répond que l'analogie, qui fait toute la force probante de la preuve, décroît à mesure que les effets entre lesquels on l'observe sont plus différents, en sorte que, si la différence est extrême, l'analogie est réduite au minimum et l'on ne peut rien conclure. « Qu'une pierre tombe, que le feu brûle, que la terre soit solide, nous l'avons observé mille et mille fois, et lorsque quelque cas de même genre se présente, nous tirons sans hésitation l'inférence habituelle... Quand vous avez constaté la circulation du sang dans un grand nombre de créatures humaines, vous ne doutez pas qu'elle ne se produise chez Titius et Mævius. Mais de ce que le sang circule chez les grenouilles et les poissons, l'analogie ne permet qu'une présomption, bien qu'elle soit forte, en faveur de cette conclusion qu'il circule aussi chez les hommes et les autres animaux. Le raisonnement analogique est beaucoup plus faible quand nous inférons la circulation de la sève dans les végétaux, de ce fait que le sang circule chez les animaux... Quand nous voyons une maison, nous concluons, avec une parfaite certitude, qu'elle a eu un architecte ou des ouvriers pour la bâtir ; car les maisons sont précisément cette espèce d'effets que notre

---

(1) *Dial.*, II, p. 440.

expérience nous a montrés procéder de cette espèce de causes, les architectes ou les ouvriers. Mais assurément vous n'affirmerez pas que l'univers ressemble tellement à une maison qu'avec la même certitude que tout à l'heure nous puissions inférer une cause semblable, ou que l'analogie soit ici entière et parfaite. La dissemblance est si manifeste, que le plus que vous puissiez prétendre, c'est qu'il y a une apparence, une conjecture, une vraisemblance concernant une cause semblable (1) ».

Cléanthe commence à céder, au grand scandale de Déméa, et avoue qu'il n'y a pas certitude; il soutient pourtant que l'analogie n'est pas si faible ni la conclusion seulement conjecturale. Mais Philon reprenant des mains de Cléanthe l'argument de la finalité, et s'en faisant pour un instant le défenseur, en marque avec une précision nouvelle et l'origine et la portée. Faisons un instant abstraction de tout ce que nous avons appris et vu sur chaque chose, et réduisons par hypothèse la connaissance que nous avons de chacune à une idée toute simple et toute nue; ces idées ne nous donneront aucune notion déterminée de l'univers, et nous n'aurons aucune raison de préférer telle disposition des choses à telle autre. En effet, rien de ce que nous concevons clairement n'est impossible ou n'implique contradiction ; il s'ensuit que le premier système qui s'offrira à notre imagination nous paraîtra contenir une explication plausible du monde ; et toutes les conjectures auront même valeur. Et il en sera de même dans les premiers moments qui suivront celui où nous aurons ouvert les yeux et jeté un premier coup d'œil sur l'univers. Nous ne pourrons assigner la cause d'un événement quel qu'il soit. L'expérience seule et une expérience prolongée nous rend capables de le faire.

Il est évident dès lors que l'ordre, l'arrangement, l'appropriation des moyens aux fins ne sont pas par eux-mêmes la preuve d'un dessein ; il n'y a là rien qui soit, aux yeux de la raison, nécessaire; l'expérience seule devra nous enseigner que le *dessein* est la cause de tout arrangement régulier, de toute finalité apparente. Il serait, *a priori*, fort possible que la matière tout comme l'esprit contînt originairement, en soi, la source de l'ordre.

(1) Pp. 111-112.

Pourquoi, en vertu d'une cause interne non connue, des éléments, naturellement distincts, ne s'adapteraient-ils pas les uns aux autres pour former les arrangements les plus parfaits, tout comme, dans l'intelligence suprême, les idées de ces éléments s'adaptent entre elles et s'organisent en un merveilleux système? Mais l'expérience survient qui montre qu'il n'en va pas ainsi. Elle constate que des pièces d'acier, non façonnées, auront beau être rapprochées, elles ne formeront jamais une montre. Au contraire dans un esprit humain, grâce à une mystérieuse et inexplicable économie, les idées se disposent elles-mêmes pour former le plan d'une montre ou d'une maison. « L'expérience prouve donc qu'il y a dans l'esprit un principe originel de l'ordre, et qu'il n'y en a pas dans la matière. Des effets semblables nous inférons des causes semblables : l'ajustement des moyens aux fins est le même dans l'univers que dans une machine produite par l'art humain. Les causes, par suite, doivent se ressembler (1). »

Mais l'expérience, seule garant de la légitimité de l'induction finaliste, doit être scrupuleusement suivie. Et voilà pourquoi, fondé peut-être en principe, l'argument n'a en réalité qu'une très faible valeur. La moindre différence entre les effets rend douteuse la ressemblance supposée des causes. Or, on l'a vu, cette différence est très grande. L'expérience même, qui semble d'abord conclure en faveur des causes finales, nous interdit bientôt d'aller au delà de la plus incertaine conjecture.

L'analogie, ou l'induction (c'est tout un pour Hume), suppose une corrélation constamment observée entre deux espèces d'objets. Toutes les maisons que je connais forment une espèce ; tous les architectes que je connais comme ayant fait ces maisons en forment une autre. J'ai toujours expérimenté le même rapport entre ces deux espèces : celui de la chose construite à l'agent qui construit. Dès lors, qu'une nouvelle maison s'offre à mon expérience, je conclurai, par habitude, qu'elle rentre dans cette espèce d'objets dont les architectes sont les causes. Mais si l'objet est singulier, unique, s'il est impossible de le ranger dans aucun genre, mon raisonnement ne s'applique plus, et la cause supposée

---

(1) Pp. 443-445.

doit être singulière aussi, sans aucune ressemblance avec aucune des espèces de causes déjà connues. L'univers est un phénomène de cette sorte; il n'est analogue, comparable à aucun autre; sa cause, s'il en a une, est de même hors de toute analogie, de toute comparaison avec les causes antérieurement constatées.

Cet argument est d'une grande force, et Hume, qui le sent bien, le reproduira à la fin de son *Essai sur une Providence et un état futur*. Ne semble-t-il pas que, par son immensité, l'univers doive éternellement échapper, je ne dis pas à l'expérience, mais aux efforts les plus audacieux pour s'en former une simple représentation ? Est-il même un effet, n'est-il pas plutôt, comme le pensaient les Stoïciens et Spinoza, le Tout, l'Être absolu, sa propre cause ? Et enfin, nos catégories de cause et d'effet sont-elles encore valables quand on prétend les appliquer à l'existence totale, dans l'infini du temps et de l'espace, à cet océan sans fond et sans rivages où notre pensée, comme un point, flotte un instant, et s'engloutit ?

Il faudrait, poursuit Hume, que nous eussions l'expérience de l'origine première de quelques mondes, pour avoir le droit de conclure par analogie que l'origine du nôtre a une cause et quelle elle est. Supposition contradictoire, car des mondes successifs ou coexistants ne seraient encore qu'un seul monde, celui même qu'il s'agit d'expliquer.

Le cause-finalier Cléanthe, qui se défend de son mieux, trouve une réponse ingénieuse. Nous prouvons expérimentalement le mouvement de la terre, et pourtant nous ne connaissons pas d'autres terres qui se meuvent. L'expérience, l'analogie, n'ont donc pas besoin de s'appuyer sur plusieurs effets de même espèce. — La réplique de Philon est décisive. Vous dites que ne nous connaissons pas d'autre terre en mouvement que la nôtre ? Et la lune ? Et les planètes ? — Cléanthe, décidément malheureux sur le terrain de l'argumentation, essaie de se rattraper par des comparaisons oratoires : Si nous entendions une voix articulée sortir d'un nuage, beaucoup plus forte et mélodieuse que toutes les voix humaines ; si cette voix se manifestait au même instant à toutes les nations, parlant à chacune son langage et son dialecte ; si les mots prononcés par elle exprimaient, non pas seulement un sens satisfaisant, mais les préceptes les plus dignes d'un être bienveillant très supérieur à l'homme, ce serait là, sans doute, un effet unique et sans analogie dans la nature : hésiterions-nous pourtant à regarder cette voix comme l'effet d'une cause intelligente agissant d'après un dessein ? Autre hypothèse : voici des livres qui se reproduisent eux-mêmes; ils sont pleins de la plus exquise sagesse et les pensées qu'ils traduisent sont d'une merveilleuse beauté : avez-vous besoin de constater beaucoup de cas analogues pour affirmer que la cause première de toutes leurs générations est douée de pensée et les a formés avec intention ? D'ailleurs, l'incorrection d'un style n'empêche pas qu'il ne puisse être beau et émouvoir le cœur : de même l'argument des causes finales, sans être, si l'on veut, d'une parfaite rigueur logique, ne laisse pas que de toucher et de convaincre (1).

Ici, c'est l'agnostique Déméa qui se charge de répondre à Cléanthe. Vos comparaisons sont dangereuses ; nous comprenons un livre humain, nous ne comprenons pas le livre divin. Ni les objets de notre pensée, ni notre manière de penser ne peuvent se trouver en Dieu. Son esprit, s'il en a un, n'a aucun rapport avec le nôtre. Toute démonstration par les causes finales aboutit à l'anthropomorphisme.

Et Philon, agnostique lui aussi, non par zèle de théologien, mais par circonspection de sceptique, reprend le cours de ses objections. Une raison divine, supposée cause de l'ordre universel, implique un monde d'idées qui correspond à l'univers, comme le plan de l'architecte correspond à la maison. Voilà donc un univers idéal ou mental qui exige une cause, tout aussi bien que l'univers matériel. Il nous faut expliquer l'arrangement de ces idées, par la même raison qu'il nous faut expliquer l'arrangement du monde sensible. Une cause de l'univers idéal sera elle-même un autre univers idéal, et la régression ira à l'infini. Dira-t-on que les idées s'arrangent d'elles-mêmes, en vertu d'une faculté rationnelle qui leur est inhérente ? C'est ce que, plus haut, Philon semblait accorder à l'expérience. Mais celle-ci, plus sévèrement interrogée, montre que des idées peuvent, tout aussi bien que la matière, se désorganiser; de plus, toute réflexion faite, l'expérience ne nous dit rien de cette

(1) Pp. 452-453.

puissance qu'auraient les idées de s'ordonner spontanément. C'est une qualité occulte, un aveu d'ignorance. Autant supposer tout de suite dans la matière une mystérieuse faculté de s'ordonner elle-même, et faire l'économie d'un monde intelligible, cause prétendue de celui-ci, et qui lui-même a besoin d'une cause à son tour.

Cet argument, qui rappelle l'une des plus célèbres objections d'Aristote contre la théorie des idées, vaut aussi contre l'hypothèse leibnizienne des univers possibles. La difficulté, qu'il s'agisse d'un monde matériel ou d'un monde idéal, est toujours la même : assigner le principe d'unité et d'ordre qui rend cohérente et *sympathique* une pluralité. Les idées divines sont supposées multiples (le moyen qu'il en soit autrement ?) elles forment un tout harmonieux, un plan. En vertu de quoi ? d'un plan antérieur ? — Non ; en vertu de leurs rapports nécessaires. — Mais ces idées expriment les choses mêmes du monde réel : atomes, phénomènes ou forces. Si des rapports nécessaires organisent les idées en système, des rapports non moins nécessaires pourront expliquer comment les choses de notre monde forment un tout systématique. — Cette nécessité de rapports, dit-on, on ne l'aperçoit pas dans la multiplicité sensible. — L'aperçoit-on davantage dans la multiplicité idéale ? Qu'on réponde oui ou non, d'ailleurs, il n'importe : les deux mondes sont, pour ainsi dire, superposables en tous leurs points, tout au moins homologues ; si le monde idéal s'explique lui-même, le monde sensible n'a plus besoin de lui pour s'expliquer, et s'il ne s'explique pas, il n'explique pas le monde sensible. Le problème, reporté de notre univers dans l'univers intelligible, n'en reste pas moins problème, et insoluble.

L'objection de Philon semble, disions-nous, empruntée d'Aristote : la réponse de Cléanthe aussi. Il lui suffit, dit-il, d'avoir trouvé la cause de l'ordre qui se manifeste dans la nature ; comme les physiciens, il s'en tient là, sans se demander s'il y a une cause de la cause, et quelle elle est : c'est l'ἀνάγκη στῆναι. — Mauvaise défaite, réplique Philon. Les physiciens n'expliquent pas un effet particulier par une cause particulière qui n'est pas plus claire que l'effet. Si l'on n'a pas mieux à proposer, il est plus sage de s'en tenir au fait même et de le prendre comme inexplicable, au moins pour nous.

Agnosticisme ou anthropomorphisme, telle est l'alternative, pour les partisans des causes finales. Agnosticisme, pratiquement, c'est athéisme. Quant à l'anthropomorphisme, Cléanthe l'accepterait sans doute, car l'essence de la doctrine des causes finales, c'est justement d'établir (de l'essayer en tout cas) des ressemblances plus ou moins étroites entre l'esprit de l'homme et l'esprit divin. Mais cet anthropomorphisme, Philon va montrer qu'il précipite la divinité dans la sphère de l'imparfait, et conduit même à la négation de son unité.

C'est l'homme qui construit des vaisseaux, des palais, des temples : c'est Dieu qui a dû faire l'œil. Mettons que l'argument soit probant. Voilà un Dieu qui existe dans le temps et dans l'espace, qui opère sur une matière extérieure à lui. La cause doit être proportionnelle à l'effet. D'un effet fini, nous ne pouvons induire qu'une cause également finie ; d'un effet entaché d'imperfection, une cause imparfaite. « Un corps de dix onces s'élève dans la balance ; cela prouve que son contre-poids excède dix onces; mais cela ne prouve nullement qu'il excède cent onces (1). » Hume se place ici, bien entendu, au point de vue d'une induction expérimentale, et il écarte tout argument *a priori* qui aurait par avance établi l'existence nécessaire d'un être parfait. Il y a des imperfections dans la nature ; on ne le conteste pas. Un *aprioriste* peut dire que ces imperfections ne sont nullement imputables à l'être parfait et que le monde est lui-même aussi parfait qu'une cause parfaite pouvait le produire : un empirique n'a pas ce droit. S'il est fidèle à sa méthode, s'il ne veut dépasser les légitimes prémisses de son induction, il ne peut conclure, avec Hume, qu'à une cause d'une puissance et d'un art limités.

Pas même à une cause unique. Les Stoïciens appelaient l'univers la commune cité des dieux et des hommes. Hume se demande avec eux pourquoi l'univers n'enfermerait pas un grand nombre de dieux et de démons, comme une cité comprend un grand nombre de citoyens. L'analogie mène ici à une sorte de polythéisme assez grossier. Elle vaut d'autant plus, en effet, que le rapport est plus étroit entre les

---

(1) *Essai sur la Providence particulière et un état à venir*, trad. fr. 1763, t. II, p. 70.

deux termes qu'elle unit. Vous concluez de l'art humain à l'art divin ; votre conclusion perd de sa force à mesure que vous faites plus grande la puissance d'où procède l'art divin. Si cette puissance, vous la partagez au contraire entre plusieurs divinités, vous restez plus fidèle aux conditions de la ressemblance, et votre analogie, sans vous donner la certitude, vous conduit à la probabilité. En vain objecterait-on, au nom de cette analogie même, qu'une œuvre de l'art humain suppose un artiste unique et que l'univers, œuvre d'art aussi, ne saurait avoir été fabriqué par plusieurs dieux. Certaines œuvres de l'art humain ne sont-elles pas collectives ? Pline nous dit que trois artistes avaient travaillé au groupe du Laocoon. En tout cas, une cité est aussi, en un sens, une œuvre d'art ; les monuments, les institutions, les lois, les décisions relatives aux affaires publiques, manifestent des intentions, une pensée ; mais cette pensée, si le gouvernement n'est pas celui d'un seul, est celle de plusieurs intelligences tendant harmonieusement vers un but unique (1).

Est-il évident, d'ailleurs, que le monde ait une origine ? Cléanthe invoque, du point de vue expérimental, la courte durée de l'histoire moderne, qui, selon lui, prouve que l'univers a eu un commencement dans le temps, et un univers qui commence d'exister suppose un créateur. Mais le sceptique répond que l'histoire de la civilisation ne donne la mesure ni de l'histoire de l'humanité, ni de celle de la nature extérieure. Cette brièveté même de l'histoire moderne rend probable l'hypothèse émise par Platon et Aristote, de cataclysmes où se seraient engloutis les vestiges de civilisations antérieures ; de fait, ajoute-t-il, la géologie montre que chacune des régions du globe a été tour à tour couverte par les eaux. Des révolutions, en nombre illimité, soit violentes et rapides, soit continues et insensibles, telle parait être l'explication la plus vraisemblable que nous suggère l'expérience cherchant à surprendre par induction le passé de l'univers. « Un principe d'ordre éternel et inhérent aux choses, avec de grands et perpétuels changements, résoudrait toutes les difficultés, aussi bien que n'importe quelle autre théorie. »

(1) Ici, nous interprétons la pensée de Hume. D'ailleurs, il condamne lui-même cette hypothèse d'une pluralité de dieux organisateurs du monde dans l'*Histoire naturelle de la religion* (Tr. franç., t. III, p. 19 et la note).

Hume semble avoir par moments quelque tendresse pour la doctrine de la finalité inconsciente et immanente. La raison d'un être pensant n'est pas, pour lui, le seul principe que l'analogie, guide unique en ces matières, puisse invoquer comme cause de l'ordre du monde. L'instinct, la génération, la végétation, la chaleur, le froid, l'attraction et la répulsion, autant de principes qui, parmi un grand nombre d'autres, peuvent être également proposés. « Pourquoi choisir un principe aussi faible, aussi limité que la raison et cette faculté propre aux animaux de former des desseins ? Quel privilège particulier a donc cette petite agitation du cerveau que nous appelons la pensée, pour que nous devions en faire le modèle de l'univers entier (1)? » — « Le monde ressemble à une machine; donc il est une machine; donc il doit son origine à un dessein : ainsi raisonnent les défenseurs des causes finales. Pourquoi ne pas dire : le monde ressemble à un animal; donc il est un animal, donc il doit sa naissance à la génération ? » La distance qui sépare les différentes propositions de ce dernier argument n'est pas plus grande que celle qui existe entre les propositions du premier, et l'analogie est plutôt en faveur de celui-là.

Puis de quel droit conclure d'une partie de l'univers à une autre ? La pensée peut n'exister que sur notre planète. De quel droit surtout conclure d'une partie aussi restreinte que la terre, au tout? Stuart Mill doutera plus tard si deux et deux font quatre dans tous les mondes : Hume semble supposer ici que, dans certains cantons de la nature, pourraient bien régner le chaos, le désordre absolus.

Il y a plus : admettons que l'intelligence soit une des causes qui agissent dans tout l'univers, une fois formé, et en maintiennent l'harmonieuse organisation; l'analogie permet-elle d'affirmer qu'elle a présidé à son origine? Des principes différents de ceux qui sont en activité aujourd'hui peuvent avoir déterminé la naissance des choses. Le spermatozoïde, d'où sort l'animal organisé, n'est pas lui-même un organisme. — Curieuse anticipation du système de Hartmann ! Qui sait si la pensée n'est pas postérieure à la première existence du monde, et ne l'a pas, tant bien que mal, ordonné après coup ?

---

(1) *Dialogues*, p. 146.

Mais un principe d'ordre, diffus dans la nature, n'est peut-être encore qu'une hypothèse insuffisamment fondée. Ce que nous appelons l'ordre pourrait bien n'être que l'ensemble des conditions permanentes d'existence, résultant d'un état d'équilibre lentement et laborieusement atteint par les choses elles-mêmes. « La matière sans guide », à travers la série infinie des changements, doit arriver toute seule à ces adaptations qui nous paraissent intentionnelles. Dès lors, il est vain de s'émerveiller des rapports entre les fonctions et les organes, de la structure de ceux-ci, de leur convenance aux besoins variés de la vie individuelle ou spécifique. « Je voudrais bien savoir, demande Hume, comment un animal pourrait subsister si toutes ses parties n'étaient ainsi mutuellement adaptées. » C'est la vieille objection de Lucrèce et de Spinoza, c'est l'objection plus récente de l'évolutionnisme. L'adaptation de l'organisme à ce qu'on appelle le milieu, originairement ébauchée, comme l'organisme lui-même, par un heureux concours de circonstances aveugles, se perfectionne et s'achève par la concurrence vitale et la survivance des mieux doués.

Un des grands défauts de la doctrine finaliste, c'est de faire abstraction de la durée. Elle représente l'univers avec toutes ses merveilles comme instantanément tiré du néant par un *fiat* divin. La machine est du premier coup achevée ; les rouages, ajustés une fois pour toutes et sans retouches possibles, vont fonctionner avec une régularité inaltérable, pendant des siècles illimités. Quelques-uns seulement, les plus complexes, disparaitront, mais pour renaitre dans des individus identiques ; spectacle toujours le même, puisque les espèces ne changent pas, où le créateur contemple l'image affaiblie, mais belle encore de sa sagesse et de sa puissance, et convie ses créatures intelligentes à la contempler avec lui. L'induction fondée sur l'expérience dissipe cette conception quelque peu enfantine de l'origine du monde. Elle nous montre d'obscurs commencements, et comme un minimum d'existence au début ; des essais maladroits, souvent avortés, une incalculable suite d'humbles ébauches, se retouchant elles-mêmes, ou plutôt dégrossies peu à peu par le conflit brutal des forces élémentaires ; un équilibre précaire et toujours menacé, émergeant péniblement de l'agitation du chaos, et que notre raison, trompée par son désir de se retrouver dans les choses, prend pour un ordre voulu ; des catastrophes fréquentes, où semblent devoir s'engloutir à jamais les espérances de beauté, d'harmonie, d'activité heureuse et régulière qui, fermentant au sein de la nature, sont la raison secrète de ses inconscientes démarches. Certes, l'univers d'aujourd'hui dépasse toute notre puissance d'admiration ; mais que lente et douloureuse a été la route de son progrès ! combien disputée, longtemps incertaine, sa victoire sur le néant et le désordre originels ! Or, admit-on l'hypothèse d'un divin créateur, on ne pourrait attribuer directement à celui-ci que le mérite de l'œuvre primitive, je veux dire ce germe informe où n'apparaît encore aucune marque d'un dessein. Et, si tant de temps fut nécessaire pour un tel développement, si la destinée du monde fut si souvent à la merci d'un hasard funeste, si les chances favorables l'ont emporté de si peu, n'est-ce pas, chez la cause supposée de ce monde, défaut de puissance, d'art ou de bonté ?

En tout cas, s'il existe une pensée créatrice, nous ne saurions, d'après Hume, nous en faire, par analogie avec la nôtre, aucune conception. « En nous, les idées sont toujours copies des objets extérieurs, et l'intelligence n'est capable d'agir que sur la matière avec laquelle elle est unie, de telle sorte qu'il y ait entre elles une influence réciproque. La théorie des causes finales renverse ces rapports : les idées divines ne peuvent être des copies ; dire qu'elles sont les modèles des choses, c'est dire qu'elles sont précisément le contraire de ce que sont nos idées. » Et quant à une action exercée par la pensée divine pour faire sortir l'univers du néant, c'est encore là l'opposé de toute expérience possible.

IV

Cette longue discussion de l'argument des causes finales, la plus approfondie que présente la philosophie anglaise, ne serait pourtant pas complète, si elle eût négligé le problème du mal. Que le monde soit l'œuvre d'une cause première, d'un artisan suprême, la curiosité philosophique peut s'en préoccuper ; les vrais intérêts du genre humain ne sont pas là. Ce qui nous importe essentiellement, c'est de savoir si cette cause merveilleusement ordonnatrice a pu ou voulu tout disposer pour notre bonheur. Déméa, comme la plupart des théologiens orthodoxes, fait grand étalage de la misère humaine, et la conscience que nous en avons est, dit-il, la source même du sentiment religieux. Le besoin de pouvoir invoquer un protecteur, un père, n'est-ce pas ce qui pousse la raison à la recherche d'une puissance souveraine et nous garantit en même temps son existence ? Et ici, le sceptique est d'accord avec l'orthodoxe pour développer le vieux thème des maux qui nous assiègent. — Toute doctrine de finalité est nécessairement optimiste ; Cléanthe essaie de tenir tête à ses deux adversaires, momentanément unis. La balance du bien l'emporte pour lui, même ici-bas, sur celle du mal. — Mais répond Philon, un léger excédent de bien, contestable d'ailleurs, ne suffit pas. D'une puissance, d'une sagesse, d'une bonté infinies, nous sommes en droit d'exiger plus. « Pourquoi y a-t-il de la misère en ce monde ? Ce n'est certes pas l'effet du hasard. Il y faut donc une cause. Est-ce par une intention de la divinité ? Mais elle est souverainement bienveillante. Est-ce contrairement à son intention ? Mais elle est toute puissante. » Tel est le dilemme : comment en sortir ? « Rien, poursuit Philon, ne peut ébranler la solidité d'un raisonnement si bref, si clair, si décisif, à moins d'avouer que ces matières dépassent la capacité humaine, et que nos mesures ordinaires du vrai et du faux ne leur sont pas applicables. » — Or, le partisan des causes finales, qui conclut de l'art humain à l'art divin, ne peut évidemment accepter cette conclusion agnostique, et c'est à lui de prouver que l'existence du mal n'est pas exclusive d'une intelligence qui a tout ordonné pour le mieux.

On n'a peut-être pas remarqué que la doctrine de la finalité semble conduire logiquement à une négation, implicite ou formelle, de la toute-puissance divine. Cette intelligence active et artiste, à qui l'on attribue le bel ordre de l'univers, on l'imagine, par la vertu même de l'analogie avec l'industrie humaine, comme opérant sur une matière préexistante qui, plus ou moins, lui résiste. L'art, en effet, implique quelque chose sur quoi il s'exerce ; des moyens préparés en vue d'une fin semblent trahir une sorte de subtilité ingénieuse pour tourner une difficulté, triompher d'un obstacle. De fait, tous les partisans des causes finales, depuis Platon jusqu'à M. de Hartmann, admettent, en face de la causalité divine, comme une fatalité antagoniste, éternelle aussi, et qui n'est qu'imparfaitement domptée. Leibniz lui-même, avec son hypothèse des possibles existant de toute éternité dans l'entendement divin, n'impose-t-il pas à la toute-puissance une limite qui, pour n'être pas extérieure, n'en est pas moins réelle? Ceux-là seuls sauvegardent véritablement l'absolue souveraineté de la cause première, qui font Dieu créateur des essences aussi bien que des existences, de la vérité et de l'être. Tels Duns Scot, Descartes, M. Secrétan. Je ne dis pas qu'ils ne tombent pas par là en d'autres difficultés tout aussi graves, et l'une d'elles, c'est précisément de compromettre la doctrine des causes finales, suspectes, on le sait, à Descartes. Quoi qu'il en soit, Hume, avec son ordinaire pénétration, tire cette conclusion de l'hypothèse finaliste, et par la bouche de Cléanthe exprime la pensée « que la bienveillance, dirigée par la sagesse et *limitée par la nécessité*, peut produire un monde tel que le nôtre ». — Stuart Mill, moins sceptique que Hume, pour qui cette hypothèse est encore insuffisante, l'acceptera comme valable et il aura le tort de ne pas dire où il l'a prise.

Hume, en effet, ne voit qu'une défaite dans la réponse de Cléanthe; Hume, disons-nous, car il a beau protester, c'est bien Philon qui est, en tout ce dialogue, son plus fidèle interprète. Les misères de la vie peuvent, d'après lui, être attribuées à quatre causes dont aucune, à en juger avec notre entendement limité, n'est absolument nécessaire ; une puissance, même finie, aurait pu, semble-t-il, les écarter.

La première, c'est la douleur employée concurremment avec le plaisir, comme stimulant de l'activité : un dieu bienveillant ne pouvait-il pas faire usage du plaisir seul? La seconde résulte de ce fait que le monde est gouverné par des lois générales et inflexibles ; sans doute, elles ne pourraient être supprimées sans de graves désordres ; mais une providence remplie de bonté eût dû les suspendre aussi souvent qu'il eût été convenable pour nous empêcher d'en souffrir ; tout au moins eût-il été possible d'y apporter quelques correctifs qui n'eussent pas eu pour effet de supprimer toute prévision de l'avenir. D'ailleurs, même avec des lois générales et inflexibles, le cours des choses est pour nous rempli d'accidents imprévisibles, maladies, tempêtes, etc., qui influent puissamment sur le destin des particuliers et des États. « Un être connaissant les sources cachées d'où découlent les phénomènes de l'univers pourrait donc, par des volitions particulières, tourner tous ces accidents au profit du genre humain et rendre le monde heureux sans se trahir lui-même dans ses opérations. Une flotte, dont la mission importe au salut de la société, pourrait rencontrer toujours un vent favorable. Les bons princes auraient toujours santé robuste et longue vie ; les personnes nées pour le pouvoir seraient naturellement douées d'un caractère bienveillant et de dispositions vertueuses. Un petit nombre d'événements tels que ceux-là, régulièrement et sagement conduits, changeraient la face du monde et ne paraîtraient pas plus bouleverser le cours de la nature ou rendre incertaine la conduite humaine que ne le fait l'économie présente, où les causes sont cachées, changeantes et compliquées. Quelques touches délicates sur le cerveau de Caligula enfant auraient fait de lui un Trajan ; une vague, un peu plus haute que les autres, en engloutissant dans les flots César et sa fortune, aurait rendu à la liberté une portion considérable du genre humain. Sans doute, il peut y avoir de bonnes raisons pour que la Providence n'intervienne pas ainsi ; mais elles nous sont inconnues, et, bien que cette simple supposition qu'il en existe suffise pour *sauver* la conclusion relative aux attributs divins, elle ne sera jamais suffisante pour l'établir (1). »

Une troisième cause de misère qui, semble-t-il, eût pu être évitée, c'est la parcimonie avec laquelle ont été mesurés aux êtres vivants les pouvoirs et facultés qui leur ont été départis. Sans doute, l'existence des lois générales eût toujours eu pour des êtres sensibles quelques conséquences douloureuses, mais un peu plus de générosité de la part du créateur eût fait de la souffrance une exception fort rare. L'organisation actuelle est assez sage pour assurer l'existence éphémère des individus et la perpétuité des espèces ; mais il n'y a que le strict nécessaire ; un peu moins, et l'être périrait. Si une faculté atteint un degré notable, c'est au

(¹) P. 520.

prix d'une diminution proportionnelle dans les autres. « Les animaux qui l'emportent en vitesse manquent ordinairement de force. Ceux qui sont à la fois rapides et forts, ou bien ont quelques-uns de leurs sens imparfaits, ou bien sont dans l'esclavage des plus impérieux besoins. L'espèce humaine, qui se distingue surtout par la raison et la sagacité, est de toutes, la plus nécessiteuse, la plus dépourvue d'avantages corporels ; sans vêtement, sans armes, sans nourriture, sans abri, sans aucune des commodités de l'existence, il faut qu'elle doive tout à son industrie. » Un père bienveillant eût eu un peu plus égard à la félicité même de ses créatures ; il ne se fût pas contenté de pourvoir à l'indispensable. Nous le supposons assez puissant pour ne pas le croire astreint à une si minutieuse économie, et si son pouvoir ne lui permettait pas de faire plus, il eût été plus digne de sa sagesse de créer moins d'animaux et de les doter plus richement pour leur bonheur et leur salut. « On n'estime pas prudent un architecte qui entreprend de réaliser un plan trop vaste pour les moyens dont il dispose. »

Il ne s'agit pas d'ailleurs de souhaiter l'impossible ; la nature pouvait, sans rien changer à ses lois, donner seulement à l'homme un peu plus d'activité intellectuelle. La plupart des maux dont souffre l'humanité viennent de sa paresse. Quelle merveilleuse métamorphose de la planète si tous avaient par goût et spontanément cette énergie inventive, cette ténacité, cette application qui sont le privilège d'un petit nombre et chez ceux-là mêmes, la conquête de durs efforts, le fruit d'une longue habitude ! Mais non ; « dans un monde si plein de besoins et de nécessités, où chaque être et pour ainsi dire chaque élément est notre ennemi ou nous refuse assistance, nous avons encore à lutter contre notre tempérament, et nous sommes privés de ce pouvoir même qui pourrait seul nous garantir de maux multipliés ».

Enfin, la quatrième cause du mal, c'est l'imparfaite fabrication des rouages qui constituent la grande machine de l'univers. Chaque partie est bien agencée avec les autres, et ne pourrait disparaître sans laisser un grand vide ; mais cet agencement n'est pas tel qu'un élément ne puisse en maintes circonstances se porter à des excès qui rendent désastreux son rôle ordinairement bienfaisant. Il semble que l'œuvre n'ait pas reçu la dernière main de l'ouvrier, tant les défauts éclatent : « Ainsi, les vents sont nécessaires pour porter les vapeurs autour de la surface du globe et pour aider les hommes dans la navigation ; mais que de catastrophes ne causent-ils pas sous forme de tempêtes et de cyclones ! Les pluies servent à la vie des plantes et des animaux ; mais combien de fois sont-elles ou trop abondantes ou trop peu !... Qu'y a-t-il de plus utile que les passions de l'âme, l'ambition, la vanité, l'amour, la colère ? Mais qu'elles franchissent souvent leurs limites et que d'effroyables convulsions elles produisent dans la société ! Rien n'est si avantageux dans l'univers qui ne devienne fréquemment pernicieux, soit par excès, soit par défaut ; la nature ne s'est pas préservée, avec le soin voulu, de toute confusion et de tout désordre. L'irrégularité n'est peut-être jamais assez grande pour anéantir une espèce ; mais elle suffit souvent pour envelopper les individus dans la ruine et la misère (1) ».

Affirmerons-nous cependant que toutes ces causes de mal pouvaient être facilement évitées ? A des créatures aveugles et ignorantes, une telle présomption ne convient pas. Si la bonté de Dieu pouvait être établie par de solides preuves *a priori*, tous les faits accumulés contre elle ne prévaudraient pas, et il faudrait soutenir qu'ils ne sont pas inconciliables avec elle, fût-on dans l'impuissance de le montrer. Mais si cette bonté doit être uniquement conclue des faits eux-mêmes, nous sommes en droit de dire qu'ils n'autorisent pas cette conclusion. Il y a décidément trop de mal dans l'univers, et ce mal, autant que nous en pouvons juger, pouvait trop facilement être évité. Le sceptique ne va pas jusqu'à la négation d'une Providence : un dogmatisme même négatif ne serait plus du scepticisme ; il se contente de nier, au nom des faits, qu'elle soit prouvée ou probable.

« Contemplez l'univers. Quelle immense profusion d'êtres animés et organisés, sensibles et actifs ! Vous admirez leur variété et leur fécondité prodigieuses. Mais examinez de plus près ces existences vivantes, les seules qui méritent attention. Comme elles sont ennemies les unes des autres ! comme elles se détruisent mutuellement ! comme elles sont toutes impuissantes pour leur propre bonheur ! Comme elles

(1) P. 525.

sont méprisables et odieuses à qui les regarde! L'ensemble ne nous offre que l'idée d'une nature aveugle pénétrée d'un puissant principe de vie, et laissant tomber de son sein, étrangère à tout discernement, à tout souci maternel, ses enfants mutilés et avortés. »

Qui nous expliquera ce mélange singulier de bien et de mal? Sera-ce la doctrine manichéiste? Elle est certes plus vraisemblable que celle d'une Providence; mais l'uniformité de l'ordre cosmique lui est contraire. Nous voyons bien dans le monde l'action de principes opposés : le froid et le chaud, l'humide et le sec; mais leur alternance régulière n'implique pas un conflit véritable et semble plutôt supposer l'indifférence des causes universelles. Ces causes sont ou parfaitement bonnes, ou parfaitement mauvaises, ou bonnes et mauvaises en lutte les unes avec les autres, ou indifférentes. De ces quatre hypothèses, les deux premières sont contredites par l'expérience qui nous montre le bien et le mal partout mêlés ; la troisième ne tient pas devant le spectacle de l'uniformité des phénomènes et de leurs lois ; la quatrième est donc la plus probable.

Ce qui est vrai du mal physique l'est aussi du mal moral. Indifférente aux souffrances des créatures, la cause ou les causes de l'univers le sont aussi à leur perversité. Tout au moins la justice de l'Être suprême, si cet attribut lui appartient, n'a-t-elle pas plus de rapport avec notre justice que sa bonté n'en a avec la nôtre. Nous avons même plus de motifs encore de nier l'existence en lui de sentiments relatifs à la valeur morale des agents et de leurs actes ; car le mal moral l'emporte en ce monde sur le bien moral beaucoup plus que le mal naturel sur le bien physique.

Prouvât-on que la quantité de vertu dépasse notablement celle du vice, on n'en serait pas plus avancé. Tant qu'il y aura du vice sur la terre, il faudra l'expliquer : grand embarras pour ceux qui se représentent un Dieu à l'image de l'homme! En vain rendront-ils compte du mal moral par une cause qui ne soit pas la cause première, par exemple, la liberté : toute cause seconde en exige une à son tour, et le choix n'est plus qu'entre une régression à l'infini, ou la cause suprême de toutes choses, responsable dès lors de tous les péchés, de tous les crimes.

Il semble difficile de pousser le scepticisme sur la valeur

dogmatique du principe des causes finales, plus loin que ne le fait le Philon des *Dialogues*. Il a paru d'abord l'allié de l'orthodoxe Déméa contre Cléanthe, en insistant sur l'incompréhensibilité de Dieu et la misère humaine ; mais Déméa s'aperçoit un peu tard qu'on le conduit où il ne veut pas aller, et il quitte la place. Philon et Cléanthe, restés seuls en présence, vont-ils continuer la discussion? Il le semblerait ; car ils sont plus éloignés que jamais d'être d'accord. Mais non ; Hume avait surtout envie de se débarrasser du théologien ; il l'a réduit au silence en lui montrant que ses principes conduisent à l'athéisme : entre Cléanthe et Philon, tous deux philosophes, les opinions sont, au fond, à peu près les mêmes; il n'y a qu'une question de nuance. Philon croit comme Cléanthe que l'univers est ordonné par une cause analogue à l'intelligence humaine ; bien plus, il lui paraît qu'on ne saurait douter raisonnablement de principes tels que ceux-ci : « La nature ne fait rien en vain ; — la nature agit par les voies les plus simples et choisit les moyens les mieux appropriés aux fins. » Toutes les sciences physiques et naturelles proclament la finalité, et leurs progrès ne feront que la rendre de plus en plus évidente. Qu'est-ce donc qui le sépare de son ami? C'est qu'il ne pense pas que le raisonnement soit décisif en ces matières (1) ; il faut se contenter du témoignage des faits et des probabilités très faibles de l'analogie. De plus, il n'admet pas qu'on puisse déterminer dans quelle mesure l'intelligence divine diffère de la nôtre : tout ce qu'il est permis de dire, c'est qu'elle est incomparablement plus grande et plus puissante. Mais ces discussions sur le degré des qualités sont de leur nature oiseuses, parce que les qualités, différentes en cela des quantités, échappent à toute évaluation rigoureuse et scientifique. « On peut disputer sans fin pour savoir si Annibal fut un grand, ou un très grand ou un superlativement grand homme ; quel degré de beauté possédait Cléopâtre, quelle épithète louangeuse méritent Tite-Live ou Thucydide. » Et ainsi, entre les déistes et leurs adversaires, tout se ramène à une querelle de mots. « Je demande au déiste s'il n'accorde pas qu'il y a une différence incommensurable, parce qu'elle est incompréhensible, entre

(1) P. 533.

l'esprit humain et l'esprit divin : plus il est pieux, mieux il est disposé à répondre par l'affirmative et à exalter cette différence ; il ira jusqu'à dire qu'elle est telle qu'on ne peut l'exagérer. Je me tourne maintenant vers l'athée, qui, j'en suis convaincu, ne l'est que de nom, et ne peut l'être de fait, et je lui demande si la cohérence et la sympathie manifestes de toutes les parties de ce monde ne prouvent pas un certain degré d'analogie entre toutes les opérations de la nature, dans toutes les circonstances et à toutes les époques ; si la germination d'un navet, la génération d'un animal, la constitution de la pensée humaine, ne manifestent pas des puissances qui ont entre elles des rapports au moins éloignés. Il ne peut dire non, et il ne tardera pas à l'accorder. Ayant obtenu cette concession, je le pousse plus vivement dans ses retranchements, et je lui demande s'il n'est pas probable que le principe qui a originairement établi et maintient encore l'ordre dans cet univers, ne présente pas, lui aussi, quelque analogie mystérieuse et lointaine avec quelques-uns de ceux qui agissent dans la nature, et, par exemple, l'intelligence et la pensée humaine disposant des moyens en vue d'une fin. Il résistera, mais il ne se peut qu'il ne me l'accorde. Quel est donc alors, crierai-je aux deux adversaires, le sujet de votre dispute ? Le déiste avoue que l'intelligence suprême est très différente de la raison humaine ; l'athée reconnaît que le principe suprême de l'ordre a quelque lointaine analogie avec elle. Pourquoi, Messieurs, vous quereller sur une question de degrés, et entamer une controverse qui ne comporte ni définition précise, ni solution rigoureuse ? Si vous étiez assez obstinés pour continuer, je ne m'étonnerais pas de vous voir insensiblement échanger vos positions ; le déiste exagèrerait la différence entre l'Être des êtres et des créatures fragiles, changeantes, imparfaites, périssables ; l'athée exalterait les analogies entre toutes les opérations de la nature, dans tous les temps et toutes les circonstances. Voyez donc où est le vrai point de la controverse, et, si vous ne pouvez mettre fin à vos disputes, au moins guérissez-vous de votre animosité (1). »

Mais, si l'on peut tomber d'accord, malgré l'impossibilité

---

(1) Pp. 535-536.

de la prouver rigoureusement, sur l'existence d'une puissance et d'une intelligence ordonnatrices de l'univers, il n'en va pas tout à fait de même de la justice et de la bonté divines. « Comme les œuvres de la nature ont plus d'analogie avec les produits de notre art qu'avec ceux de notre bienveillance et de notre justice, nous avons raison d'en inférer que les attributs naturels (puissance et intelligence) de la divinité ressemblent plus à ceux de l'homme que ses attributs moraux (justice, bonté) ne ressemblent aux vertus humaines. » Un Dieu très puissant, très intelligent, voilà donc ce que l'induction permettrait, non d'affirmer mais de conjecturer : quant à un Dieu juste et bon, rien n'autorise à l'admettre. Est-ce le dernier mot de Hume? On le dirait ; mais immédiatement après le passage que nous venons de citer, il ajoute : « Quelle conséquence pourtant tirer de là ? C'est que les qualités morales de l'homme sont plus défectueuses en leur genre que ses talents naturels. Car, comme on accorde que l'Être suprême est absolument parfait, ce qui diffère le plus de lui s'éloigne le plus du critérium suprême de la justice et de la perfection (1) ».

La pensée de Hume n'est pas ici très claire, et ce qu'on en saisit paraît contraire à ce que nous savons de ses doctrines en fait de métaphysique religieuse. Est-ce lui qui accorde que l'Être suprême est absolument parfait ? S'il va jusque-là, à quoi bon son argumentation contre les preuves *a priori* ? A quoi bon ses efforts pour établir que les causes finales autorisent seulement à regarder comme possible l'existence d'une cause puissante et intelligente, non souveraine ni parfaite? Mais Hume ne parle pas ici en son propre nom. Il se place au point de vue d'un déiste orthodoxe et lui fournit une réponse contre les objections tirées de la surabondance du mal dans l'univers. On nie la Providence parce que l'ordre des choses manifeste trop peu de justice et de bonté ? Mais où l'homme a-t-il pris les idées de ces attributs? En lui-même, sans doute, et dans l'observation de sa conduite envers ses semblables, ou de la conduite de ses semblables envers lui. Or, une telle justice, une telle bonté, sont si imparfaites, la moralité que révèlent les rapports des hommes entre eux est si rudimentaire, qu'à peine pouvons-nous en former un concept qui

---

(1) Pp. 536-537.

nous permette d'établir quelque analogie entre la justice et la bonté humaines et les perfections divines exprimées par les mêmes mots. En d'autres termes, l'industrie de l'homme dépasse de beaucoup sa moralité, et par là elle est plus voisine de l'industrie divine, en sorte que l'induction est possible de celle-là à celle-ci : ce n'est plus le cas quand il s'agit de conclure de nos attributs moraux à ceux de l'être parfait : la distance devient trop grande. Une conséquence naturelle et remarquable de cette vue de Hume serait que plus de justice et de bonté dans l'humanité diminuerait d'autant la difficulté où nous sommes d'apercevoir en l'univers les marques de la justice et de la bonté divines : les objections fondées sur l'existence du mal en ce monde perdront de leur force à mesure que diminueront le mal moral et le mal social, effets de la perversité volontaire ou du défaut de vertu. Meilleur, et dès lors plus semblable à Dieu, l'homme en comprendrait mieux les perfections morales, en jugerait plus équitablement l'œuvre, et serait moins sensible à des injustices apparentes qui ne sont peut-être que sa propre injustice dont il lui plaît d'accuser l'ordre des choses. Le problème du mal, il dépend de nous de le résoudre, en supprimant le mal, celui du moins que nous faisons, et en faisant tout le bien que nous ne faisons pas. Et que resterait-il du mal universel si toutes les volontés n'étaient plus les unes à l'égard des autres que justice et charité ?

En résumé et en dépit de toutes ses objections, Hume semble admettre une certaine probabilité en faveur d'une puissance et d'une intelligence organisatrices, la possibilité seulement d'une divinité juste et bonne. Voilà du moins ce qui ressort pour nous de cette longue discussion, dont nous n'avons voulu ni abréger les détours ni concentrer la force un peu dispersée.

Quand on lit les *Dialogues concernant la religion naturelle*, on éprouve une impression toute contraire à celle que produisent des œuvres telles que l'*Éthique* de Spinoza. A un déiste de l'école de Leibniz ou de Clarke, l'*Éthique* présente des objections peu nombreuses, mais dont chacune lui semble d'abord inébranlable. S'il passe aux *Dialogues* de Hume, il se trouve en face d'arguments qui valent plus peut-être par leur nombre que par leur poids ; mais leur multiplicité même déconcerte la réfutation ; les ressources presque infinies d'une dialectique dissolvante font de Hume l'adversaire le plus dangereux, le plus puissant peut-être, de la théologie naturelle. Aussi lui fait-on quelque tort en essayant de le résumer : sa force est en grande partie dans son éparpillement. Nous l'avons donc résumé le moins possible, et c'est lui-même, le plus souvent, que nous avons laissé parler. Il resterait à lui répondre sur chaque point ; tâche qui demanderait presque un volume, et qui nous exposerait à refaire, très faiblement, le beau livre de M. Janet sur les causes finales. Dans cette extrémité, le mieux pour nous, semble-t-il, est de discuter quelques-unes seulement des objections les plus pressantes, sans nous dissimuler que les autres ne sont pas pour cela méprisables, et qu'avec un logicien tel que Hume, c'est se donner trop beau jeu que de se refuser à le suivre pas à pas dans tous les replis de son argumentation.

V

Il n'est pas malaisé d'apercevoir que, dans la polémique contre le principe des causes finales, Hume ne cesse de se placer au point de vue de l'expérience toute seule. Sans l'expérience, qui nous révèle à la longue certaines séries régulières d'antécédents et de conséquents, nous n'aurions aucun soupçon de l'ordre universel, et cet ordre nous y croyons d'autant plus, qu'un plus grand nombre de faits observés vient s'enregistrer dans notre mémoire. Les premiers hommes durent n'en avoir aucune idée, et même aujourd'hui, cette idée n'a d'autre garantie que l'uniformité des observations ; elle peut s'affaiblir ou se fortifier encore, selon que la science continuera ou non à nous présenter dans les phénomènes la régularité qu'elle a jusqu'ici constatée.

Il ne paraît pas cependant que la notion de l'ordre se forme ainsi peu à peu et comme par alluvions successives dans l'esprit humain. L'enfant, et sans doute aussi le sauvage, ont-ils constaté, en des circonstances données, la production d'un fait, qu'ils attendent au contraire avec une certitude absolue que, dans des circonstances identiques, le même fait devra se reproduire ; c'est même cette croyance primitivement fondée sur une coïncidence unique qui est probablement l'origine de toutes les superstitions. Un sauvage a été une fois guéri d'une certaine maladie après avoir bu de l'eau d'une certaine source ; cette eau a donc la vertu de guérir cette maladie et tous ceux qui en boiront éprouveront le même effet. On pourrait, sans paradoxe, soutenir que l'attente du retour des mêmes phénomènes dans les mêmes circonstances est à son maximum dans les esprits les plus ignorants, et qu'en un sens, l'idée de l'ordre universel est d'autant plus enracinée dans l'intelligence que la culture scientifique est plus imparfaite. Si les hommes primitifs ont supposé dans la nature des volontés arbitraires, c'est pour expliquer les apparentes exceptions à l'enchaînement habituel des phénomènes ; foudre, tempêtes, épidémies, tremblements de terre, voilà ce qui leur parut d'abord manifester l'action directe de puissances surnaturelles : je doute qu'on ait attribué primitivement à une divinité la succession constante du jour et de la nuit.

Hume a donc tort, selon nous, de faire de l'idée de l'ordre dans la nature une acquisition tardive et toujours précaire de l'expérience. Elle est constitutive de l'esprit, non seulement de l'esprit humain, mais, si l'on ose dire, de l'esprit animal. L'animal aussi compte sur le retour de faits qu'il a une fois observés.

Mais cette idée simple et nue d'une régularité dans les phénomènes extérieurs n'est pas encore celle de la finalité. Celle-ci suppose une adaptation de moyens à des fins par une intelligence, soit immanente à l'univers, soit transcendante. Une telle conception ne put évidemment exister avant que l'industrie humaine fût assez développée pour produire des œuvres où la pensée de l'homme, prenant conscience d'elle-même, de ses efforts, de ses procédés, se reconnût et s'admirât. Et ces œuvres l'homme les apprécie et les admire d'autant plus qu'elles sont plus régulières ou plus aptes à corriger les irrégularités et les désordres apparents de la nature. Dès lors, par une induction précisément inverse de celle qu'il avait faite primitivement, l'homme attribua l'ordre et l'harmonie du monde à des intelligences semblables mais supérieures à la sienne, laissant les phénomènes qui semblaient faire exception à cet ordre sous l'empire de puissances aveugles, mal définies, antagonistes des divinités raisonnables, et qu'il appelle, destin, hasard, nécessité. C'est ainsi que pour Platon et Aristote la pensée divine est souveraine dans la région supralunaire, tandis qu'au-dessous, son influence est combattue par l'influence malfaisante et perturbatrice de la fortune.

On peut donc accorder à Hume que la conception de la finalité est le résultat d'un raisonnement par analogie. Mais ce qu'on ne lui accordera pas, c'est que d'autres causes, la génération, par exemple, la végétation, l'attraction, la chaleur, puissent, au même titre que l'intelligence, être prises pour expliquer l'ordre universel. « Pourquoi ne pas dire, demande Hume : le monde ressemble à un animal ; donc il est un animal, donc il doit sa naissance à la génération ? » — Pourquoi ? C'est que la génération elle-même nous paraît être un de ces effets que l'intelligence seule d'une cause ordonnatrice puisse expliquer. Génération, végétation, attraction, chaleur, autant de termes généraux qui désignent simplement des groupes ou des classes de phénomènes; une seule cause nous est proprement connue, c'est notre activité pensante, et toutes les autres, nous les imaginons sur ce modèle, celles-là surtout à qui nous rapportons des effets analogues à ceux que produit notre volonté agissant en vue d'une fin. Aussi le matérialisme stoïcien est-il forcé d'attribuer l'intelligence à la chaleur, aux corps des astres, à la nature entière ; toute doctrine de finalité immanente doit mettre dans les choses la pensée qu'elle ne veut pas reconnaître comme supérieure et antérieure aux choses mêmes, et les systèmes dualistes, pour qui la matière est coéternelle à Dieu, ne reconnaissent jamais comme cause ordonnatrice celui des deux principes qui ne pense pas.

Hume pose la question de savoir si l'analogie sur laquelle se fonde le principe des causes finales ne conduirait pas aussi logiquement à l'hypothèse de plusieurs dieux qu'à celle d'une cause suprême et unique ; et il invoque l'exemple de certaines œuvres, produits de l'intelligence collective des hommes, telles que les cités, les décisions publiques d'une assemblée délibérante ; s'il avait connu les *Prolégomènes* de Wolf, il aurait pu ajouter l'*Iliade*, et, d'après certaines théories récentes, presque toutes les épopées nationales des époques primitives. — Mais cette supposition bizarre, non pourtant absurde, ne tient pas devant le témoignage chaque jour plus décisif de la science en faveur de l'universalité des lois naturelles. J'ajoute que l'intelligence collective d'un peuple ou d'une race n'est, après tout, que la juxtaposition et le concours d'intelligences homogènes : c'est une seule et même pensée répartie pour ainsi dire en un grand nombre d'esprits. Si des œuvres attribuées à une collectivité d'êtres pensants on voulait, par analogie, conclure à une pluralité de dieux ordonnateurs, il faudrait supposer que ces dieux ont chacun une intelligence à peu près égale, conspirant, sciemment ou non, vers un même but. Dès lors, la vraie cause de l'ordre du monde serait la pensée commune de tous ces dieux, pensée unique, puisqu'elle est la même chez tous, et il est assez indifférent que cette pensée soit une d'une unité générique, ou d'une unité numérique, pour emprunter les termes d'Aristote. Et si le témoignage de la science est plutôt favorable à l'hypothèse de l'unité numérique, nous nous en tiendrons à un seul Dieu et nous ferons sagement l'économie des autres : *entia non sunt multiplicanda...*

Quant à l'accusation d'anthropomorphisme adressée par Hume à la doctrine des causes finales, il n'est pas facile de la repousser entièrement. Oui, le dieu de la finalité transcendante est un dieu semblable à l'homme, et c'est même pour cela que la preuve physico-téléologique a une force de démonstration touchante et populaire devant laquelle Hume et Kant s'inclinent avec une sorte de respect. Le Dieu des métaphysiciens est trop éloigné, trop différent de nous, pour parler à nos âmes. Qu'importent à des créatures qui souffrent et qui doivent mourir, et la Pensée pure d'Aristote que souillerait la connaissance de l'univers, et l'Unité supérieure à l'intelligence des Alexandrins, et l'Abîme silencieux des Gnostiques, et la Substance impersonnelle de Spinoza et l'idée contradictoire de Hégel et l'inintelligible Inconnaissable de H. Spencer? Dans ces hautes et froides conceptions, la raison elle-même, — je ne parle pas du cœur, — ne trouve pas toujours de quoi se satisfaire, s'il est vrai qu'elle ait besoin pour cela de voir clair et de rester d'accord avec soi. Le Dieu de la finalité est un dieu humain et agissant; nous pouvons supposer qu'il a travaillé et qu'il continue de travailler pour nous, que sa sollicitude d'aujourd'hui nous répond de sa bonté dans l'avenir; qu'il entend et nos prières, et le cri de nos souffrances, et nos actions de grâces; qu'il n'a pas enfin dépensé tant d'industrie pour produire un instant sur la scène magnifique de l'univers des créatures capables de le glorifier dans son œuvre, et les replonger ensuite, toutes meurtries des morsures de la douleur, dans un éternel néant. Sans le Dieu de la finalité, il n'y a pas, à proprement parler, de religion.

Mais, dit-on, un tel Dieu est imparfait; il est obligé de lutter contre une matière qui lui résiste, puisqu'il a recours, pour la vaincre, à l'industrie, et qu'il dispose des moyens en vue d'une fin qu'il ne saurait directement atteindre. D'ailleurs l'analogie même, qui fait toute la force de la preuve, nous interdit de conclure au delà de l'expérience; or la perfection des œuvres divines, si supérieure soit-elle à celle des produits de l'art humain, est toujours limitée, et d'une œuvre imparfaite nous ne saurions légitimement induire une puissance et une intelligence infinies.

J'accorde que l'argument des causes finales ne démontre pas un Dieu souverainement parfait. On comprend même, à la rigueur, l'embarras de Malebranche en présence d'un Dieu sortant, pour ainsi dire, de soi et compromettant sa majesté pour une œuvre, — j'entends l'univers, — qui ne peut qu'être infiniment au-dessous de lui. Pour Malebranche l'incarnation de Jésus-Christ donne seule à la nature un prix qui justifie l'acte créateur; pour d'autres, c'est la moralité des êtres libres qui contient l'unique raison suffisante du monde physique et de ses merveilles; pour d'autres, enfin, la toute-puissance ne saurait trouver dans la création de tous les corps et de tous les esprits ensemble un objet digne d'elle, et c'est dans le sein même de la divinité, par une causalité éternelle et indéfectible se terminant à elle-même, qu'elle se manifeste véritablement toute-puissante : *Deus causa sui*. Quoi qu'il en soit de ces hypothèses, les cieux ne racontent certainement que la plus faible partie de la gloire de Dieu, et l'œuvre divine, si splendide soit-elle, atteste une puissance et une sagesse supérieures, non souveraines et et absolues.

Mais faut-il donc accorder à Hume qu'en théologie naturelle l'argument des causes finales ait seul quelque valeur ?

Nous avons essayé plus haut de restituer sa force vivante à ce qu'on appelle la preuve ontologique. L'intuition du parfait achève ce qu'ébauche en nos cœurs et nos intelligences le spectacle de l'univers. Elle saisit dans la plénitude de leur infinité la sagesse, la puissance, la bonté, partiellement et graduellement entrevues à travers la nature par l'expérience, l'analogie, l'induction : d'un coup elle nous met face à face, en pleine lumière d'évidence, avec Dieu tout entier. Je ne dis pas qu'elle nous en révèle tous les mystères ; elle nous le montre tout au moins, et tel qu'il est, parfait, infini, cause de soi et de toutes choses. Dès lors la raison est satisfaite, car elle est en possession de son objet véritable ; de plus, malgré son infinité inaccessible, cet objet ne risque plus de nous demeurer trop étranger ou trop supérieur, car la finalité nous la révèle agissant autour de nous, pour nous, sur ce point même de l'espace où nous vivons un jour, avec une sorte de sollicitude paternelle.

Mais cette sollicitude, on la conteste, au nom de la finalité même. Il y a plus de mal qu'il ne faudrait, dit-on, et moins de bien qu'il n'était possible. L'humanité, en fait de secours naturels contre les causes de souffrances et de destruction, a juste de quoi se suffire, et le bonheur lui a été mesuré avec une parcimonie qui trahit un manque de puissance, ou de sagesse, ou de bonté. Les objections de Hume sur ce point sont, avant celles de Stuart Mill, les plus pressantes que nous connaissions.

Déjà le pieux Malebranche semblait incliner à croire que la création manifeste plutôt un architecte et un géomètre merveilleux, un artiste incomparable, qu'un père rempli d'amour. De fait, le spectacle de l'univers n'implique pas nécessairement dans la cause suprême des attributs moraux. Je vois bien que plantes et animaux ont reçu pour vivre et croître une organisation dont l'agencement, les détails, la complexité délicate dépassent toute notre puissance d'admiration : pourtant, une si belle industrie ne les préserve ni de la mort, ni, s'ils sont sensibles, de la douleur. Je vois que ces machines, si parfaites qu'elles savent s'entretenir elles-mêmes et réparer leurs pertes, durent peu de jours, et je me prends à demander s'il valait la peine d'en combiner le plan et les ressorts avec tant de génie pour les livrer presque aussitôt au néant. — La nature, dit-on, n'a souci que des espèces et elles sont impérissables. — D'abord elles périssent à la longue, comme les individus mêmes; puis c'est là précisément le grand tort de la nature, que de sacrifier ceux-ci à celles-là. Est-ce donc l'espèce, type abstrait ou idéal, qui est l'être réel? Et s'imagine-t-on que l'individu va bénir la souffrance et la mort, parce que d'autres individus semblables à lui, issus de lui, souffriront et mourront indéfiniment comme lui?

Puis on ne niera pas que la concurrence vitale ne soit une des grandes lois du monde organique. Et la concurrence vitale c'est l'extermination, soit rapide, soit lente, et d'autant plus douloureuse, des faibles; c'est pour les forts eux-mêmes, la vie précaire, toujours péniblement disputée, et après quelques joies bien courtes, abrégées et empoisonnées par la lutte et la crainte, le néant inévitable. A quoi bon pourvoir chacun des armes et des instincts nécessaires à son salut, si d'autres sont aussi bien ou mieux armés pour le détruire, si un carnage incessant, réciproque, suit partout la vie, s'étend avec elle, comme l'effet suit la cause, et grandit en raison de la grandeur de celle-ci? — C'est, dit-on, l'essentielle condition du progrès! — Mais qu'est-ce qu'un progrès qui dévore à mesure les êtres chargés d'en recevoir le dépôt et d'en accroître l'héritage? Est-ce donc qu'à la fin des temps, sur les ruines de la vie entière, subsistera, comme conquête suprême de l'évolution universelle, le progrès en soi, abstraction qu'aucune réalité n'exprime désormais, forme vide revêtue successivement par des milliards de vivants évanouis, et que vient de dépouiller à son tour la génération dernière, descendue avec tous ses ancêtres, au néant?

Du point de vue de l'expérience qui nous montre, à côté des merveilles de la finalité, la mort, inévitable terme de toute vie, la création pourrait bien n'apparaître que comme un jeu peu digne d'une bonté souveraine : Ζεὺς παίζει. Il reste que l'expérience nous livre seulement des choses une face trompeuse, et que la raison affirme par des motifs *a priori* que les êtres véritables, monades, âmes, libertés, ne sauraient périr. Ces motifs sont d'ordre métaphysique, s'il ne s'agit que des monades et des âmes, et se déduisent, comme l'a montré Leibniz, des perfections de Dieu. D'autres, d'ordre moral, s'y ajoutent, quand il s'agit des libertés. Je n'ai à développer pour le moment ni les uns ni les autres. Je me contente d'avoir fait voir, contre les inductions de Hume, qu'ici encore la raison corrige ou complète le témoignage insuffisant ou erroné de l'expérience. Aux yeux de l'expérience, Dieu, osons le dire, n'est peut-être pas sans reproche ; à ceux de la raison, il est innocent.

Mais non : l'expérience elle-même n'est pas à ce point accusatrice. La plante ne souffre pas et ne sait pas qu'elle meurt : ce n'est pas elle qui en est droit d'accuser la cause suprême. L'animal ne sait pas qu'il doit mourir ; par là la principale misère lui est épargnée. Il souffre, il est vrai ; peut être a-t-il un vague souvenir de la souffrance passée ; mais il ne prévoit pas la souffrance à venir, ce qui est encore un grand point. Il ne réfléchit pas, il n'analyse pas ; il n'est guère que la sensation présente, simple et nue ; il ignore les peines morales, les affections brisées ou trompées, les angoisses d'une conscience que tourmentent le scrupule ou le remords, que déconcerte le spectacle de l'injustice triomphante ou impunie. Réduisons-nous par un effort d'imagination à l'obscure sensibilité de la brute : comme la souffrance y paraît peu de chose, ramenée qu'elle est à un instant de malaise, suspendu entre l'effacement presque complet du passé et l'imprévision absolue du futur ! Et si nous voulions, selon la méthode de Bentham, établir une arithmétique des peines et des plaisirs de l'animal, ne trouverions-nous pas, dans l'extraordinaire intensité de ses jouissances amoureuses, de quoi compenser abondamment toutes les douleurs de la lutte pour l'existence et de la mort ?

Quant à la vie humaine, s'il est déclamatoire de la déclarer absolument mauvaise, il y aurait quelque cruauté à soutenir que la somme des biens y dépasse pour tous celle des maux. La thèse pessimiste est un lieu commun rarement sincère : un optimisme, qui se refuserait à voir le mal en ce monde, semblerait accuser un manque de cœur. Il est permis, il est beau de nier le mal et la souffrance pour soi-même : les stoïciens l'ont fait, et en conformant leur conduite à cette maxime que le seul malheur est le vice, ils ont peut-être réussi, en dépit de tout, à être heureux. Mais on ne saurait sans crime nier le malheur immérité de ceux que ne défend pas contre le désespoir la triple armure de la plus austère sagesse. L'indifférence stoïque à l'égard du vulgaire que son ignorance et sa folie livrent justement à tous les maux, n'est pas l'attitude d'une âme véritablement philanthropique et religieuse. Il faut croire au mal pour les autres, afin de le soulager par la charité. Et si l'on croit que la vie peut être mauvaise, plus mauvaise que bonne, au moins pour quelques-uns, sans qu'il y ait de leur faute, on dresse, qu'on le veuille ou non, un acte d'accusation contre la Providence. Et quand on en est là, le dilemme est rigoureux : ou bien on nie soit la puissance, soit la sagesse, soit la bonté de la cause suprême; ou bien on en appelle de cette existence à une meilleure où tout désordre soit réparé (1).

La Providence et la vie future s'impliquent donc nécessairement. Si la vie future n'est pas, comment la Providence serait-elle ? Car je n'appelle pas providentiel un Dieu sous qui tant de scandales se produiraient sans aucune réparation possible dans l'avenir. D'autre part, si la Providence n'est pas, nos destins et ceux du monde vont sous l'unique loi d'une nécessité aveugle, sans entrailles comme sans justice, qui ne laisse aucune place à l'espérance. Il faut mourir tout entier et pour toujours. Tel est l'ordre des choses : tant pis pour la sensibilité qui se plaint ; insensée la conscience morale qui proteste.

Si les dogmes de la Providence et de la vie future, indissolublement liés l'un à l'autre, fournissent, en définitive, la seule réponse tout à fait satisfaisante aux objections tirées de l'existence du mal, la critique de Hume, qui prétend embrasser tout le champ de la pensée religieuse, ne pouvait manquer de s'attaquer à eux, de les soumettre tout au moins à l'épreuve d'une discussion spéciale. C'est l'objet du remarquable essai : *On a particular Providence and a future state* (2).

---

(1) « Quiconque permet ou sanctionne l'injustice est impuissant ou méchant. Il suffit d'une injustice consommée et irréparable pour qu'il n'y ait point de Dieu... Je suis juste et je suis persécuté : donc Dieu m'attend. » M. Jules Simon, *la Religion naturelle*.

(2) Nous n'avons pu suivre, sous peine de prolonger indéfiniment la discussion qui remplit ce paragraphe, la critique de Hume dans toutes ses subtiles démarches. Il est cependant deux objections qu'il convient de brièvement examiner. La première est celle-ci : un monde intelligible de pensées divines n'explique pas l'ordre de l'univers matériel, car ces pensées elles-mêmes impliquent un principe supérieur d'ordre et d'unité. — La réponse c'est que les éléments matériels qui constituent l'univers peuvent être conçus comme distincts et indépen-

VI

Le titre primitivement donné par Hume à son essai : *Of the practical consequences of natural religion*, répond peut-être plus exactement à la matière. Hume se propose de montrer, dans cet opuscule, que les doctrines de ceux qui doutent de l'existence d'une Providence et de la vie future ne compromettent nullement l'ordre social, comme on les en accuse trop souvent. C'est en effet un argument fréquemment invoqué en faveur de ces dogmes : en réfutant celui-là, on infirme la valeur, au moins la valeur pratique, de ceux-ci. Mais cette réfutation n'est sérieuse que si l'on montre le peu de fondement théorique et logique de ces dogmes eux-mêmes. En même temps qu'un plaidoyer en faveur de la tolérance philosophique, l'essai de Hume est donc aussi une discussion pénétrante, quoique rapide, des deux points, les plus essentiels peut-être, de la religion naturelle.

Épicure est supposé se défendre devant le peuple d'Athènes contre ceux qui incriminent les conséquences funestes de sa philosophie. Ces sycophantes ne sont pas des prêtres, mais des soi-disant philosophes : ce sont les théologiens orthodoxes, les Clarke et les Butler du temps. Sous le nom d'Épicure, Hume prononce sa propre apologie.

Épicure (ou Hume) accorde à ses adversaires que l'univers

dants les uns des autres ; que par suite leur concours en vue de fins exige un principe qui soit différent d'eux-mêmes et d'une nature supérieure, tandis que des pensées ne sont pas séparables de l'esprit qui les pense et trouvent en lui la cause suffisante de leur unité harmonique. — La seconde objection c'est que le monde à son origine a pu être l'effet d'une cause aveugle, et n'être ordonné que peu à peu et tardivement par une intelligence. C'est, nous l'avons observé déjà, la doctrine de Hartmann. Mais cette hypothèse d'un dédoublement de la cause suprême en deux parties, dont l'une corrige après coup l'œuvre de la première, est si bizarre qu'elle ne nous semble pas valoir d'être discutée. — On dira que, dans la théorie évolutionniste, l'état primordial de l'univers est un minimum d'existence et de perfection qui ne paraît pas exiger l'action d'une cause intelligente ; que l'évolutionnisme se rapproche par là de la doctrine de Hartmann, et qu'il mérite pourtant, lui, d'être pris au sérieux. Mais ce minimum d'existence et de perfection de l'homogène primitif doit contenir potentiellement tous les progrès futurs, et si ces progrès manifestent une intelligence ordonnatrice, c'est que cette intelligence a agi comme cause au début même, en déposant dans la matière sans forme le germe des différenciations et des arrangements ultérieurs. — Autrement la théorie de l'évolution est inintelligible et contradictoire.

manifeste l'ordre, la beauté, un arrangement plein de sagesse ; que tel ne peut être l'ouvrage d'une aveugle nécessité ou du concours fortuit des atomes. — Évidemment ce n'est pas l'Épicure de l'histoire qui ferait cette concession, et certainement Hume lui-même ne regardait pas ces deux propositions comme rigoureusement démontrées. Mais il faut faire la part belle à ses antagonistes pour les réduire plus sûrement au silence.

De ce que l'univers manifeste une cause intelligente, s'ensuit-il que cette cause soit une Providence et doive réparer dans une vie future toutes les misères et toutes les injustices de celle-ci? Épicure le nie, et cela en conséquence du principe même sur lequel repose la doctrine de ses accusateurs. — En tout cas, c'est là une question spéculative, à débattre entre philosophes, et qui n'intéresse en rien ni l'ordre social, ni la sécurité du gouvernement.

Nous connaissons déjà l'argument capital invoqué ici par Épicure. Nous l'avons rencontré dans les *Dialogues sur la religion naturelle*. La cause doit être proportionnelle à son effet. Le philosophe, qui aperçoit dans le monde les effets d'une intelligence ordonnatrice, remonte par analogie à une cause intelligente ; mais il n'a pas le droit d'attribuer à la cause d'autres qualités ou perfections que celles qui se manifestent dans l'effet. Aucune logique ne nous autorise de redescendre d'une cause à d'autres effets que ceux par lesquels nous y étions arrivés. « De la contemplation d'un tableau de Zeuxis, personne n'oserait inférer qu'il n'était pas moins habile statuaire et architecte que peintre, et qu'il réussissait en pierre et en marbre comme en couleurs. » Il est légitime d'attribuer à un ouvrier les talents qui brillent dans son ouvrage ; mais rien de plus, et si, comme la logique l'exige, nous proportionnons avec exactitude et précision la cause à l'effet, « nous ne trouverons jamais dans la cause des attributs qui portent plus loin, je veux dire qui s'étendent à de nouvelles vues et à de nouvelles productions; car il est clair que de semblables attributs devraient être quelque chose de plus que ce qui est requis pour produire l'effet que nous considérons (1) ».

La conclusion est évidente : « En supposant que les dieux

(1) Trad. franç. 1788, t. II, pp. 71-72.

soient les auteurs de l'existence de l'univers et de l'ordre qui y règne, il s'ensuit qu'ils possèdent ce degré précis d'intelligence, de pouvoir, de bienveillance, qui éclate dans leur ouvrage ; mais il n'en résulte rien de plus, à moins que nous ne voulions suppléer, par des exagérations et des flatteries, aux lacunes de nos preuves et de nos raisonnements. » Tout ce que nous leur attribuerons au delà ne sera qu'objet d'hypothèses arbitraires. « Elles le seront d'autant plus, si nous allons jusqu'à supposer que dans des lieux ou des temps différents, ces vertus imaginaires se sont déployées, ou se déploieront avec plus de magnificence, et si nous nous forgeons des plans d'administration plus accommodés à notre fantaisie. Après nous être élevés de l'univers, qui est l'effet, à Jupiter, qui est la cause, il ne nous est plus permis de descendre de cette cause à de nouveaux effets, comme si ceux qui existent présentement n'étaient pas assez dignes des glorieux attributs dont nous revêtons cette divinité. La connaissance des causes n'étant due qu'à celle des effets, il doit y avoir une proportion exacte entre les uns et les autres. C'est là le terme où l'on doit s'arrêter ; on ne rencontre rien au delà qui puisse devenir le fondement d'aucune nouvelle conclusion (1). »

D'un univers où le mal et le désordre occupent une si grande place, on ne saurait donc conclure que les dieux qui l'ont produit sont souverainement intelligents et bons. On ne saurait à plus forte raison partir de cette intelligence et de cette bonté souveraines, pures chimères, pour affirmer que les dieux ont dû ou devront établir un état de choses plus parfait que l'univers actuel. On tiendra pour sophismes toutes les raisons par lesquelles certains cherchent à justifier des dieux infiniment puissants, sages et bons, de n'avoir pas créé une œuvre meilleure : résistance de la matière aveugle à l'action divine, nécessité d'observer des lois générales, etc. Invoquer de telles explications, c'est supposer, contre toute logique inductive, que les attributs divins sont hors de toute proportion avec leur effet, c'est-à-dire avec un monde mélangé de biens et de maux.

« Ainsi l'hypothèse de la religion ne peut être regardée comme une méthode particulière d'expliquer les phéno-

---

(1) Pp. 72-73.

mènes de l'univers visible ; mais un homme qui se pique de raisonner juste n'osera jamais en inférer un seul fait ; il n'osera, par cette méthode, ni rien changer dans les phénomènes, ni y rien ajouter. » Épicure est donc justifié. On l'accuse de nier une Providence suprême qui dirige le cours des événements, « punissant le vice par les traverses et par l'infamie, et couronnant la vertu de gloire et de succès » ; mais le cours même des événements, il ne le nie pas, et ne peut pas le nier. Il voit bien par l'expérience que la vertu est, somme toute, préférable au vice, et règle là-dessus sa conduite. Seulement l'expérience lui suffit et l'hypothèse d'une Providence souveraine, fût-elle établie, ne lui apprendrait rien de plus. L'effet étant ce qu'il est, c'est à lui de nous instruire, car nous ne connaissons sa cause que par lui, et en conséquence, tout ce que nous prétendrions connaitre en partant de la cause, nous pouvons le connaitre tout aussi bien par une induction fondée sur l'observation de l'effet. Que si l'on veut au contraire s'appuyer sur une Providence divine, et soutenir que sous une justice distributive, souveraine dans l'univers, les bons peuvent s'attendre ; à des faveurs particulières, et les méchants doivent craindre des punitions extraordinaires, dispensées hors du cours naturel des événements, on commet alors le paralogisme dénoncé déjà, qui consiste, une cause étant inférée de ses effets, à en déduire des effets tout à fait nouveaux que l'expérience primitive, seul fondement légitime de l'induction, ne contient pas.

En quoi donc la vie future est-elle objet d'expérience ? Que penser « de ces vains raisonneurs qui, au lieu de regarder la vie présente et la scène actuelle du monde comme le seul objet de leur contemplation, renversent le cours de la nature jusqu'à n'en faire qu'un passage à quelque chose de lointain, un portique qui conduit à un palais plus vaste, mais tout à fait différent, un prologue qui ne sert qu'à préparer la pièce, et à lui donner plus de grâce et de convenance ? Où ces philosophes prennent-ils l'idée qu'ils se font des dieux ?... Si elle était copiée d'après les phénomènes actuels, irait-elle plus loin que ces phénomènes ?...

« Y a-t-il dans le monde des marques d'une justice distributive ? Si vous répondez affirmativement, je conclus que, puisque la justice se déploie elle-même ici-bas, elle est satisfaite ici-bas. Si vous répliquez négativement, je conclus que c'est donc sans raison que vous nommez les dieux justes. Si vous tenez un milieu entre l'affirmative et la négative, en disant que la justice divine s'exerce ici en partie, mais qu'elle ne s'exerce pas dans toute son étendue, je dis que vous n'avez aucun droit de fixer cette étendue, aucune raison de la pousser au delà de ce que vous lui voyez faire actuellement (1). »

Hume n'est pas homme à se laisser lui-même sans réplique, et il prend à son tour la parole pour répondre à Épicure. C'est dire que Hume oppose des objections à l'argumentation de Hume. La principale se trouve déjà, mais sous une autre forme, dans les *Dialogues sur la religion naturelle*. En s'en tenant à l'expérience, n'a-t-on pas le droit de conclure par degrés un peu au delà de ce que les phénomènes permettent de constater? N'est-il pas possible, par de successives analogies, d'affirmer d'une cause plus que ce que montre directement l'effet? « Si vous voyiez, par exemple, un bâtiment à moitié fini, entouré d'un amas de briques, de pierres et de ciment, avec tous les outils de maçonnerie, ne concluriez-vous pas par l'effet que c'est un ouvrage de l'art, fait à dessein? Et partant derechef de cette cause, ne pourriez-vous pas conclure encore que son effet recevra de nouveaux accroissements; que le bâtiment s'élèvera bientôt et que l'architecte continuera à y mettre les perfections qui lui conviennent? Si vous voyiez la trace d'un pied humain imprimée sur le rivage de la mer, vous concluriez qu'un homme y a passé, et qu'il y avait aussi laissé la trace de l'autre pied, quoique effacée ensuite, soit par l'écoulement du sable, soit par des inondations. Pourquoi donc refuseriez-vous d'admettre le même raisonnement par rapport à l'ordre de la nature? Vous n'avez qu'à considérer le monde et la vie présente comme un bâtiment imparfait, qui donne cependant des marques d'une intelligence supérieure : si vous partez ensuite de cette intelligence, qui ne peut rien laisser dans l'imperfection, qu'est-ce qui vous empêchera de conclure la réalisation d'un plan plus fini, qui doit recevoir son accomplissement dans des espaces éloignés ou dans des temps reculés (2) ? »

(1) Pp. 80-81.
(2) Pp. 83-84.

Nous connaissons aussi la réponse par les *Dialogues*. La comparaison ne vaut pas. Les œuvres de l'art humain permettent d'aller de l'effet à la cause, de redescendre de la cause à l'effet, d'inférer de celle-là des changements, des perfectionnements qu'il a pu ou qu'il pourra subir, sans que l'expérience directe nous en instruise. Mais pourquoi? C'est que l'homme nous est déjà connu par mille expériences antérieures ; c'est que nous savons quels sont d'ordinaire ses desseins, de quoi il est capable, et que, s'il lui est possible, il ne laisse pas inachevé le projet entrepris. « Mais si nous ne connaissions l'homme que par l'examen d'un seul de ses ouvrages, il nous serait impossible d'argumenter de cette façon, à cause qu'en ce cas-là toutes les qualités que nous lui connaissons étant prises de ce seul ouvrage, elles ne pourraient jamais nous mener plus loin ni devenir le fondement d'aucune nouvelle conclusion. L'empreinte d'un pied sur le sable, envisagée toute seule, ne prouve autre chose si ce n'est qu'elle a été produite par l'application d'une figure qui a les mêmes dimensions ; au lieu que l'empreinte d'un pied humain prouve, par le secours d'autres expériences, que vraisemblablement il y a eu une seconde empreinte, effacée par le temps ou par d'autres accidents. Ici nous remontons de l'effet à la cause, et nous redescendons de la cause à l'effet, pour inférer les altérations faites dans ce dernier ; mais ce n'est point la continuation d'une série simple et d'une même chaîne de raisonnements : il y a cent expériences et cent observations diverses sans lesquelles cette méthode d'argumenter devrait être regardée comme tout à fait erronée et sophistique (1). »

Nous voilà revenus à la grande objection de Hume : l'univers est un phénomène unique, singulier, qui ne rentre dans aucun genre d'effets analogues donnés dans l'expérience. Sa cause ne nous est donc connue que par lui, c'est-à-dire par ce que nous savons de lui, et « là où une cause n'est connue que par ses effets particuliers, il est impossible d'en inférer de nouveaux effets. Car les qualités qui devraient se joindre aux précédentes pour produire ces nouveaux effets, devraient être ou différentes ou supérieures en degré, ou d'une activité plus étendue que n'étaient celles

(1) Pp. 85-86.

qui ont produit simplement le premier effet, lorsque nous sommes censés ne connaître que la cause précise de celui-là. Donc nous ne pouvons jamais avoir la moindre raison de supposer ces qualités (1). »

Dira-t-on que les nouveaux effets sont dus à la continuation de la même énergie qui s'est déjà manifestée par les premiers ? Mais si cette énergie est rigoureusement la même, elle ne pourra produire que les mêmes effets ; si elle n'est que semblable (et cela seul est possible, car une énergie agissant dans des temps et des lieux différents n'est déjà plus identique), on fait une hypothèse des plus gratuites en supposant qu'elle se manifestera par des effets différents : et cette hypothèse, on ne saurait en trouver la moindre justification dans les effets, d'où cependant toute la connaissance que nous avons des causes tire son origine.

L'erreur vient toujours de ce que nous concluons de l'homme à Dieu. La doctrine de la Providence et celle de la vie future ne sont, comme la doctrine de la finalité dont elles découlent, que pur anthropomorphisme. Mais Dieu a moins d'analogie avec les autres êtres « que le soleil n'en a avec une bougie » ; il ne se manifeste que par quelques traits effacés, « au delà de quoi nous n'avons aucun droit de supposer en lui d'autres attributs ni d'autres perfections ». Et même « ce que nous prenons pour perfection supérieure pourrait, au fond, être un défaut. Concluons donc que nous ne pouvons légitimement espérer ni craindre de lui rien au delà de ce que nous connaissons déjà par l'expérience et l'observation. »

Enfin, nous le savons, il n'est pas sûr que nous soyons même autorisés à attribuer une cause à l'univers. L'*Essai* se termine par ce doute, déjà exprimé dans les *Dialogues*, s'il est possible de connaître une cause uniquement par son effet ; ou ce qui revient au même « s'il peut y avoir une cause d'une nature si singulière, si unique, qu'elle n'admette aucune cause parallèle, et n'ait aucun rapport, aucune ressemblance avec les autres objets qui s'offrent à notre considération ». Si l'univers est un effet qu'on ne peut comparer à aucun autre, sa cause hypothétique ne présente aucun rapport avec les autres causes. Or, si l'expérience et l'analogie sont les seuls guides sûrs en ces matières, « il faut

(1) Pp. 88-89.

que l'effet et la cause, tout ensemble, ressemblent à d'autres effets et d'autres causes, qui nous soient connus et que nous ayons trouvés fréquemment unis (1) ».

Nous avons dit, d'après M. Leslie Stephen, que l'*Essai sur une Providence particulière et un état futur*, est dirigé contre l'*Analogie*. C'est le raisonnement analogique, employé par Butler pour démontrer, ou rendre au moins probable un gouvernement moral de Dieu, imparfait ici-bas, parfait et définitif dans une autre vie, que Hume retourne contre la thèse de Butler pour la détruire. Qu'il ait eu ou non en vue le célèbre théologien, ce point historique n'a qu'une importance secondaire : il s'agit de savoir ce que vaut son argumentation.

L'ordre manifesté dans la nature et déparé par tant de maux ne nous autorise pas à attribuer à la cause du monde plus de puissance, de sagesse ou de bonté que n'en suppose l'effet, tel qu'il est connu par l'expérience. — Mais qu'est-ce que l'expérience nous fait directement connaître de l'univers ? Presque rien. Nous apprenons seulement, à mesure que la science étend ses découvertes, que le même ordre gouverne des millions de soleils ; plus se dissipe à nos yeux le mystère des choses, plus grandit, avec l'admiration dont nous remplit la majesté de l'effet, l'idée que nous nous formons de la cause. Et notre savoir rencontrant toujours et partout des bornes, l'analogie même nous force à penser que par delà ces limites la même admiration aurait de quoi s'exercer, et que notre idée de Dieu, auteur supposé de ces merveilles inconnues, dépasserait infiniment, le jour où nous les aurions pénétrées, la grandeur de celle que notre expérience nous permet de concevoir aujourd'hui. Toujours, il est vrai, l'univers nous apparaîtra comme imparfait ; le Dieu inféré de l'expérience seule se rapprocherait ainsi de la perfection comme d'une limite inaccessible. Mais c'est justement ce qui prouve combien l'expérience est insuffisante en ces matières. Comment jugerions-nous que l'univers est imparfait, si nous n'avions l'idée du parfait ? Et que représente cette idée de perfection, sinon un être parfait ? Je n'ai pas besoin de reproduire ici l'interprétation, plus haut proposée, de l'argument ontologique ; je me contente de répondre à Hume que si l'idée du parfait existe dans l'esprit, si elle a un ob-

(1) P. 95.

jet réel, je puis connaître Dieu autrement que par l'expérience de la nature et, dès lors, déduire de sa perfection même l'affirmation d'un gouvernement providentiel digne d'une puissance, d'une sagesse, d'une bonté absolues. La vie future suit du même coup, rigoureuse conséquence du mal qui persiste dans l'œuvre divine, et de la Providence qui ne saurait, sans se nier elle-même, souffrir dans son œuvre, sous son règne, l'irréparable désordre d'un mal éternel.

Quant à savoir si d'un effet unique, comme est l'univers, on a le droit d'inférer qu'il ait une cause, nous croyons avoir répondu par avance à cette difficulté. Elle vient de ce que l'immensité du tout cosmique éblouit et subjugue notre imagination. Devant l'espace, le temps, le nombre et la matière sans limites, il nous semble que nous ne sommes rien, que notre raison n'est plus elle-même qu'un phénomène fugitif englouti de toutes parts dans l'infini, qu'elle a perdu tout droit d'appliquer à ce qui dépasse l'homme incommensurablement en tous sens, ses étroites catégories de cause et d'effet. Prestige, que la raison, se reprenant bientôt, ne tardera pas à dissiper ! « C'est de la pensée qu'il faut nous relever, non du temps et de l'espace, que nous ne saurions remplir. » Et cette pensée, qui se pense elle-même, se sait libre, se sait cause, se sait, à vrai dire, seule proprement cause dans l'univers. Et, se sachant cause, elle sait qu'elle n'est pas cause absolue ; elle sait par exemple qu'elle ne s'est pas créée elle-même, ni l'univers, qu'elle comprend et déclare inférieur à soi en dignité. Elle est donc effet, et l'univers, à plus forte raison, est effet. Hume a donc tort de soutenir que l'univers est un effet unique ; la pensée, qui se distingue de lui, s'oppose à lui, est un effet de nature analogue. L'induction qui conclut à Dieu a donc une base expérimentale plus large que ne le croit le grand sceptique, elle a son point de départ et dans l'expérience cosmique et dans l'expérience psychologique, celle-ci beaucoup plus directe, beaucoup plus instructive que celle-là. Il n'est pas plus exact de prétendre, comme le fait Hume, que la cause de l'univers, en admettant qu'on puisse légitimement lui en attribuer une, serait, elle aussi, singulière, unique de son espèce, par suite inconnaissable. Non : la cause que nous sommes et que nous connaissons, celle-là, n'est pas sans analogie avec cette cause hypothétique de l'univers. La cause-moi, dont nous avons conscience, nous donne ce privilège, en tant qu'elle est elle-même un effet, de nous autoriser, bien plus, de nous contraindre à remonter inductivement jusqu'à une cause de tous les corps et de toutes les volontés ; et, en tant qu'elle est cause, de pouvoir connaitre quelque chose de cette cause supérieure. Nous savons qu'elle doit posséder au moins les perfections de ses effets (Hume lui-même en convient) ; c'est dire qu'elle est pensante, libre, morale. Et si la raison, comme elle le doit, vient au secours de l'induction expérimentale, cette cause supérieure de l'humanité et de la nature revêt immédiatement les perfections infinies dont la conscience ne nous atteste en nous-mêmes que l'image pâle et mutilée.

Je ne fais guère, pour réfuter Hume, que commenter Descartes. Plus on y réfléchit, plus on trouve de solidité et de profondeur dans les preuves de l'existence de Dieu, telles que les exposent, avec tant de simplicité et de concision lumineuse, le *Discours de la Méthode* et les *Méditations*. Répétons-le, c'est par la pensée, ajoutons par la liberté humaines, que Dieu se démontre principalement ; les arguments cosmologiques et physico-téléologiques n'ont toute leur valeur, n'échappent aux objections qui les pressent de toutes parts, que s'ils sont interprétés, complétés, fortifiés par les preuves empruntées à la nature intellectuelle et morale de l'homme.

La valeur logique des principes du déisme traditionnel a été soumise par Hume à un examen approfondi ; reste à savoir quelle est l'origine historique de ces croyances, et si, comme certains le prétendent, elles sont l'objet d'une sorte de révélation primitive faite par Dieu même au genre humain. C'est cette dernière hypothèse que Hume discute dans l'*Essai sur l'Histoire naturelle de la Religion*.

VII

Ce traité, assez court, est de l'année 1757. Bien qu'ils n'aient été publiés qu'en 1779 après la mort de l'auteur, les *Dialogues* avaient été composés vers 1751. L'*Essai sur l'Histoire naturelle de la Religion* peut donc être considéré comme le dernier mot de Hume sur la question du déisme. Il exprime cette tendance de Hume à abandonner les raisonnements abstraits pour la méthode et les faits de l'histoire, qui fut caractéristique de la fin de sa vie intellectuelle. Tendance, à vrai dire, nécessaire; si la raison ne peut, sur ses problèmes, atteindre par elle-même à la certitude, ils conservent tout leur intérêt aux yeux de l'historien : peut-être ne saurait-il plus être question, à leur égard, de vérité absolue, et tout se réduit-il à la recherche de leur origine et de leur développement dans le passé.

Pour cette entreprise, Hume n'avait pas à sa disposition les ressources qui se sont accumulées depuis. Il n'invoque guère d'autre témoignage que celui des écrivains classiques. Il fait quelques emprunts aux récits des voyageurs sur les opinions des Chinois et des Lapons. Il [ne parle pas des sauvages, qui pourtant commençaient à être déjà fort à la mode. Il procède surtout par conjectures fondées sur ce qu'il suppose avoir été l'état intellectuel des premiers hommes. On doit reconnaître qu'un don remarquable de pénétration le conduit à quelques-uns des résultats qu'appuient aujourd'hui sur un nombre immense de faits les Tylor, les Lubbock, les Spencer.

Hume avance que le polythéisme a partout précédé le monothéisme. Il y a 1700 ans le monde entier était polythéiste. Et toute nation barbare l'est encore aujourd'hui ; même chez les peuples civilisés le vulgaire en est resté, malgré les apparences, à l'adoration de plusieurs dieux. Il est évident d'ailleurs que la conception monothéiste des philosophes et des théologiens ne peut être que le fruit tardif d'une civilisation avancée. « Comment veut-on que la multitude ignorante se soit élevée, tout d'un coup, à la notion de l'Être tout parfait, qui a mis de l'ordre et de la régularité dans toutes les parties de la nature ? Croira-t-on que les hommes se soient représentés la Divinité comme un esprit pur, comme un être tout sage, tout puissant, immense, avant de se la représenter comme un pouvoir borné, avec des passions, des appétits, des organes même semblables aux nôtres ? J'aimerais autant croire que les palais ont été connus avant les chaumières et que la géométrie a précédé l'agriculture (1). »

(1) Tr. franc., 1788., t. III, pp. 12-13.

Le polythéisme a donc été la religion primitive. Quelle en fut l'origine? Croirons-nous que les hommes ont été conduits par le spectacle de la nature à la notion de leurs divinités? Une importante remarque de Hume, dont nous avons fait plus haut notre profit, c'est que le cours régulier des événements, les révolutions périodiques des corps célestes, le phénomène habituel de la génération du semblable par le semblable, ne durent provoquer d'abord aucune réflexion sur les causes qui les produisent.

Même parmi nous, le vulgaire s'avise-t-il de rechercher les causes de ce qu'il voit arriver tous les jours? « Qu'on demande à un homme du commun pourquoi il croit à un créateur tout-puissant? Il n'alléguera jamais pour raison la beauté des causes finales. Comment les alléguerait-il? il n'en a aucune idée. Pensez-vous qu'il étendra la main pour vous faire admirer la souplesse et la variété des jointures qui rendent tous ses doigts flexibles du même côté, ou le juste équilibre où ils sont tenus par le contre-poids du pouce? Pensez-vous qu'il tournera cette main pour vous faire remarquer la mollesse des parties charnues, ou bien les propriétés qui la rendent convenable aux usages pour lesquels elle est destinée? Non; ces choses-là lui sont trop familières, il les regarde avec la plus parfaite indifférence. Que dira-t-il donc pour prouver qu'il y a un Dieu? Un tel est mort subitement, un tel est tombé et s'est fait une contusion, cette saison a été excessivement aride, cette autre très froide et fort pluvieuse. Tous ces événements sont à ses yeux autant de coups de la Providence ; ce qui pour un bon esprit fait une des plus fortes objections contre l'existence de l'Être suprême, est pour lui le seul argument par lequel on puisse la démontrer (1). »

Il faut donc renoncer à l'hypothèse classique que la contemplation des mouvements célestes a été la première et principale cause de la croyance à la Divinité. Elle a pu contribuer plus tard à la développer, à l'épurer ; mais l'homme eut des dieux avant de s'être demandé qui donc meut dans leurs orbites le soleil, la lune et les planètes.

Les événements imprévus ou en apparence irréguliers qui influent directement, soit en bien, soit en mal, sur la vie humaine, voilà, d'après Hume, ce qui fait naître l'opinion

(1) Tr. franc., 1788, t. III, pp. 55-56.

qu'il existe dans la nature des puissances surnaturelles. Et ces dieux on les imagine d'abord imparfaits, capricieux, tout remplis des passions qui nous agitent. Loin d'avoir produit l'univers, ils sont nés eux-mêmes des mêmes principes d'où les choses tirent leur origine. L'homme, tout en ayant peur d'eux, les traite, peu s'en faut, comme des êtres à peine supérieurs à lui. S'ils n'exaucent pas ses prières, il les bat ou déserte leur culte ; il les enchaîne pour les fixer à leurs temples ; dans les batailles homériques, quelques-uns sont blessés et leur sang coule. Chacun d'eux reçoit la surintendance d'un canton particulier de la nature, et cette distribution spontanée répond aux différentes catégories des phénomènes auxquels l'homme se figure son bonheur ou son malheur attachés.

Le polythéisme primitif est donc nécessairement anthropomorphique. C'est d'ailleurs une tendance naturelle à l'homme que de revêtir tous les objets des qualités qui lui sont familières et dont il constate l'existence en lui-même. « Nous voyons une face humaine dans la lune, des armées dans les nuages, et nous penchons tous à attribuer de la bonne ou de la mauvaise volonté à toutes les choses indifféremment qui nous plaisent ou qui nous choquent. » Ce même penchant donne naissance à la prosopopée, aux personnifications de la poésie, voire aux qualités occultes, aux sympathies et antipathies des philosophes, telles que l'horreur du vide, etc. — Rien n'est plus vrai, et voilà sans doute l'explication la plus probable de l'origine du Fétichisme. L'un des plus savants mythologues contemporains, M. Mathew Lang, combattant l'ingénieux évhémérisme d'Herbert Spencer, lui oppose une doctrine toute semblable à celle de Hume (1).

Puisque l'homme croit se retrouver dans toute la nature, quoi d'étonnant si sa propre image, agrandie et divinisée, lui apparaît partout où quelque chose de particulièrement remarquable se manifeste à ses regards? « Le soleil, la lune, les étoiles sont autant de dieux, les fontaines sont habitées par des nymphes, les arbres recèlent des hamadryades. Ce n'est pas tout; les singes, les chiens, les chats, et d'autres animaux deviennent des êtres sacrés (2). » Ajoutez

(1) *La Mythologie*; Tr. fr. Paris, Dupret, 1886.
(2) P. 48.

le travail ultérieur de l'allégorie qui déifie des abstractions, comme les vertus ou les passions humaines, certains fléaux, d'un caractère mystérieux, les phases diverses des opérations ou des fontions les plus utiles à la vie individuelle ou collective ; ajoutez l'adulation ou la reconnaissance qui ne tardent par à placer au rang des dieux, après leur mort, les héros bienfaisants ou redoutés, et vous aurez achevé d'expliquer par les faits essentiels de la nature humaine, telle qu'elle dut être à l'origine, un polythéisme qui réellement se confond avec le fétichisme, et qui fut la première et nécessaire manifestation de la pensée religieuse avant toute science et toute philosophie (1). »

Comment donc la croyance à un Dieu unique et suprême, Intelligence pure, cause ordonnatrice de l'univers, s'est-elle produite à son tour? La spéculation métaphysique, selon Hume, n'y fut pour rien. La flatterie, le désir servile de se concilier la faveur d'un Dieu jugé plus puissant que les autres, ou qu'on suppose animé d'une bienveillance spéciale pour la tribu, la cité, la nation, voilà l'origine historique du monothéisme. Ce dieu, on accumule sur lui tous les attributs, toutes les perfections ; il s'élève peu à peu à la dignité de dieu unique et souverain. « Les hommes deviennent panégyristes et adulateurs à mesure que la crainte les saisit ou que l'infortune les accable ; un tel surpasse tous ses devanciers dans l'art d'enfler les titres de sa divinité ; ses successeurs renchériront sur lui : ils trouveront des épithètes plus nouvelles, plus rares, plus pompeuses ; enfin ils en viennent à l'infini, au delà duquel on ne saurait aller ; encore ne laissent-ils pas de le tenter; pour l'amour de je sais quelle simplicité, ils se jettent souvent dans des mystères inexplicables, mystères qui, détruisant la nature intelligente de leur dieu, renversent le seul fondement raisonnable de leur culte (2) ». La bassesse et la crainte : il n'en faut pas davantage pour donner naissance au monothéisme et même à ce raffinement suprême de la pensée religieuse dont paraissent seules capables les âmes les plus délicates et les plus hautes : le mysticisme agnostique.

En veut-on des preuves? L'histoire les fournira. « C'est

(1) V. Cic. *De nat. deor.*, l. II.
(2) P. 60.

ainsi que le dieu qui, par amour pour Europe, s'était changé en taureau, et qui, par ambition, avait détrôné son père Saturne, devient l'*Optimus Maximus* du monde païen. » C'est ainsi que le Dieu national et local d'Abraham, d'Isaac et de Jacob, est devenu le Jehovah de la Bible ; que la « Vierge Marie, pour qui on n'avait d'abord que l'estime qu'il convient d'avoir pour une femme vertueuse, est parvenue à usurper plusieurs des attributs du Tout-puissant ». M. Leslie Stephen prétend même qu'ici la prudence n'a pas permis à Hume d'exprimer toute sa pensée sur le Jehovah biblique ; il a atténué pour la publication le texte primitif de l'*Essai*, et il sous-entend, sans le dire, que le Christ est un paysan juif élevé graduellement par la flatterie de ses sectateurs au partage de la Divinité (1).

L'exemple de la Vierge Marie, — sur lequel Hume insiste dans une note où il rappelle les querelles des Jacobins et des Cordeliers à propos du dogme de l'Immaculée-Conception, — est d'autant plus instructif, qu'il nous montre l'existence de deux processus psychologiques, inverses l'un de l'autre, et tous deux également universels. Si le polythéisme se transforme, comme on vient de le voir, en monothéisme, le monothéisme à son tour, incapable de se maintenir dans la pure essence de son principe, tend à se rabaisser vers le polythéisme. Un Dieu suprême et unique, revêtu de toutes les perfections que lui attribuent les spéculations des philosophes, est trop loin et trop au-dessus de l'humaine faiblesse. Il faut à celle-ci des intermédiaires, des intercesseurs pour combler la distance. Et ces puissances semi-divines, avec lesquelles l'homme se sent plus à l'aise et se familiarise plus volontiers, deviennent bientôt le principal objet de ses prières (2). Un rythme fait ainsi osciller l'humanité de l'une à l'autre des deux formes essentielles de la religion.

De ces deux formes, laquelle, tout compte fait, est la plus élevée ? Il semble que la question ne se pose même pas, tant nous sommes habitués à voir dans la croyance monothéiste la plus solide garantie de la moralité. Mais Hume

---

(1) Leslie Stephen, ouvrage cité, I, pp. 336-337.
(2) « Dans les prières des Moscovites, Dieu et saint Nicolas ne vont jamais l'un sans l'autre. » (P. 62.)

incline visiblement à un avis contraire. Sa haine pour la superstition et le fanatisme du moyen âge le remplit de tendresse à l'égard du polythéisme. Et d'abord, de ce que l'homme adresse son culte à un être unique et parfait, il ne s'ensuit pas que sa conduite en soit plus pénétrée de justice ou de charité. Une sorte de conflit persiste entre la conception philosophique et la conception populaire, la seconde continuant de prêter des passions féroces et des sentiments implacables à l'être souverain des penseurs et des sages. C'est ainsi que l'humanité se représente souvent comme capricieuse, inique et cruelle dans ses actions, la divinité qu'elle décore en paroles de toutes les perfections métaphysiques et morales. De là, dans la pratique, le divorce si fréquent de la moralité et de la religion. Au lieu d'offrir à Dieu, pour mériter sa faveur, un cœur pur et des vertus, l'homme se figure qu'il lui sera plus agréable par des mortifications, des sacrifices, des propitiations aussi inutiles à lui-même qu'à autrui (1). Puis le monothéisme inspire un zèle intolérant et persécuteur que le polythéisme ne connait pas. On sait combien les Grecs et les Romains furent toujours hospitaliers aux dieux des autres peuples. « Mais lorsqu'on tourne sa dévotion vers un seul objet, on regarde tous les autres cultes comme également absurdes et impies ; il y a plus : comme cette unité d'objet semble demander une unité de foi et de cérémonies, des hommes entreprenants en profitent pour décrier leurs ennemis, en les faisant envisager comme des profanes dévoués aux vengeances divines et humaines. Toutes les sectes, positives dans leurs articles de foi, les croient les seuls agréables à la divinité : personne d'ailleurs ne pouvant se mettre dans l'esprit que Dieu se plaise également à des principes et à des rites différents et contraires, il est naturel que les sectes s'animent les unes les autres, et que chacune décharge sur ses rivales ce zèle, ou plutôt cette haine sacrée, la plus furieuse et la plus implacable de

---

(1) « Les héros demi-dieux du paganisme répondent aux saints de l'église romaine : Dominique, François, Antoine et Benoît ont pris la place d'Hercule, de Thésée, d'Hector et de Romulus : les uns ont mérité les honneurs célestes en écrasant les monstres et les tyrans ; les autres y sont parvenus à force de se donner des coups de fouet, par des jeûnes, par des actes de poltronnerie, par l'aveugle soumission et par l'esclavage le plus rampant. » (P. 81.)

toutes les passions (1). » Les Juifs, les Mahométans, les Chrétiens sont, d'après Hume, les preuves trop évidentes du fanatisme monothéiste.

Enfin, tout polythéisme est fondé sur des traditions et légendes sacrées qui se transmettent en s'altérant au gré de l'imagination populaire ou poétique, ce qui exclut la possibilité d'un corps immuable de doctrines : c'est le contraire pour le monothéisme qui ne tarde pas à se fixer dans un livre sacré ou dans l'enseignement d'un scolastique inflexible : nouvelle et puissante cause d'intolérance, nouveau motif pour persécuter les incrédules et les hérétiques.

En résumé, si l'examen spéculatif des principes du déisme aboutit à une sorte d'antinomie entre l'anthropomorphisme, conséquence de la considération des causes finales, et l'Être impersonnel et sans forme que prétendent démontrer les arguments *a priori* des métaphysiciens, l'étude historique de la religion nous met en présence d'une contradiction de même genre. Il semble que la croyance à une Intelligence suprême et toute puissante soit, sinon l'effet d'un instinct primitif, au moins le résultat le plus naturel de l'usage de notre esprit et comme une marque imprimée par le divin ouvrier sur son ouvrage. Et pourtant qu'elle est dégradée et méconnaissable la divinité que nous présentent les opinions des hommes! La raison remonte, par la plus légitime des inductions, de l'univers à son créateur : recueillez cependant les maximes de religion qui ont eu le plus de faveur à toutes les époques et chez tous les peuples, ne diriez-vous pas les rêves d'un homme en délire, « les imaginations capricieuses de singes travestis, plutôt que les assertions sérieuses, positives et dogmatiques d'êtres qui s'honorent du beau nom d'êtres raisonnables » ? Partout chacun proteste de la vérité de la foi ; combien peu dont la conduite ne soit pas d'un incrédule ? Le plus zélé en apparence peut être un hypocrite, l'impie le plus déclaré n'échappe pas toujours aux remords. On verra des esprits éminents accepter sans hésitation les dernières des absurdités théologiques, et des hommes perdus de débauches embrasser, en fait de religion, les plus austères préceptes. L'ignorance est mère de la dévotion ; il n'en est pas moins vrai qu'un peuple sans religion, s'il en existe, serait un troupeau de brutes.

(1) Pp. 74-75.

« Qu'y a-t-il de plus pur que la morale de quelques systèmes de théologie? Qu'y a-t-il de plus dépravé que les pratiques auxquelles ces mêmes systèmes donnent cours?

« La consolante perspective d'une vie à venir nous cause les transports les plus vifs ; mais les sujets de terreur que cette idée renferme font bientôt cesser nos transports, leur impression est bien autrement forte et durable dans l'esprit humain. »

Ainsi s'accumulent les contradictions; ainsi le déisme apparaît comme la plus raisonnable des religions sans qu'il soit prouvé qu'il est, somme toute, bienfaisant; ainsi l'habituel divorce de la spéculation et de la conduite rend précaire l'hypothèse que la religion la plus parfaite sera toujours la source la plus féconde des vertus. « Tout est énigme et mystères : le doute, l'incertitude, l'irrésolution, voilà les seuls fruits de nos plus exactes recherches. Mais telle est la faiblesse de notre raison, tel est l'effet contagieux de l'opinion, que ce doute même, ce doute réfléchi, ne pourrait être de durée, si nous ne portions la vue plus loin, si, en opposant superstition à superstition, nous ne les faisions, pour ainsi dire, combattre ensemble : pendant qu'elles se font la guerre la plus furieuse, nous nous sauvons heureusement dans les régions obscures mais tranquilles de la philosophie. »

Ces derniers mots de l'*Essai* résument assez bien la doctrine religieuse de Hume. L'enquête historique n'a pas abouti, et l'investigation philosophique mène tranquillement à l'obscurité. Le croyant obstiné a pour suprême ressource la Révélation : Hume la lui enlève par le célèbre argument sur les miracles dont nous avons déjà parlé. Pour qui s'en tient aux enseignements de l'expérience, aux lois de la logique humaine, les dogmes du déisme n'offrent aucune certitude ; voilà ce que Hume se flatte d'avoir surabondamment démontré. Sa critique a parcouru tout le champ de la religion naturelle : nul, si j'en excepte Kant, n'a été dans son siècle, ni plus hardi, ni plus profond. Qu'il ait cru, pour son compte, à une Intelligence ordonnatrice de l'univers, nous avons dit qu'il y a des raisons de l'admettre : mais c'est affaire à lui, et ce détail biographique n'a qu'un intérêt secondaire. Il reste qu'une raison exigeante ne saurait affirmer en ces matières : cette conséquence ressort de la longue analyse à laquelle nous venons de nous livrer, et, quelles qu'aient été les opinions personnelles de l'auteur, le nom de sa doctrine religieuse est pour nous scepticisme.

Nous n'avons pas discuté les vues souvent remarquables qui remplissent *l'Histoire naturelle de la religion :* nous aurons occasion d'apprécier la valeur de quelques-unes en parlant d'Herbert Spencer.

CHAPITRE VI

HAMILTON

Hamilton a été en France l'objet de travaux fort remarquables, et il peut paraitre aussi téméraire que superflu d'entreprendre, après MM. Ravaisson, Janet, Peisse, de Rémusat, une nouvelle étude de sa philosophie. Mais aux yeux de ce qu'on pourrait appeler l'opinion publique, si l'opinion publique se préoccupait de ces questions, l'*Examen* auquel Stuart Mill a soumis les doctrines du professeur d'Edimbourg constitue un verdict définitif, en sorte que nombre de gens aujourd'hui ne connaissent plus Hamilton que par son illustre critique. Or voici qu'un ami et disciple d'Hamilton, son ancien secrétaire, croyons-nous, entreprend d'établir que Mill n'a presque rien compris à son auteur. « Il est malheureux, écrit M. John Veitch, que la réaction (contre Hamilton) ait été principalement conduite par un homme qui, avec une grande réputation dans d'autres branches de savoir, n'avait en réalité aucune connaissance précise ou étendue des questions de la philosophie théorique, et ignorait entièrement le développement de la philosophie depuis Kant jusqu'à Hégel et Cousin, c'est-à-dire la période dont Hamilton s'est spécialement occupé. Il est malheureux aussi que ce qu'on pourrait appeler la puissance spéculative du critique ait été, comparée à celle d'Hamilton, inférieure au delà de toute proportion, soit pour comprendre, soit pour juger. Ajoutez cette circonstance que la presse était convaincue sans mesure de la valeur de cet homme à d'autres points de vue ; qu'elle était en même temps assez mal renseignée sur le but et la méthode des spéculations d'Hamliton ; prête à accepter, les yeux fermés, les assertions d'un critique, même ignorant et incompétent, par suite disposée à répandre l'opinion de ce critique au milieu d'un public mal préparé et peu soucieux de se rendre compte par lui-même. Il en est résulté que, sauf un petit nombre d'honorables exceptions, le jugement du critique a été accepté comme valable, et son verdict comme définitif. Heureusement pour les intérêts de la vérité, le courant a changé ; et même le lecteur ordinaire commence à s'apercevoir que le critique, tant loué à son heure, tout en faisant preuve, par ci, par là, de quelque pénétration, a le défaut capital de mal comprendre son auteur sur chacun des points essentiels de sa philosophie..... Il s'est complètement trompé sur la doctrine de l'inconditionné, et même sur la relativité de la connaissance en général ; il n'a pas vu le nœud de l'argument contre Cousin ; il a confondu tout le temps l'infini et l'indéfini ; il a mal compris l'argument tiré de la notion négative ; il a présenté de travers la distinction entre la croyance et la connaissance ; il donne une idée tout à fait fausse de la distinction entre la connaissance immédiate et la connaissance médiate. Sur les principales doctrines logiques d'Hamilton, l'*Examen* de Mill n'est guère qu'une simple caricature. »

Peu s'en faut que M. Veitch n'accuse Mill de mauvaise foi. « Un de ses procédés habituels consiste à prendre les termes employés par Hamilton en quelque acception vulgaire, sans se demander le moins du monde si l'auteur qu'il critique a donné ou non de ces termes une définition philosophique, ou même s'il les emploie avec la signification que les philosophes leur attribuent d'ordinaire... Cette méthode de critique est facile et expéditive, mais elle ne peut aboutir qu'à un semblant de victoire (1) ».

Je crois qu'une sorte de piété filiale, vouée par M. Veitch au souvenir de son maître, l'entraîne un peu trop loin. Je remarque cependant que ce jugement, plus que sévère, sur la valeur de Stuart Mill comme penseur et logicien, se rencontre ailleurs que chez des disciples d'Hamilton : Stanley Jevons, par exemple, est encore plus dur que M. Veitch (2). Quoi qu'il en soit, il est intéressant de savoir à quoi s'en tenir, et sur l'interprétation qu'a donnée Stuart Mill de la

(1) Veitch, *Hamilton* pp. 30-32.
(2) *Contemporary Review*. Déc. 1877.

philosophie d'Hamilton, et sur la véritable signification de celle-ci. Nous ne croyons donc pas faire œuvre tout à fait inutile en résumant ici les résultats de l'enquête instituée par M. Veitch. On pourrait, il est vrai, mettre en doute son impartialité, puisqu'il est manifestement prévenu en faveur de son ancien maitre, et que son animosité contre Mill est évidente. Mais comme il cite toujours textuellement les deux auteurs, ses sentiments personnels importent peu ; rien de plus facile d'ailleurs que de vérifier ses citations. — Nous nous bornons, bien entendu, à ce qui concerne la philosophie religieuse d'Hamilton.

I

La théorie d'où découle cette philosophie est celle de la relativité de la connaissance. Toute pensée positive est relative ou conditionnée. Nous ne pouvons connaitre que quand un objet est saisi en relation, soit avec le *moi*, soit avec d'autres objets. « La condition de la relativité, en tant qu'elle est nécessaire, implique deux relations principales, l'une qui dérive du sujet de la connaissance, l'esprit qui pense (relation de connaissance); l'autre qui se subdivise, et qui dérive de l'objet de la connaissance, la chose pensée (relations d'existence). La relation de connaissance est celle qui est produite par la dépendance réciproque du sujet et de l'objet de la pensée, du subjectif et de l'objectif, comprenant le moi et le non-moi. Tout ce qui arrive à la conscience est pensé par nous, soit comme se rapportant exclusivement au moi (subjectivo-subjectif), soit comme se rapportant exclusivement au non-moi (objectivo-objectif), soit comme se rapportant en partie au moi, en partie au non-moi (subjectivo objectif) (1) ».

« Ainsi, dit M. Veitch, la doctrine d'Hamilton sur la relativité a un double aspect. Elle embrasse, d'une part les conditions sous lesquelles l'objet de la connaissance existe, et d'autre part les conditions sous lesquelles l'objet qui existe est connu (2) ».

(1) *Discuss. Append.* I, *Conditions of thinkable*, p. 604.
(2) *Hamilton*, p. 209.

Une limitation conditionnelle est la loi fondamentale de la possibilité de la pensée. Connaitre, c'est essentiellement saisir une relation entre le sujet et l'objet, l'objet et le sujet, qui se déterminent l'un par l'autre. Mais de plus, connaitre, c'est saisir un objet déterminé, c'est-à-dire encore un mode, une qualité, un état de l'objet, que cet objet soit d'ailleurs une chose jugée extérieure à nous, ou le moi lui-même, comme dans l'acte de la réflexion. « Penser, c'est ainsi conditionner », parce que c'est connaitre tel ou tel objet, et tel ou tel objet dans une manière d'être ou condition particulière. « Conditionner est ainsi synonyme de déterminer, ou de penser dans la forme d'un être déterminé. »

Mill ne semble pas s'être fait sur ce point une idée bien exacte de la doctrine d'Hamilton, car, parlant de la relativité qu'on pourrait appeler *objective*, il dit : « Ce n'est pas ce sens que Hamilton donne d'ordinaire à la relativité... En général, quand il dit que toute connaissance est relative, la relation qu'il a en vue n'est pas entre la chose connue et d'autres objets comparés avec elle, mais entre la chose connue et l'esprit qui connait (1) ». Hamilton a reconnu explicitement, dans les *Discussions* comme dans les *Leçons*, ces deux formes de relativité. Mais il ne pense pas, comme le fait Mill, que « deux objets sont le minimum nécessaire pour constituer la conscience »; il suffit pour cela de l'objet et du concept qui lui est opposé. Il ne pense pas davantage que la théorie de la relativité soit « substantiellement », ainsi que le voudrait Mill, celle qui déclare entièrement inaccessible à nos facultés toute connaissance ou tout objet autre que les impressions produites sur notre conscience.

Une telle doctrine est en effet contradictoire, car elle implique quelque connaissance de ce noumène que l'on suppose au delà des impressions : on en connait au moins ceci qu'il n'est pas une impression. D'autre part, les faits et les états de conscience, en tant que tels, ne sont pas connus comme impressions produites par un objet inconnaissable; nous les connaissons directement. Ramener, ainsi que le fait Mill, la doctrine de la relativité en ce qu'elle a d'important et d'essentiel, à l'agnosticisme

---

(1) *Examen*, Tr. franç. de M. Cazelles, p. 5.

d'un prétendu noumène, c'est oublier que toute la sphère de la connaissance du moi par lui-même reste en dehors de cette explication et conserve par là un caractère absolu.

Rétablie dans sa signification véritable, la doctrine d'Hamilton sur la relativité de la connaissance ne saurait être confondue ni avec celle de Berkeley, ni avec celle de Kant. Si elle interdit toute prétention à connaître l'inconditionné, elle ne limite pas cependant [la connaissance possible, même pour une intelligence finie, à ce qui est actuellement connaissable pour nous ; elle admet que toute existence relative n'est pas nécessairement relative à nous. « Les propriétés de l'existence ne sont pas nécessairement en nombre égal à celui des facultés que nous avons pour les saisir » ; elles peuvent le dépasser infiniment. Mais d'autre part, « les propriétés connues ne doivent pas être supposées connues dans leur pureté native, sans aucune addition ou modification venant soit des organes des sens, soit des capacités de l'esprit (1) ».

Hamilton nous paraît donc se tenir à égale distance du pur subjectivisme et de l'agnosticisme transcendental. Il admet qu'en l'absence même de tout sujet sensible ou pensant, l'univers subsisterait encore, capable d'être pensé ou senti : l'existence d'un monde objectif avec d'innombrables propriétés explique seule la variété et la multiplicité des perceptions. Mais ce qui, de ce monde, est pour nous inconnaissable, ou ne l'est que provisoirement, ou ne le serait pas pour une intelligence plus parfaite que la nôtre. Ainsi compris, le relativisme de Hamilton se rapproche de la doctrine de Spinoza sur les rapports de la connaissance et de l'être ; l'auteur distingué de *Scientific theism*, M. Abbot, essaie d'y rallier tous ceux qui déplorent le divorce de la philosophie moderne avec la science, et nous serions, pour notre part, assez disposé à l'accepter.

Mais ce relativisme ne vaut évidemment que pour la connaissance de l'univers ou du moi. Est-ce là toute la

---

(1) *Lect. of Métaph.* viii. — Veitch, p. 113. Nous devons reconnaître qu'ici la critique de M. Mill a raison. Hamilton, après avoir affirmé que « les propriétés connues ne doivent pas être supposées connues dans leur pureté native », prétend que nous connaissons les qualités primaires de la matière telles qu'elles sont en soi (Voir Mill, *Examen*, p. 25). Il y a là une contradiction dont il ne semble pas facile de le justifier. M. Veitch lui-même en convient (*Hamilton*, p. 170).

réalité possible ? '— Nous arrivons à la philosophie religieuse d'Hamilton.

II

Quelque théorie que l'on adopte sur la nature du temps, on admettra sans peine que nous avons une certaine connaissance de ce que c'est que le moment présent. Nous le saisissons par un acte de conscience, bien qu'une dialectique comme celle de l'école de Mégare puisse démontrer que le présent, étant une quantité infinitésimale, ne saurait être perçu. Mais en tout cas, le moment présent n'est connu pour nous que par sa relation nécessaire avec un moment qui le précède immédiatement. Celui-ci est ainsi une condition, et une condition nécessaire de celui-là. Mais il en est de même de chacun des moments de la durée. Si loin que nous remontions dans le passé, toujours un moment initial nous apparaît comme conditionné par un autre qui le précède, et la régression ne saurait jamais s'achever. Ni je ne suis capable de saisir un commencement absolu, ni je ne suis capable d'épuiser la série infinie des antécédents, ce qui demanderait un temps infini. Le même est vrai des points de l'espace, de la série ascendante ou descendante des degrés dans les qualités ou attributs qui déterminent l'existence, et de l'enchaînement des causes secondes. Tout phénomène d'ailleurs étant un changement, et tout changement se produisant dans le temps, il est clair que si nous ne pouvons comprendre soit un commencement absolu du temps, soit un non-commencement infini du temps, nous ne pouvons comprendre davantage une cause absolument première ni effectuer une régression des causes à l'infini (1). Dans les deux cas, comme pour le temps et l'espace, nous sommes en présence de l'*inconditionné.* « Dans le cas de la régression infinie des causes, l'inconditionné réside dans la totalité de la série, car chacun des termes de cette série est conçu comme relatif ou conditionné ; dans le cas d'un commencement absolu, l'inconditionné est le premier terme, qui

(1) *Fragm. de philosophie*, Tr. Peisse, p. 18.

n'est précédé par aucune condition, et qui est lui-même la condition de tout ce qui suit (1). »

Toute existence, soit subjective, soit objective, doit, pour être pensée, être conçue comme existant dans le temps, ou comme existant dans le temps et l'espace ; par suite, il n'est pas d'existence dont nous puissions concevoir soit le commencement absolu, soit le non-commencement infini, par la série illimitée des régressions. Ainsi les conditions essentielles de la pensée, existence, temps, espace, ne peuvent être ni représentées ni conçues dans aucune des deux alternatives où nous sommes obligés d'admettre qu'elles existent.

C'est que, encore une fois, nous ne pensons que le conditionné. « Essayons de nous élever au-dessus, relativement au temps et à l'espace, au commencement du monde ou de la série des phénomènes, à l'infiniment divisible ou à l'absolument indivisible, à la causalité naturelle et libre..., il nous est également interdit d'atteindre l'inconditionné sous quelque forme que ce soit. Nous avons une série d'alternatives opposées et même contradictoires, dès que nous tentons de dépasser le fini, le conditionné, le relatif. »

Cependant, aux yeux d'Hamilton, nous sommes en droit de dire que notre intelligence n'est pas trompeuse, qu'elle n'est pas poussée au désespoir du scepticisme. Elle est faible, non illusoire. — « Le problème que se pose Hamilton, c'est de montrer comment il en est ainsi, d'où proviennent ces alternatives contradictoires, et comment, même en conformité avec les principes de la connaissance humaine, nous pouvons, nous devons accepter l'une des alternatives (2). »

Hamilton qui, non moins que Kant ; se plaît dans les subdivisions scolastiques et symétriques, distingue entre le *conditionné* et le *conditionnellement conditionné* ou encore le *relativement* ou *conditionnellement relatif*. Les expressions opposées sont : *inconditionné*, *inconditionnellement conditionné*, ou *relatif absolument* ou *infiniment*. Le conditionné est l'opposé ou le contradictoire de l'inconditionné. Le conditionnellement conditionné est l'opposé ou le contradictoire de l'inconditionnellement conditionné.

(1) Veitch, p. 225.
(2) Veitch, p. 228.

Le conditionné, en tant qu'il est pensé, implique toujours deux termes, un relatif et un corrélatif, par exemple *avant* et *après*, *ici* et *là*, *sujet* et *objet*, *substance* et *phénomène*. L'un de ces termes est conditionné par l'autre : *sujet* conditionne *objet*, *objet* conditionne *sujet*, etc. Essayons de penser l'un de ces termes sans l'autre ; nous ne le pouvons ; il nous est donc impossible de penser l'inconditionné du conditionné. Ainsi nous devons penser le conditionnellement conditionné.

Quant à l'inconditionné, il est un genre qui comprend deux espèces, l'absolu et l'infini, tels qu'ils sont pensés par l'esprit. L'absolu, c'est l'inconditionnellement limité, par exemple, le temps pris comme un tout. L'infini, c'est l'inconditionnellement illimité ; exemple, le temps pris comme une série dont aucune régression ou progression ne peut épuiser les termes. Ainsi, dans l'absolu, il y a une limitation inconditionnelle ; une non-limitation inconditionnelle dans l'infini, et ce sont ces deux éléments inconditionnés, la totalité dans un cas (absolu), l'absence de fin dans l'autre (infini), que nous exprimons par le terme générique *l'inconditionné*.

Il est clair maintenant que si l'on prend l'inconditionné comme exprimant une seule et unique notion, celle d'une chose qui serait à la fois l'absolu et l'infini, la totalité sans conditions et la série des termes parcourus par une régression ou une progression sans limites, — alors l'inconditionné devient rigoureusement contradictoire, et cette prétendue notion s'anéantit elle-même dans la pensée, par cela seul qu'elle viole la loi fondamentale de la possibilité de celle-ci. Un tel concept est, selon Hamilton, un zéro de pensée et ne représente, par suite, qu'un zéro d'existence (1).

Qu'on le remarque bien : ce qui est contradictoire, c'est l'inconditionné pris comme unissant sous un seul et même concept l'existence de l'absolu et celle de l'infini. Mais aucun de ces deux termes, pris à part, n'est contradictoire ; l'infini, l'absolu, sont seulement *irrelatifs*, inconcevables. M. Veitch, que nous suivons, pour ainsi dire, pas à pas (nul, croyons-nous, n'a mieux compris ni mieux exposé cette obscure partie de la philosophie d'Hamilton), signale ici l'erreur de Stuart Mill qui s'exprime ainsi : « Le premier et le principal

(1) *Discus.*, p. 17. — Veitch, pp. 228-232.

argument d'Hamilton (dans sa critique de Kant), c'est que nos idées de l'infini et de l'absolu ne sont qu'un faisceau de négations (1). ». Hamilton, dans le passage auquel Mill fait allusion (2), ne parle pas de nos idées d'absolu et d'infini ; mais des idées de l'absolu et de l'infini prises comme une notion unique; c'est-à-dire de l'idée de l'inconditionné en tant qu'elle serait supposée exprimer une seule et même nature à la fois infinie et absolue (3). De plus, si Hamilton nie la possibilité d'une telle notion de l'inconditionné, ce n'est pas seulement parce qu'elle est un faisceau de négations, mais surtout parce qu'elle est contradictoire.

M. Veitch signale dans la critique de Mill une erreur d'interprétation encore plus grave. On connaît ce singulier passage : « Si l'on nous dit qu'il y a un être, personne ou chose, qui est l'absolu, non pas quelque chose d'absolu, mais l'absolu lui-même, la proposition n'a de sens que si l'on suppose que cet être possède dans leur plénitude absolue *tous* les attributs, qu'il est absolument bon et absolument mauvais, absolument sage et absolument stupide, et ainsi de suite. La conception d'un tel être, pour ne pas dire d'un tel Dieu, serait pire qu'un « faisceau de négations », ce serait un faisceau de contradictions, et notre auteur aurait pu s'épargner la peine de prouver qu'on ne peut connaître une chose dont on ne peut parler qu'en des termes qui impliquent l'impossibilité de son existence. » Et il rapproche l'absolu d'Hamilton, ainsi interprété, de celui de Hégel, qui dit en propres termes : « Quelle espèce d'Être absolu est celui qui ne contient pas en lui-même tout ce qui est réel, y compris même le mal (4) ? »

Évidemment ici, Mill prend l'absolu pour l'inconditionné

---

(1) Trad. fr., p. 50.
(2) Voici la traduction littérale du passage : « Il (l'inconditionné) n'apporte aucune connaissance réelle, parce qu'il ne contient rien qui soit même concevable, et il est contradictoire à lui-même, parce qu'il n'est pas une notion simple ou positive, mais seulement un faisceau de négations ; — négations du conditionné dans ses extrêmes opposés, unies entre elles simplement par l'aide du langage et leur caractère commun d'incompréhensibilité. » (*Discuss.*, p. 17.) Nous avons légèrement modifié la traduction de M. Peisse (V. *Fragm.*, p. 24).
(3) Il est vrai, comme l'observe M. Veitch, que Mill s'est corrigé dans la quatrième édition de son *Examen*; on y lit : « Le premier et le principal argument..... c'est que nos idées de l'infini et de l'absolu sont purement négatives, et que l'inconditionné, qui les combine toutes deux, est un faisceau de négations. »
(4) Tr. franç., p. 55.

de Hamilton. Mais, repétons-le, l'inconditionné n'est pas seulement pour Hamilton une faisceau de négations, il est, de plus, contradictoire, et c'est pour cela qu'il le déclare une notion psychologiquement nulle. Si donc Mill veut à toute force confondre l'absolu et l'inconditionné, ce qui pour Hamilton est vrai de celui-ci, le sera pour celui-là, et la critique porte à faux.

En résumé, l'inconditionné d'Hamilton n'est pas un *noumène* plus ou moins mystérieux et incompréhensible comme celui de Kant ; il serait plutôt l'expression verbale, impensable en réalité, d'un couple d'antinomies. Il n'y a rien là qui implique une faculté différente de l'expérience, une sorte d'intuition extatique, supérieure aux conditions de la pensée normale et consciente: ces rêveries de l'idéalisme allemand qui a suivi Kant, Hamilton se propose précisément de les combattre par cette analyse de l'inconditionné. La contradiction n'est pas un mystère, elle ne suppose rien qui dépasse la raison ou l'entendement. Elle n'est pas suprarationnelle, mais antirationnelle ; il suffit de l'exprimer pour anéantir et la pensée qui essaierait de l'enfermer en un concept unique, et l'objet prétendu qui lui devrait correspondre dans la nature des choses.

Mais si l'inconditionné est contradictoire et dénué de sens, il n'en est pas nécessairement de même des deux irrélatifs, ou *inconditionnels* (1) qu'il enferme. L'irrélatif est inconcevable, non absurde ; ainsi en est-il de chacun des termes, pris à part, d'une proposition contradictoire. Nous n'avons aucun motif de nier a *priori* l'existence de l'un ou de l'autre. Sans doute l'irrélatif dépasse la connaissance relative, mais il en est l'indispensable complément. D'ailleurs, par cela qu'il est irrélatif, on ne peut en affirmer aucun prédicat ; il serait donc contradictoire d'en affirmer la non-existence. « L'attitude propre de l'esprit envers lui, c'est la non-détermination, c'est de n'en rien dire. »

Telle est la position d'Hamilton. S'il exclut l'inconditionné à la fois du réel et du possible, il laisse subsister la possibilité de l'un ou l'autre des deux *inconditionnels*. Origine du monde, liberté morale, existence de Dieu, pourront

(1) C'est ainsi que je traduis : *inconditionate*. M. Peisse traduit *inconditioned, conditioned*, par *inconditionnel, conditionnel* ; j'ai cru que les mots *inconditionné, conditionné* répondaient plus exactement aux participes passés du philosophe anglais.

être affirmées, mais non logiquement démontrées. On voit poindre déjà le rôle et la légitimité de l'acte de foi.

L'inconcevabilité des irrélatifs, absolu et infini, c'est-à-dire la nécessité pour la pensée de la loi du conditionné, est niée par Stuart Mill. Il croit qu'en substituant une réalité concrète au terme abstrait, il cesse d'être vrai que l'infini ou l'absolu soient inconcevables. « De ce qu'une conception est une conception de quelque chose d'infini, est-elle pour cela réduite à une négation ? Oui, s'il n'est question que de l'abstraction vide de sens « l'Infini ». Elle est même purement négative, puisqu'on ne la forme qu'en supprimant tous les éléments positifs des conceptions concrètes classées sous ce nom. Mais, au lieu de l' « Infini », mettez l'idée de quelque chose d'infini, et l'argument s'évanouit tout d'un coup. La conception de ce « quelque chose d'infini », comme la plupart de nos idées complexes, contient un élément négatif, mais elle contient aussi des éléments positifs. L'espace infini, par exemple ; n'y a-t-il rien là de positif ? La partie négative de cette conception, c'est l'absence de limites. Les parties positives sont l'idée d'espace et celle d'un espace plus grand que tout espace fini. De même pour la durée infinie ; en tant qu'elle signifie « sans fin », on ne la connaît, on ne la conçoit que négativement ; mais en tant qu'elle signifie un temps, et un temps plus long que tout laps de temps donné, la conception est positive. L'existence d'un élément négatif dans une conception ne rend pas négative la conception elle-même, et n'en fait pas une non-entité. Beaucoup de gens seraient surpris si on leur disait que la « vie éternelle » est une conception purement négative ; que l'immortalité est inconcevable. Ceux qui ont l'espérance d'en jouir ont une conception très positive de leur espérance. Il est vrai que nous ne pouvons avoir une conception *adéquate* de la durée et de l'espace infinis ; mais entre une conception réelle et juste aussi loin qu'elle porte, bien que non adéquate, et l'impossibilité d'une conception, il y a une grande différence. Hamilton ne l'admet pas (1) ».

Il nous semble, comme à M. Veitch, que Mill confond ici l'infini et l'indéfini. Sans doute nous pouvons concevoir un

---

(1) Trad. fr., pp. 56-57.

espace, un temps, etc., plus grands qu'un temps ou un espace *donnés* ; mais alors c'est l'indéfini. La conception de l'indéfini ne fait pas difficulté ; mais cette quantité indéfinie, une fois conçue, devient finie relativement à une plus grande qu'on imagine immédiatement. Dire comme Stuart Mill qu'on pense un espace plus grand que tout espace fini, est une simple contradiction dans les termes ; car *plus grand* implique une commune mesure à l'égard de *plus petit* ; et aucune mesure commune ne peut exister entre l'infini et le fini. Supposez une quantité finie aussi grande que vous voudrez : l'infini la dépasse ; voilà par où, selon Stuart Mill, il est l'objet d'une pensée positive. Mais s'il la dépasse, c'est d'une quantité finie ou d'une quantité infinie. Finie, cela ne se peut, car alors l'infini = le fini + le fini. Infinie ? Mais alors la quantité finie qui est dépassée devient rigoureusement zéro, par rapport à l'infini ; quelque chose égale rien, et l'infini se définirait : ce qui dépasse *rien* ; formule qui revient à ceci : l'infini est le fini.

L'infini, au sens d'Hamilton, ce serait la négation de l'existence *possible* de limites ; tandis que la négation de limites actuellement perçues n'est que l'indéfini (1). L'infini ne serait donc concevable que si, par impossible, nous épuisions la série des points de l'espace ou des moments de la durée. Mais cela supposerait un temps infini.

Hamilton a marqué lui-même avec précision en quoi sa doctrine sur l'infini et l'absolu diffère de celle de Kant sur les antinomies. Elle en diffère, dit-il, en ce que « je montre que nos facultés sont faibles, mais non trompeuses. L'esprit n'est pas représenté comme concevant l'égale possibilité de deux propositions qui se détruisent l'une l'autre, mais seulement comme incapable de concevoir la possibilité de chacun des deux extrêmes (infini, absolu). Il est cependant forcé, par cela même qu'ils s'excluent réciproquement, de reconnaître l'un ou l'autre comme vrai (2). » Ce ne sont plus, comme chez Kant, des idées positives de la raison : ce sont de simples négations du concevable ou du conditionné. Par suite, l'esprit n'est pas obligé, pour résoudre l'antinomie, d'avoir recours à l'hypothèse de l'idéalisme transcendantal, de la subjectivité complète du monde perçu, hypothèse qui

(1) *Logic*, Lect. VI ; Veitch, p. 221.
(2) *Discuss.* p. 15. *Frag*, Tr. Peisse, pp. 20-21.

supprime à la fois et la réalité du monde et celle du moi, pour ne laisser subsister (est-on même bien sûr qu'elles subsistent?) que les inintelligibles *choses en soi*.

Il n'y a plus qu'à dégager les conséquences de la théorie du conditionné.

La première, purement négative, c'est que, par aucun de ses pouvoirs, l'intelligence ne peut nous donner, par elle-même, une connaissance soit de l'existence, soit des attributs de la Divinité.

En effet, aux yeux de l'intelligence, la divinité devrait apparaître soit comme l'inconditionné (unité de l'infini et de l'absolu), soit comme l'absolu (l'entièrement limité ou l'entièrement limité par soi), soit comme l'infini (l'illimité sans fin). De ces trois concepts, le premier est contradictoire et se détruit dans la pensée ; les deux autres sont seulement irrélatifs, et s'ils n'emportent pas la non-existence de leur objet, n'en prouvent pas non plus l'existence. En effet, de ce que nous sommes contraints de penser le relatif en relation avec le non-relatif, il ne suit pas que le non-relatif existe nécessairement. La raison n'exige pas autre chose que cette corrélation logique : *relatif, non relatif* ; elle est satisfaite, même si le terme : *non relatif* n'est que la simple négation du terme *relatif* (1). Si donc nous sommes amenés à identifier l'absolu et l'infini avec la Divinité, ce ne peut être en vertu des lois de la pensée pure.

La seconde conséquence, positive celle-là, c'est que l'expérience, non la raison, conduit à quelque induction sur l'existence et la nature de Dieu. « L'expérience, en effet, nous révèle l'insuffisance du conditionné à remplir le concept entier de l'existence possible. «Nous ne pouvons penser le

---

(1) Le passage est important et doit être cité textuellement, car le principe général qu'il exprime a été combattu par Herbert Spencer et c'est même par la réfutation sur ce point de la doctrine hamiltonienne que Spencer se flatte d'établir l'existence absolue de l'Inconnaissable. « Les corrélatifs se suggèrent certainement l'un l'autre, mais les corrélatifs peuvent être ou ne pas être également réels et positifs. Les contradictoires s'impliquent nécessairement, car la connaissance des contradictoires est une. Mais la réalité d'un des contradictoires, loin d'être une garantie de la réalité de l'autre, n'est rien que sa négation. Ainsi toute notion positive (le concept d'une chose en tant qu'elle est) suggère une notion négative (le concept d'une chose en tant qu'elle n'est pas) ; et la plus haute notion positive, celle du concevable, est toujours accompagnée de la notion négative correspondante, celle de l'inconcevable. Mais bien que ces notions se supposent réciproquement, la positive seule est réelle, la négative n'est que la suppression de l'autre. » *Fragm.* Tr. Peisse, pp. 38-39. — Nous avons légèrement modifié la traduction de M. Peisse.

relatif par lui-même, et nous sommes invinciblement portés au delà. D'où une suggestion ou tendance naturelle à croire en l'existence d'un être qui dépasse l'expérience actuelle (1) ».

On sait qu'Hamilton a donné peu de développements à cette partie de la philosophie qu'il appelle *Ontologie*, *Métaphysique propre* et plus souvent encore *Psychologie inférentielle* (*inferential psychology*). C'est la région des inférences, auxquelles conduit la croyance ou la foi philosophique. C'est, en d'autres termes, la *pars ædificans* de son système. Le principe essentiel de ces inférences, c'est l'analogie.

A l'égard de l'existence et de la nature de Dieu, l'analogie fondée sur l'expérience ne nous conduit pas à une entité nouménale qui serait absolument en dehors de toutes relations, à un pur inconditionné, de soi contradictoire, mais plutôt à un *inconditionnel* (*inconditionate*). « Du côté du monde, c'est-à-dire des phénomènes qui s'enchaînent en séries d'antécédents et de conséquents, dans le temps et dans l'espace, — il est en relation avec le sujet permanent de ces phénomènes sans être lui-même engagé dans leurs séries ; — du côté de l'esprit, il est en rapport avec le moi, l'intelligence, la personnalité, la liberté, la moralité, en tant qu'il en est le fondement dernier et qu'il les rend possibles (2) ».

Dieu a donc à la fois des attributs métaphysiques et des attributs moraux. Il n'est pas seulement cause première et cause première toute-puissante : il est cause intelligente et morale. Ici encore c'est l'analogie seule qui permet une légitime inférence dans le silence de la raison. L'expérience nous atteste en nous-mêmes une intelligence, une liberté affranchie ou pouvant s'affranchir de la nécessité du déterminisme extérieur, un sujet qui se déclare immatériel. N'y a-t-il pas motif de croire, *analogiquement*, que l'intelligence tient dans l'univers la même place qu'en nous-mêmes, et que l'Esprit créateur et libre est le maître de la nature, comme notre esprit, créateur aussi par la liberté, est ou peut être le souverain en nous-mêmes ? Puis, comme agents moraux ne nous sentons-nous pas dépendants d'une intelligence suprême qui a constitué et qui maintient l'ordre moral de

(1) Veitch, p. 262.
(2) Veitch, pp. 265-266.

l'univers, en sorte que par là encore l'expérience que nous avons de nous-mêmes nous dirige vers la croyance à une volonté transcendante et infiniment sainte ?

Telle est dans ses traits essentiels la philosophie religieuse d'Hamilton. C'est un agnosticisme seulement partiel, puisque, par l'analogie et les inférences qu'elle autorise, nous pouvons reconquérir un minimum, suffisant pour la pratique, de convictions religieuses. Convictions, disons-nous ; non démonstrations ou certitudes théoriques. On ne saurait, en effet, trop le répéter: la raison qui rejette comme contradictoire un inconditionné ou un *absolu* au sens où Hégel, Schelling, Cousin, prennent ce terme, est muette sur l'existence de l'inconditionnel même, sous sa double forme, absolu et infini, entendus ainsi que le fait Hamilton. C'est la foi qui parle et affirme là où la raison ne détermine et ne dit rien. Il est possible qu'Hamilton ait mérité le reproche de Mill et avancé en quelques endroits que la croyance est de certitude supérieure à la raison, que les prémisses indémontrables de tout raisonnement sont objet, non de connaissance mais de croyance : les nécessités logiques de son système ne l'obligeaient pas à aller jusque-là. Bien plus, l'analogie qui, d'après lui, conduit à la croyance, ne saurait donner qu'une probabilité, non une certitude. Mais en matière de pratique la probabilité, Butler déjà le remarquait, suffit. Des probabilités non démenties par la raison, et fondées indirectement sur des connaissances expérimentales principalement relatives à notre être moral : voilà, si nous comprenons bien la doctrine et corrigeons les incohérences qu'on a pu justement y signaler, ce que nous laisse de positif, en matière de religion naturelle, la philosophie d'Hamilton.

III

Discuter à fond cette philosophie, ce serait refaire, sinon dans le même esprit, au moins dans des proportions à peine plus restreintes, le vaste travail de Stuart Mill. Telle ne saurait être ici notre intention. Nous voudrions seulement nous placer au point de vue plutôt psychologique que logique, pour examiner brièvement, dans ses thèses essentielles, la doctrine.

Et d'abord la proposition célèbre : « penser c'est conditionner, » est-elle rigoureusement vraie? Tout dépend ici du sens que l'on attache au mot *penser*. S'il s'agit d'une pensée scientifique et entièrement déterminée, je crois qu'en effet on ne peut penser sans conditionner. Il faut alors que la chose connue le soit sous toutes ses faces, dans toutes ses ressemblances et différences à l'égard des choses analogues qui ne sont pas elle ; il faut, en d'autres termes, qu'elle soit *classée*, c'est-à-dire ramenée à un genre prochain dont elle se distingue par des caractères spécifiques. A ce point de vue, penser c'est définir ou expliquer. H. Spencer, dans un passage souvent cité, a montré que toutes les explications de la science se font par la réduction d'une relation particulière à une relation plus générale, jusqu'à ce qu'on arrive à une explication suprême, la plus générale de toutes, au moins provisoirement, laquelle est elle-même inexplicable. Le frôlement entendu dans les champs, par une matinée de septembre, et qui est produit par la fuite d'une perdrix blessée, est un intéressant exemple de ce processus par lequel la science, de proche en proche, parvient à dissiper l'ignorance, l'étonnement et le mystère, en rangeant un cas nouveau dans une classe de cas préalablement connus (1).

Mais déjà, s'inspirant d'une psychologie plus compréhensive, Spinoza protestait contre l'assertion qu'une bonne définition doit se faire par le genre et la différence. « Quoique cela soit accordé par tous les logiciens, je ne sais pas cependant, dit-il, d'où ils tirent cette règle ; car si cela était vrai, on ne pourrait absolument rien savoir ; en effet, si nous ne connaissons pleinement une chose qu'à l'aide d'une définition par le genre et la différence, nous ne pourrons jamais connaître parfaitement le genre le plus élevé, puisqu'il n'a aucun genre au-dessus de lui ; mais si nous ne pouvons pas connaître le genre suprême, qui est la cause de la connaissance de toutes les autres choses, encore moins pourrons-nous connaître et comprendre ces choses, qui ne sont expliquées que par la première (2). »

---

(1) *Prem. princ.*, trad. fr., pp. 72-74.
(2) *Dieu, l'homme et la béatitude*, Tr. de M. Janet, p. 42.

Il faut donc qu'il y ait, sinon une explication, du moins une connaissance, du genre le plus élevé. Et cette connaissance qui se passe d'explication est la plus claire et la plus parfaite de toutes, précisément parce qu'elle est, de sa nature, au-dessus de toute explication. Il y a longtemps qu'on a fait justice du regret peu philosophique, exprimé par Pascal, sur ce qu'on arrive nécessairement « à des mots primitifs q'uon ne peut plus définir, et à des principes si clairs qu'on n'en trouve plus qui le soient davantage pour servir à leur preuve ». Voilà certes qui est loin d'être fâcheux; et cette « impuissance naturelle et immuable de traiter quelque science que ce soit dans un ordre absolument accompli », n'est que l'heureuse nécessité de s'en tenir à l'évidence, sans chercher par delà, pour ne s'arrêter jamais, une évidence prétendue supérieure, qui l'explique.

Si d'ailleurs penser c'est conditionner, il faut que la pensée elle-même soit antérieure aux conditions qu'elle impose ou constate. Pour qu'une relation s'établisse par la pensée entre un sujet ou un objet (premier sens du mot *conditionner*), il faut que le sujet soit donné à lui-même, qu'il ait au préalable une conscience, si obscure qu'on voudra, de son être. Pour qu'un objet, dans la connaissance, soit différencié d'un autre objet (second sens du mot *conditionner*), il faut d'abord que le moi se saisisse avant tout comme sujet de la connaissance; il faut ensuite qu'il ait une certaine notion de l'objet qu'il s'agit de mettre en relation; car on ne différencie pas d'autre chose ce qu'on ignore absolument. La pensée préexiste donc à ses opérations cognitives, et l'intuition de l'objet préexiste à son *conditionnement*. Je veux que ces divers moments d'une connaissance totale ou conditionnée se succèdent très rapidement, au point de paraître simultanée; mais j'affirme qu'il y a, qu'il doit y avoir une pensée inconditionnée en quelque manière, et, en quelque manière aussi, une pensée de l'inconditionné.

Au « Je pense » de Descartes, on a fait ce reproche qu'il est l'énoncé d'une abstraction. Dans la réalité, dit-on, je pense toujours quelque chose de particulier, ceci ou cela; ou plutôt je ne pense pas, j'ai des pensées, simultanées ou successives, qui se distinguent les unes des autres, et dont la totalité, à chaque moment du temps, constitue ma conscience, mon *moi*. — Cela n'est qu'à moitié vrai. Sans doute, le contenu de la conscience est toujours une multiplicité de phénomènes, d'états, de pensées ; mais ce contenu présuppose un contenant qui se connaisse comme sujet, puisqu'il connaît ses pensées comme phénomènes ; comme sujet un, puisqu'il connaît que ces phénomènes sont multiples, comme sujet identique, puisqu'il connaît ces phénomènes comme variables, mobiles et fugitifs. En dépit de toutes les tentatives, j'estime qu'on n'est pas parvenu, qu'on ne parviendra pas à faire sortir la conscience d'une pluralité de phénomènes psychiques. S'ils sont connus et éprouvés comme tels, ils ne le sont que par un sujet qui d'abord s'en distingue, qui les compte, les analyse, les provoque, les compare, les différencie. *La pensée précède les pensées*. Descartes a raison : le fait primordial, en un sens absolu et inconditionné, c'est bien *Je pense* : je pense, tout court, pourrait-on dire ; car, encore une fois, pour avoir *des pensées*, il faut penser.

Mais on nous arrête. — Eh quoi, penser à vide, penser sans penser quelque chose ! Au moins pense-t-on que l'on pense, et alors la pensée se conditionne du même coup, puisqu'elle se donne un objet, le plus simple de tous, elle-même. Puis, est-il encore possible d'être cartésien au point d'admettre une âme capable de penser absolument par elle-même, sans le secours et sans le moyen d'un organisme ? Et cet organisme, qui provoque sans trêve dans la conscience le retentissement de ce qui se passe en lui, qui vibre lui-même en harmonie avec tous les mouvements du dehors, comment ne remplit-il pas le moi de sa propre multiplicité phénoménale, et de la multiplicité perpétuellement mobile de la nature ? N'est-ce donc pas que le moi pur est une chimère métaphysique, que la conscience n'est que la face interne d'un plan brisé en un nombre incalculable de facettes où se réfractent les lignes dessinées dans l'espace par les mouvements en nombre infini qui constituent la vie universelle ?

Oui bien, répondrons-nous, telles sont les conditions de ce qu'on pourrait appeler la conscience empirique ; mais il nous paraît nécessaire de reconnaître comme une autre conscience qui soit le principe et le support de celle-là. Cette conscience, non transcendante, comme le *moi* noumérial de Kant, mais immanente au plus intime de nous-mêmes, ne peut être définie autrement que le sentiment ou l'intuition de l'être. Conscience supérieure et immuable, comme son objet, presque tous les grands métaphysiciens l'ont reconnue. Elle est la νόησις de Platon, l'intellect actif d'Aristote ; elle subsiste dans l'extase alexandrine, s'il est vrai que le *moi* ne puisse devenir absolument étranger à lui-même ; elle est l'idée de l'être que Leibniz constate au fond de tous nos jugements; elle est l'idée de Dieu, source de toutes nos idées selon Spinoza, l'intuition intellectuelle de Schelling, l'intuition immédiate de l'infini, de Cousin. Elle n'est pas conditionnée, et elle ne conditionne pas, en ce sens qu'elle est principe de toute pensée particulière et discursive, et que son objet est l'être que ne limite aucune négation. Selon la méthode un peu scolastique d'Hamilton, et en posant les concepts dans toute la rigueur de l'abstraction, on doit, je le sais, maintenir que la dualité du sujet et de l'objet subsistant toujours, ni le sujet ni l'objet ne cessent d'être relatifs ; que, par suite, la pensée est toujours nécessairement conditionnée. Quelque effort que nous fassions pour échapper à cette conséquence, au point de vue logique elle est inévitable. Mais notre thèse, répétons-le, est plutôt psychologique : nous affirmons dans le sujet, parce que nous croyons l'y saisir, un élément de pensée pure, de pensée de l'être, antérieur à toutes les pensées particulières de choses particulières et fugitives : cela c'est de l'inconditionné ; non pas si l'on veut de l'inconditionné logique, mais de l'inconditionné réel ; c'est, en d'autres termes, l'intuition primordiale et fondamentale qui rend possibles toutes les autres, et n'est elle-même déterminée par aucune.

Dire de cette intuition qu'elle conditionne son objet par cela qu'elle le pense, est, ce nous semble, abuser d'une équivoque. On dira tout aussi bien qu'on ne peut aucunement penser l'infini, le parfait, parce qu'on limite l'un, qu'on dégrade l'autre, par le contact d'une pensée finie et imparfaite. La pensée ne saurait changer, jusqu'à la détruire, la nature de ce qu'elle pense, et si, par hypothèse, elle pense l'inconditionné, celui-ci ne devient pas le contraire de lui-même par cela seul qu'il est pensé. Il est pensé sous la condition d'être pensé, cela est trop clair; mais sous cette condition, il est pensé comme n'étant pas conditionné. Dira-t-on qu'il est au moins conditionné en ce sens que tout concept implique nécessairement son contraire ? Mais voilà un prétendu axiome dont j'oserais, au point de vue psychologique, contester la nécessité. En fait, quand je pense noir, suis-je obligé de penser en même temps non noir, ou d'énoncer mentalement cette proposition : noir n'est pas non noir ? Et si, comme je le soutiens avec Leibniz et d'autres, il y a au fond de toute pensée la pensée de l'être, non de *mon* être, mais de l'être sans négation et sans limites, est-il vrai que cette idée de l'être soit inéluctablement limitée, conditionnée, par l'idée corrélative du non-être ? Non, la pensée du non être, si toutefois elle se produit spontanément, et qu'elle ne soit pas une invention artificielle et raffinée de logiciens, est un acte ultérieur de l'esprit ; l'idée de l'être est seule primitive, fondamentale, nécessaire ; elle se suffit à elle-même, se pense par elle-même, et n'a nullement besoin, pour être claire, de circonscrire son objet en l'entourant d'une ceinture de néant.

Ces couples logiques de concepts, que Hamilton déclare inséparables, rappellent les thèses bien connues du *Parménide* et du *Sophiste* de Platon. Si l'on ne peut penser l'être sans penser le non-être, celui-ci, objet de pensée au même titre que celui-là, n'est plus un pur rien et devient aussi une sorte d'être ; il y aura l'être du non-être, comme le non-être de l'être, car l'être *n'est pas* cet autre être qui est le non-être ; mais en tant que le non-être lui-même est de l'être, l'être est aussi le non-être ; on peut aller ainsi fort loin. Je ne méconnais pas l'importance de cette dialectique ni la gravité des problèmes qu'elle soulève : il est cependant permis de croire, sans être pour cela un esprit frivole ou dénué de rigueur, que la philosophie aurait tort de s'attarder indéfiniment à des démonstrations de cette sorte, qui dissolvent toute affirmation positive, toute pensée véritable. Il faut peut-être prendre les choses par un côté plus vivant, se placer plus sur le terrain des faits, et alors on pourrait bien trouver, comme nous avons essayé de le faire voir, quelque raison de mettre en doute l'entière vérité de la proposition célèbre : penser, c'est conditionner.

IV

Passons maintenant à l'examen rapide de l'inconditionné lui-même, et de ses deux *inconditionnels* (inconditionnates), l'absolu et infini.

Dans la discussion précédente, où il ne s'agissait que de la définition de la pensée, nous avons employé les mots *conditionné, inconditionné*, en leur donnant le sens que cette définition comporte, et nous croyons n'avoir pas défiguré la doctrine d'Hamilton. Ici nous avons à considérer l'inconditionné dans sa nature métaphysique, en quelque sorte, et tel que le définit Hamilton, c'est-à-dire comme l'unité de l'infini et de l'absolu, ce qui est à la fois la totalité d'une série de termes dont la régression ou la progression se poursuit à l'infini (inconditionnellement illimité) et le commencement de toute la série (inconditionnellement limité).

J'avoue qu'ainsi défini, l'inconditionné est impensable, non parce qu'il est incompréhensible, mais parce qu'il est contradictoire. C'est un cercle carré. Inutile de s'y arrêter, sauf pour se demander si ceux qui ont admis une philosophie de l'inconditionné ont pris ce mot dans cette acception positivement absurde. Mais nous n'avons pas à défendre ceux qu'attaque Hamilton : nous avons à apprécier celui-ci.

Donc on lui accordera sans peine qu'une régression à l'infini exclut un commencement absolument premier de la série. Le sacrifice de l'inconditionné entendu comme l'unité de deux contradictoires peut coûter à Hégel : il ne nous coûte pas à nous, qui cherchons l'objet de la philosophie religieuse ailleurs que dans la négation de la loi fondamentale de la pensée.

Mais que valent, pris à part, l'infini, l'absolu d'Hamilton ?

L'infini, ou la succession, sans limites pour la pensée qui les parcourt, des moments du temps, des points de l'espace, des causes secondes, des degrés d'une qualité, est pour Hamilton, non pas contradictoire, mais inconcevable. Peut-être ici y a-t-il lieu d'établir une distinction entre l'infini de quantité et l'infini de qualité ; peut-être aussi, relativement au premier, conviendrait-il de distinguer le point de vue de la raison, et celui de la pensée discursive ou de l'imagination.

Spinoza ne cesse de répéter que pour la raison la quantité infinie est indivi... le et unique. Et entre autres preuves, il en donne une ti.... de l'impossibilité du vide. « Supposez, en effet, que la substance corporelle se puisse diviser de telle sorte que les parties soient réellement distinguées l'une de l'autre ; pourquoi l'une d'elles ne pourrait-elle pas être anéantie, les autres gardant entre elles le même rapport qu'auparavant ? Et pourquoi ces parties devraient-elles s'adapter les unes aux autres de façon à empêcher le vide ? Certes, quand deux choses sont réellement distinctes l'une de l'autre, l'une peut exister sans l'autre et persister dans le même état. Puis donc qu'il n'y a pas de vide dans la nature (comme on le verra ailleurs) et que toutes les parties doivent concourir de façon que le vide n'existe pas, il s'ensuit que ces parties ne peuvent pas se distinguer réellement, c'est-à-dire que la substance corporelle en tant que substance est indivisible. » Ce que Spinoza démontre ici de la substance corporelle vaut évidemment pour l'espace qu'elle remplit. Même alors, il importe peu qu'il y ait ou non du vide dans la nature, car le vide, s'il existe, sera encore la quantité étendue. Nous n'avons pas à nous demander d'ailleurs si l'espace infini existe en soi, ou s'il n'est qu'une forme de la pensée. Tout ce que nous soutiendrons, si nous acceptons la thèse de Spinoza, c'est qu'il est une manière de concevoir la quantité étendue comme indivisible, et que toute division, introduite en elle, n'est qu'une détermination arbitraire, même contradictoire, imposée par l'imagination. Arbitraire, car l'imagination pose à son gré des limites à la divisibilité ; elle circonscrit le minimum, ou étend le maximum sans être capable de dire pourquoi, dans cette double opération inverse, elle s'arrête ici plutôt que là. — Contradictoire, car diviser l'espace, c'est y dessiner des lignes idéales qui, étant encore de l'espace, n'y produisent, même pour l'imagination, aucune solution de continuité. Au vrai, ces limites hypothétiques, nous les traçons comme des traits noirs sur une feuille de papier blanc ; ces traits ne détruisent en aucune façon la continuité réelle de la feuille. Nous prêtons de même, quoi que nous en ayons, une sorte de couleur aux limites qui arrêtent les divisions opérées par notre esprit dans la quantité étendue ou spatiale. C'est là œuvre d'imagination : la raison qui assiste à ce travail ne cesse pas cependant d'affirmer l'indivisibilité essentielle du continu, s'il existe en soi.

La quantité, dirions-nous donc avec Spinoza, se conçoit de deux façons : d'une façon abstraite et superficielle, telle que l'imagination nous la donne, ou à titre de substance, telle que le seul entendement nous la peut faire concevoir. « Si nous considérons la quantité comme l'imagination nous la donne, ce qui est le procédé le plus facile et le plus ordinaire, nous jugerons qu'elle est finie, divisible et composée de parties ; mais si nous la concevons à l'aide de l'entendement, si nous la considérons en tant que substance, *chose très difficile à la vérité*, elle nous apparaîtra alors, ainsi que nous l'avons assez prouvé, comme infinie, unique, indivisible. C'est ce qui sera évident pour quiconque est capable de distinguer entre l'imagination et l'entendement (1). »

Chose très difficile à la vérité! C'est ainsi qu'on a dit de l'étendue intelligible de Malebranche, si semblable à la quantité infinie de Spinoza, qu'elle était réellement inintelligible. Il nous semble cependant que la continuité pure, absolue, sans divisions comme sans limites, se conçoit. Elle se conçoit, dis-je ; elle ne s'imagine pas ; et elle se conçoit comme le substratum nécessaire sur lequel l'imagination, sollicitée par l'expérience sensible, découpe les parties, figures, lignes, points, et, par la détermination des parties, fait naître la diversité et le nombre. Platon avait raison : le multiple, le variable, sont une déchéance de l'immuable et de l'un. L'infinité véritable du continu, c'est en même temps l'unité absolue et indivisible : une telle unité explique seule et seule rend possible ce vain travail de l'imagination discursive s'épuisant à additionner des quantités finies, pour égaler (tentative impossible !) par la somme toujours enflée des parties et des nombres, ce qui n'a ni nombre ni parties.

On dira de même de cette autre forme du continu qui est la durée. Ici encore, à qui tient pour solide la thèse de Spinoza, la division n'apparaîtra plus que comme une donnée empirique, valable seulement dans la sphère de l'expérience,

---

(1) *Eth.*, I, pr. 15, Sch.

ou comme l'œuvre arbitraire et contradictoire de l'imagination. Si le temps ou la durée (je suppose ces deux mots synonymes) est quelque chose en soi, il est nécessairement indivisible, et c'est parce qu'il est tel que l'imagination peut y déterminer ces limites qui s'élargissent ou se resserrent sans terme assignable. Pour la raison, la succession du temps n'existe pas, parce que la raison, Spinoza l'a dit avec profondeur, ne se pense elle-même et ses objets que sous la forme de l'éternité. On peut donc concevoir, non imaginer, une existence qui remplirait un temps infini et indivisible, si cette existence est celle d'un être où nul changement n'introduise une succession d'états ; et si cet être se pense, il se pense éternellement le même, éternellement affranchi de ce sentiment douloureux que sa vie s'écoule, que chaque parcelle de la durée emporte et abolit, en s'anéantissant elle-même, une parcelle de sa puissance d'exister, une forme de son être qui ne reviendra plus. Je dis que toutes ces choses ne sont pas impossibles à concevoir ; si nous n'en avons ni l'expérience (1), ni, comme on dit aujourd'hui, la représentation, nous en avons une sorte d'intuition rationnelle, et elles ont paru intelligibles à des esprits qui ne se contentaient pas facilement.

C'est la divisibilité prétendue du continu, espace ou temps, qui rend à la fois possibles et insolubles les sophismes célèbres de Zénon d'Élée, la flèche, l'Achille, etc. « Supposez, dit encore Spinoza, une personne qui, concevant la durée d'une manière abstraite (on sait que pour Spinoza l'abstraction est un procédé de l'imagination), se mette à la diviser en parties ; elle ne pourra jamais comprendre comment une heure peut se passer : car pour qu'une heure se passe, il faut que la première moitié se passe d'abord, puis la moitié de l'autre moitié, puis la moitié de ce qui reste ; et en prolongeant indéfiniment cette division, il est impossible d'atteindre la fin de l'heure en question. De là vient que plusieurs philosophes, peu accoutumés à distinguer les êtres de raison (les produits de l'imagination) d'avec les choses réelles, ont été jusqu'à soutenir que la durée se compose de moments ; et ils sont tombés de Charybde en Scylla ; car

---

(1) Et encore, Aristote n'avait-il pas raison d'affirmer que nous pouvions, par la contemplation, participer quelquefois, même ici-bas, à la vie divine ?

composer la durée de moments et le nombre de zéros, c'est tout un (1) ».

Concluons que l'infini de quantité, s'il est conçu par la raison comme un et indivisible, ne suppose pas, ainsi que le prétend Hamilton, l'addition d'un nombre infini de parties ; par suite, l'infini du temps et l'infini de l'espace, entendus comme nous venons de le faire, cessent d'être inconcevables. Je n'affirmerais pas qu'on s'en fasse tout d'abord une idée bien claire ; mais s'il est légitime de penser qu'un génie métaphysique de la trempe de Spinoza s'entende avec lui-même, on doit croire qu'un suprême effort de méditation nous ferait peut-être, sur ce point particulier, entrer dans sa doctrine.

Je n'ai pas parlé de la régression des causes à l'infini, qui est un des éléments compris par Hamilton sous le concept général de l'infini. C'est qu'une telle régression suppose celle par laquelle la pensée parcourrait un nombre infini de moments dans la durée. Mais si la durée n'est pas composée d'un nombre infini d'instants, il est clair que l'esprit n'a plus à se préoccuper d'un nombre infini de causes secondes s'enchaînant selon un ordre d'antécédence et de conséquence. Le nombre infini n'est pas plus possible en fait de causes qu'en fait d'instants ou de points d'étendue. La pluralité même serait peut-être ici, comme tout à l'heure, plutôt une condition de l'expérience et de la pensée discursive ou imaginative, qu'une condition de l'existence réelle, telle que la raison la conçoit (2).

Quant à l'infini de qualité, c'est-à-dire, selon Hamilton, la somme, toujours croissante et jamais achevée, de degrés dans un attribut, il nous semble beaucoup plus difficile encore à accorder que l'infini de quantité, tel qu'il le définit. Nous

(1) Lettre 29; Edit. Saisset, t. III.
(2) Pour le dire en passant, c'est là un des points où Spinoza paraît s'être le plus manifestement contredit. Le nombre n'est, à ses yeux, qu'un « aide pour l'imagination », c'est-à-dire, évidemment, que le nombre existe dans l'esprit, non dans l'absolu de la réalité ; et pourtant, il nous parle d'un nombre infini d'attributs divins, d'un nombre infini de modes, etc. Or, la raison ne conçoit pas les choses comme l'imagination, par suite elle doit rejeter cet *aide* dont celle-ci a besoin ; et s'il est vrai qu'elle saisisse la vérité, non des apparences, elle devrait ignorer le nombre comme le temps, et penser l'être sous la forme de l'unité comme elle le pense sous la forme de l'éternité. La définition de Dieu, qui implique une pluralité infinie, ne serait donc, selon la théorie spinoziste de la connaissance, qu'une fiction imaginaire, ce qui détruit le fondement même du système.

avons essayé de montrer que celui-ci n'existe que pour l'imagination ; mais en ce qui regarde l'infini de qualité, l'imagination n'effectue pas même de régression ni de progression analogues à celles qu'elle tente dans l'espace ou la durée. Elle ne conçoit pas, par exemple, une série illimitée d'intelligences s'échelonnant sur la série également illimitée des degrés du savoir, ni une série sans fin de volontés exprimant la série sans fin des degrés de justice, de bonté, de sainteté. Pour les qualités elle s'en tient d'abord aux termes mêmes que l'expérience lui fournit. Elle connaît des intelligences animales, des intelligences humaines ; elle sait ou suppose que l'intelligence cesse là où il n'y a plus de cerveau ; elle conjecture qu'à un cerveau mieux organisé correspondrait chez l'homme une pensée plus parfaite ; elle peut admettre, sans y être forcée cependant par aucune loi de la nature, des intelligences notablement mieux douées pour penser que la nôtre ; mais c'est tout, et en tout cela il n'y a rien qui ressemble à l'infini tel que l'entend Hamilton. Pas davantage ne va-t-elle nécessairement à l'infini, sans jamais pouvoir l'atteindre, pour les autres attributs, comme justice, bonté, sainteté. Que si nous concevons une intelligence omnisciente, une volonté souverainement juste, bonne et sainte, ce n'est nullement après avoir parcouru une série ou des séries qui, *à la limite*, aboutiraient là : c'est brusquement, sans transition, par un contraste violent avec ce que nous connaissons expérimentalement de ces qualités, soit en nous, soit chez les autres. Voilà du moins, semble-t-il, ce que constate l'observation psychologique.

Aussi n'approuvons-nous pas entièrement qu'on emploie le mot *infini* quand il s'agit de qualités. Dire que Dieu est infiniment bon, infiniment juste, c'est donner à entendre que l'on imagine un nombre inassignable de degrés en bonté, en justice, et que par delà tous ces degrés qu'on n'épuisera jamais, il en est un qui les dépasse tous, et qui est la justice ou la bonté de Dieu. Rien ne répond moins à la manière dont nous concevons les perfections divines. Et c'est le mot *perfection* qui convient proprement à l'infini de qualité. Dieu est parfaitement juste, parfaitement bon ; la justice, la bonté de l'homme sont imparfaites : par là se trouve écartée l'hypothèse d'une approximation croissante, qui à la limite confondrait le plus haut degré des qualités humaines ou angéliques avec les attributs divins. Ici encore, Descartes avait bien vu, et s'il appelle quelquefois Dieu, l'être infini, il le désigne plus volontiers, au moins dans le *Discours*, par son vrai nom, l'Être parfait.

La conclusion de toute cette discussion, c'est que des deux éléments de l'inconditionné d'Hamilton, il en est un, l'infini (entendu au sens où il le prend), qu'il est permis d'écarter comme étant une simple illusion de l'imagination : l'autre, l'absolu, c'est-à-dire la totalité indivisible du temps, de l'espace, des qualités possibles de l'existence, parait s'imposer à la raison. Il n'y aurait donc pas, comme le prétend le professeur d'Edimbourg, une alternative de deux termes également inconcevables ; son infini n'est véritablement ni pensé, ni *pensable* ; l'absolu, au contraire, nous semble être l'objet d'une sorte d'intuition rationnelle nécessaire et *inconditionnée*, en donnant à ce mot l'acception psychologique que nous avons essayé de déterminer plus haut. L'absolu serait ainsi seul inconditionné ; il serait l'être nécessaire, indivisible, immuable, ou les conditions également immuables indivisibles, nécessaires, de l'existence et de l'activité de cet être. En effet, si c'était ici le lieu, nous réussirions peut-être à établir que la réalité suprême et indivisible, c'est l'Être parfait ; que la totalité indivisible du temps, c'est l'éternité divine ; que la totalité, indivisible aussi, de l'espace, c'est la condition nécessaire de la causalité et de la toute-puissance omniprésente de Dieu. Mais nous ne nous sommes pas imposé la tâche de faire une Théodicée.

Un hamiltonien ne manquera pas de nous répéter que l'absolu, en tant qu'irrélatif et inconditionnel, est inconcevable. Mais nous répéterons à notre tour qu'il faut distinguer : l'absolu est irrélatif en ce sens qu'il n'est pas subordonné, dans son existence, sa nature, son activité, à quelque chose d'extérieur à lui ; en ce sens aussi il est inconditionnel. Il n'est au contraire ni inconditionnel ni irrélatif, si l'on entend par là qu'il est rigoureusement étranger à un esprit qui le pense, ou aux existences contingentes dont il est la cause. Mais ce dernier sens des mots irrélatif et inconditionnel ne nous parait nullement exigé par la nature de l'absolu (1). Être souverain et cause de soi, l'absolu n'est pas

---

(1) M. Clay, *Alternative*, Tr. fr. de M. Burdeau, pense de même que l'absolu n'exclut pas toute relation, pp. 185. sq.

pour cela tenu d'être impensable et sans nul rapport à l'univers, son effet. Que Dieu, d'ailleurs, ait produit le monde nécessairement ou par un acte libre, qu'on adopte sur ce point la doctrine de Descartes ou celle de Spinoza, il n'en est pas moins, nous avons essayé de le montrer, le suprême intelligible, et c'est ce que nous avons le droit d'appeler l'absolu.

Il n'est donc pas besoin de recourir à l'acte de foi moral d'Hamilton. Nous sommes ici d'accord avec Stuart Mill : un acte de foi qui ne serait déterminé par aucune connaissance serait inexplicable. La croyance suppose quelque science et ne saurait exister là où la pensée est impuissante à rien comprendre. La croyance suppose toujours un certain savoir, c'est-à-dire l'intelligibilité de ce qu'elle affirme. Et l'absolu est intelligible : il doit l'être, pour qu'on y croie.

Mais ce qui est vrai, c'est que la foi, j'entends la foi morale, est nécessaire pour vivifier et rendre pratique l'affirmation de la raison théorétique. Celle-ci est muette pour le cœur et ne meut pas la volonté. La foi seule peut soulever toutes les puissances de l'âme, les orienter vers la perfection. La raison pure trace en quelque sorte les cadres abstraits de la religion : c'est la foi qui les remplit de substance divine, saisit comme réel ce qui doit être, et d'une nécessité logique fait un objet vivant, un indéfectible foyer de perfection et d'amour. Dans l'ordre de la pensée religieuse, la foi achève ce que la raison commence : *Je vois, je sais, je crois;* je crois, parce que je sais; je sais, parce que je vois; mais Pauline ne s'offrirait pas à la mort si elle se contentait de savoir. La foi seule fait le dévot, le martyr; et n'est pas vraiment philosophe, qui n'est pas un dévot, s'il le faut un martyr, de ce que sa raison tient pour vérité.

CHAPITRE VII

STUART MILL

S'il était besoin d'une preuve que l'esprit humain ne saurait se désintéresser entièrement des problèmes relatifs à l'existence d'une cause première, d'un principe créateur ou ordonnateur de toutes choses, il suffirait d'invoquer l'exemple de Stuart Mill. Certes, nul plus que lui ne fut attaché à la méthode expérimentale; nul n'en détermina mieux les conditions, la portée, les limites; il fut rigoureusement positiviste, refusant, malgré une longue amitié, de suivre Auguste Comte dans ce mysticisme chimérique et puéril par lequel ce grand esprit donnait un affligeant démenti à toute sa doctrine antérieure. Et pourtant, la question de Dieu fut la dernière préoccupation de Stuart Mill, puisqu'il composa l'*Essai sur le théisme* quelques années seulement avant sa mort. En conclura-t-on que, sur la fin de sa vie, il devint, à son tour, infidèle à sa propre méthode? En aucune façon; mais il lui parut que le problème religieux pouvait être posé scientifiquement; il se demanda ce que l'expérience, convenablement interrogée, laisserait subsister du déisme traditionnel, et, par cette enquête, il a rendu un service qui, selon nous, n'a pas été suffisamment apprécié jusqu'ici. Sa critique, en effet, sévère plutôt que complaisante, a bien pu rendre nécessaire la revision de certaines preuves; mais elle n'a pas ébranlé l'antique et populaire argument des causes finales; si elle nie l'existence d'un créateur de la matière, elle s'incline devant les marques éclatantes d'une sagesse ordonnatrice de l'univers. En face des négations bruyantes et radicales qui prétendent se réclamer de la science positive, ce témoignage d'un positiviste, à qui l'on ne saurait refuser ni la culture scientifique, ni la sincérité, mérite assurément d'être recueilli. C'est, si l'on veut, un *minimum* de déisme ; mais il n'est pas indifférent que ce minimum soit accordé par un esprit tel que Stuart Mill, au nom même de la méthode expérimentale, exactement appliquée.

Nous aurons d'ailleurs à nous demander si ce minimum ne doit pas être agrandi, si quelques-unes des preuves rejetées par le penseur anglais n'ont pas plus de valeur qu'il ne leur en attribue, et si, sans sortir des conditions d'une induction scientifique, nous ne pouvons connaître sur la divinité plus qu'il ne se croit permis d'en affirmer.

I

Stuart Mill nous a raconté dans ses Mémoires l'impression profonde que fit sur lui la lecture de l'opuscule de Bentham publié, après la mort de l'auteur, par Georges Grote, sous le titre : *Influence de la religion sur le bonheur du genre humain*. On sait que, dans cet écrit, Bentham soutenait que la religion naturelle produit, tout compensé, plus de mal que de bien. La principale raison qu'il en donne, c'est que, nous représentant Dieu comme tout-puissant et disposant, dans une vie future, de peines et de récompenses infinies et éternelles, la religion imprime fortement dans nos âmes l'idée d'un despote capricieux, qui prétend régner par l'épouvante et se complaît au spectacle de la misère du plus grand nombre. Cette thèse (1), Bentham l'établit avec sa vigueur ordinaire de logique, et il essaye de la confirmer par cette méthode, d'une exactitude plus apparente que réelle, qui consiste à faire la balance des plaisirs et des peines pour déterminer l'excédent de dommage imputable à la religion. Mais cette religion, il en présente l'idée la plus fausse : à l'en croire, elle n'enseigne qu'un Dieu armé d'un pouvoir illimité, sans rien dire ni de sa bonté, ni de sa sagesse, ni de sa justice. Les conclusions de Bentham n'auraient donc quelque valeur que s'il était possible de reconnaître la religion naturelle dans l'image infidèle et mutilée qu'il nous en trace. Aussi comprend-on mal que Stuart Mill n'ait pas

(1) Hume avait exprimé des idées analogues (V. *Dial. sur la Relig. natur*. Ed. d'Edimbourg, pp. 514-516).

aperçu du premier coup un si grossier sophisme et qu'il ait attribué tant d'importance à un ingénieux paradoxe. Quoi qu'il en soit, on ne saurait douter qu'il ne l'ait pris fort au sérieux ; là est le point de départ de toutes ses spéculations dans l'ordre de la théologie naturelle ; par là s'explique le dualisme auquel il aboutit.

Si en effet la conception d'un être tout puissant est, pour l'humanité, la source de tous les maux signalés par Bentham, si d'ailleurs il est impossible d'extirper du cœur de l'homme la croyance à un être suprasensible dont la science même semble attester l'existence par ses plus légitimes inductions, le seul moyen de rendre la religion inoffensive et de lui faire atteindre le *maximum* d'utilité dont elle est susceptible, c'est d'en éliminer l'hypothèse de l'omnipotence divine. La puissance de Dieu sera fort grande, mais elle ne sera pas infinie : elle aura en face d'elle la matière éternelle et ses propriétés nécessaires ; elle devra, pour réaliser les plans de sa sagesse, transiger, en quelque sorte, avec sa rivale, tenir compte d'éléments et de forces qu'elle n'a pas créés, et, par adresse, les faire servir comme moyens à l'accomplissement de ses fins. Telle est, sans qu'il soit besoin de la développer plus longuement, la conception fondamentale de la théodicée de Stuart Mill, et ce n'est pas une médiocre surprise, pour l'historien des systèmes, de voir restaurer de nos jours, par un esprit qui prétend appliquer rigoureusement les procédés de la méthode expérimentale, l'antique doctrine que le poétique génie de Platon enveloppait, dans le *Timée*, sous les voiles d'un symbolisme obscur et magnifique (1).

Tout l'effort de Stuart Mill pour établir son dualisme porte sur l'argument dit cosmologique ; cet argument est, selon lui, une généralisation inexacte de l'expérience. Celle-ci nous montre, il est vrai, que tout phénomène a une cause, car un phénomène est un changement, lequel est toujours déterminé par un antécédent ou un groupe d'antécédents ; mais elle ne nous apprend pas que dans l'univers tout soit phénomène et changement. Il y a les substances et leurs propriétés essentielles qui persistent immuables, à travers les

---

(1) C'était d'ailleurs aussi, nous l'avons vu, une des hypothèses proposées par Hume, et auparavant par Voltaire. Il est probable que, sans le dire, Mill l'a empruntée à Hume.

métamorphoses dont le spectacle mobile frappe nos sens ; ce fonds permanent des choses n'est-il pas éternel, par suite soustrait à la loi de causalité ? L'expérience, en tout cas, ne dit pas le contraire. — Bien plus, dans la partie changeante de la nature, il semble qu'on puisse démêler un élément toujours le même, qui, par ses transformations apparentes, explique l'infinie variété des phénomènes et contienne la raison primordiale de tous les changements dont la série constitue ce qu'on appelle l'enchaînement des causes secondes. — Cet élément actif, cette cause des causes, elle-même sans cause (l'expérience tout au moins ne lui en connaît pas), c'est la force. Le grand principe de la conservation de la force, qui domine toute la science moderne, suppose l'existence d'une quantité invariable d'énergie dans l'univers, de telle sorte que la dépense qui se fait sur un point se trouve exactement compensée par le gain qui se fait sur un autre, et qu'à tous les instants de la durée la somme totale soit identique.

Ainsi la matière et la force sont ou peuvent être incréées ; nulle induction ne nous oblige à leur assigner des causes ; la loi de causalité ne régit que le monde des phénomènes, c'est-à-dire des choses qui ont un commencement. — On peut objecter que la raison cherche une cause à la force même, et que cette cause pourrait bien être l'esprit. L'expérience paraît ici d'accord avec elle ; car l'esprit, sous forme de volonté, engendre des mouvements. — Mais, répond Stuart Mill, il n'y a encore ici que transformation, non création de la force ; la volonté ne fait que rendre à la circulation extérieure, par les mouvements qu'elle détermine, la force latente emmagasinée dans le cerveau par la nutrition. Et l'on soutiendrait vainement que l'esprit a tout au moins ce privilège exclusif de créer, non pas la force elle-même, mais des manifestations de la force, car, dit Stuart Mill, « tout ce que la volition peut faire pour créer des mouvements avec d'autres formes de force, et généralement pour dégager de la force et la faire passer d'une forme latente à un état visible, peut arriver par d'autres causes L'action chimique, par exemple, l'électricité, la chaleur, la présence seule d'un corps qui gravite, sont autant de causes de mouvement mécanique sur une bien plus vaste échelle qu'aucune des volitions que l'expérience nous présente ;

et, dans la plupart des effets qui se produisent ainsi, le mouvement communiqué par un corps à un autre corps n'est pas, comme dans les cas ordinaires de l'action mécanique, un mouvement qui a d'abord été communiqué à cet autre par un troisième corps. Le phénomène ne consiste pas seulement en une communication de mouvement mécanique, mais c'est une création de mouvement à l'aide d'une force auparavant latente ou qui se manifestait sous quelque autre forme. Considérée comme un agent dans l'univers matériel, la volition ne possède donc aucun privilège exclusif de faire commencer quelque chose ; tout ce qu'elle peut faire commencer, d'autres agents de transformation peuvent aussi le faire commencer (1). »

Mais ici un nouvel appel à l'intuition peut être tenté. Parmi les faits qui composent l'univers, dira-t-on, se trouve l'esprit : or il est évident *a priori* que l'esprit seul peut avoir produit l'esprit. — Que l'esprit, répond Stuart Mill, ait commencé à une époque déterminée d'exister sur notre planète, la science l'établit suffisamment ; c'est là un phénomène, un commencement qui veut être expliqué par une cause. S'il s'agit d'une production *consciente*, le prétendu principe rationnel qu'on invoque est indiscutable : mais pourquoi cette production n'aurait-elle pas été inconsciente ? Et, dans ce cas, il est fort possible que l'esprit ait été, dans le cours de l'évolution, l'effet d'autres causes que de l'esprit. L'expérience ne cesse de nous montrer des causes donnant naissance à des produits d'un ordre plus noble qu'elles-mêmes. « Combien plus nobles et plus précieux ne sont pas les végétaux et les animaux supérieurs, par exemple, que le sol et les engrais aux dépens et par les propriétés desquels ils croissent ? Tous les travaux de la science moderne tendent à faire admettre que la nature a pour règle générale de faire passer par voie de développement les êtres d'ordre inférieur dans un ordre supérieur et de substituer une élaboration plus grande et une organisation supérieure à une inférieure. Qu'il en soit ainsi ou non, il n'en existe pas moins dans la nature une multitude de faits qui présentent ce caractère, et cela suffit pour la question qui nous occupe (2). »

---

(1) *Essais sur la religion*, trad. Cazelles, pp. 137-138.
(2) Pp. 142-143.

Voulût-on d'ailleurs maintenir en face du témoignage de l'expérience la légitimité du principe intuitif, on n'en serait pas plus avancé. Expliquer l'esprit par l'esprit, ce n'est que reculer la difficulté ; l'esprit créateur a autant que l'esprit créé besoin d'un autre esprit qui soit la source de son existence. D'esprit en esprit, de cause en cause, il nous faut remonter à l'infini ; nulle raison pour s'arrêter à un point quelconque de cette série régressive. Un esprit éternel n'est qu'une hypothèse, et la question reste tout entière.

Telle est, dans ses traits essentiels, cette remarquable discussion de la preuve cosmologique. On voit clairement l'importance pratique du dualisme auquel elle conclut. Le mal qui surabonde dans la nature, Dieu n'en est plus responsable ; il a fait son possible, il est innocent. L'homme a désormais mieux à faire qu'à maudire ou à se résigner : il peut devenir le collaborateur de la Providence dans ses louables efforts vers le mieux ; il peut, par ses faibles forces, prêter un concours appréciable à la puissance gigantesque, mais limitée, qui lutte contre ce principe aveugle où Stuart Mill, comme Plotin, voit l'essence même du mal, la matière.

II

Dans ces débats qui, depuis qu'elle existe, remplissent la métaphysique, on ne peut espérer que, de part ni d'autre, se produise quelque argument absolument nouveau. La critique de Stuart Mill est pénétrante ; mais ses objections, s'il a su leur donner une forme et comme un accent personnels, on les avait présentées avant lui (1). De même en est-il des réponses à ces objections. Ou bien elles sont faites depuis longtemps, ou bien il faut renoncer à les trouver jamais. Pourtant les notions plus précises et plus exactes que la science positive permet de concevoir sur la matière fournissent au défenseur du déisme traditionnel des armes d'une trempe meilleure et d'une efficacité renouvelée.

(1) On aperçoit sans peine l'analogie qui existe entre ces arguments de Stuart Mill et quelques-uns de ceux qu'avait déjà développés Hume contre le principe des causes finales. Il n'est guère possible de douter que Mill se soit largement inspiré des *Dialogues sur la religion naturelle*.

Stuart Mill en appelle à l'expérience contre la légitimité de la preuve cosmologique ; c'est également l'expérience, ce sont du moins les inductions auxquelles elle conduit, qu'on peut invoquer contre Stuart Mill.

Dans un court et substantiel ouvrage intitulé *Théisme*, M. Robert Flint s'est proposé cette tâche, et il l'a remplie, selon nous, avec un remarquable succès. — Que s'agit-il, demande M. Flint, d'établir pour mettre à néant les objections de Stuart Mill ? Que l'univers tout entier, dans ses éléments permanents, comme dans ses phénomènes variables, est un effet ; qu'aussi profondément que l'on puisse pénétrer dans la constitution de la matière, on y découvre mouvement, changement, passage d'une forme à une autre forme, — ce qui, de l'aveu même de Stuart Mill parlant au nom de la science expérimentale, implique la nécessité d'une cause.

Et d'abord, qu'entend Stuart Mill par « les substances spécifiques élémentaires et les propriétés qui leur sont inhérentes, » cette portion des choses qui, selon lui, serait éternelle et incréée ? S'il veut désigner les corps simples de la chimie, on lui opposera l'hypothèse, fort légitime, qui n'y voit que des modifications ou des synthèses d'un élément matériel unique. Comment, en effet, supposer, dès l'origine de l'univers, l'existence de soixante-quatre ou soixante-cinq substances irréductibles ?

Admettons pourtant ces prétendus corps simples : on ne niera pas que chacun d'eux ne soit composé de parties similaires qui échappent à toutes les prises de l'observation. Par l'expérience, on connaît l'oxygène ; mais l'oxygène est formé d'atomes que l'expérience n'atteint pas. Or, si l'oxygène est une substance invariable, douée de propriétés invariables, il n'est évidemment tel que par la nature de ses atomes. L'oxygène sur lequel opère le chimiste peut changer indéfiniment de poids, de volume, etc. ; rigoureusement, il n'y a dans l'oxygène que ses atomes qui ne changent pas, et comme l'atome n'est pas objet direct d'expérience, il est inexact de soutenir, ainsi que le fait Stuart Mill, que celle-ci nous révèle l'existence d'éléments immuables dans l'univers.

Mais concédons que l'atome existe, qu'il existe éternellement et par soi. Des atomes en nombre illimité ne nous donnent pas encore le cosmos. Ici, la réfutation est facile et connue. L'univers forme un tout harmonieux; le *consensus* des parties qui le composent se manifeste à l'œil pénétrant de la science aussi bien qu'au regard le plus superficiel. Prétendre que les atomes ont eux-mêmes produit cet accord, n'est-ce pas dire qu'ils ont tenu conseil, qu'ils ont élaboré un plan en commun? De fait, la multiplicité d'éléments impénétrables, irréductibles, n'expliquera jamais l'unité merveilleuse qui se cache sous la variété de l'ensemble. Et cette unité, c'est vraiment là, le mot l'indique, ce qui proprement constitue l'univers et le distingue d'un inintelligible chaos.

Ce n'est pas tout, et la raison, éclairée par la science, n'aperçoit pas le plus léger motif pour attribuer aux atomes l'éternité. Parmi les théories les plus récentes sur la constitution ultime de la matière, celle qui paraît expliquer le plus grand nombre de faits est la théorie des atomes-tourbillons, suggérée à M. Thomson par la découverte de Helmholtz relativement à ce qui se passe dans les mouvements des fluides. D'après cette hypothèse, les atomes seraient « de petits tourbillons se mouvant circulairement dans l'éther, les parties rotatoires d'un fluide parfait qui remplit tout l'espace ». Mais, observe justement M. Flint, on ne comprend pas comment le mouvement, dans un fluide parfait, pourrait commencer naturellement. Le frottement étant rigoureusement nul, il est clair que le mouvement, une fois produit, ne s'arrêtera plus; mais c'est le commencement qui ne s'explique pas. Par suite, rien ne rend compte, dans la théorie de M. Thomson, ni de la production, ni de la destruction d'un seul atome de matière. « L'origine ou la cessation du mouvement dans un fluide parfait doit être l'effet d'une action surnaturelle; en d'autres termes, chaque atome-tourbillon doit nécessairement à une impulsion divine la rotation qui lui donne son individualité. »

Ainsi, par ses inductions les plus autorisées, la science dépouille de leur éternité menteuse les éléments derniers de la matière; au cœur même de l'atome, elle se croit en droit de signaler le mouvement, le changement, et, dans la plus petite molécule, une complexité presque infinie. « Nous avons de bonnes raisons de croire, dit Stanley Jevons, que même les atomes chimiques sont de structures extrêmement complexes; qu'un atome de fer pur est probablement un système beaucoup plus compliqué que celui des planètes et de leurs satellites ; que chaque élément constitutif d'un atome chimique parcourt, pendant une durée qui n'est que la millionième partie de celle d'un clin d'œil, un orbite où il est, simultanément ou successivement, sous l'influence de beaucoup d'autres éléments, ou peut entrer en conflit avec eux ; que chacune de ces particules infiniment petites résout, selon les belles paroles de Sir John Herschel, et cela pendant une durée illimitée, des équations différentielles qui, si elles étaient écrites en entier, pourraient couvrir la surface de la terre entière. »

On sait d'ailleurs que certaines déductions tirées par M. Thomson de la théorie de la chaleur de Fourier semblent établir scientifiquement que l'univers actuel a eu un commencement dans la durée. « Il est impossible, dit encore M. Stanley Jevons, de tracer l'histoire de la chaleur de l'univers, en remontant à une distance infinie dans le passé... Les formules donnent alors des valeurs impossibles qui montrent qu'il y a eu quelque distribution initiale de la chaleur, laquelle n'aurait pu être, selon les lois connues de la nature, le résultat d'aucune distribution antérieure. Il y a d'autres cas où la considération de la dissipation de l'énergie conduit à la conception d'une limite relativement à l'antiquité de l'ordre actuel des choses. » Il est vrai que des objections graves ont été faites contre quelques-unes des conséquences de la théorie de Fourier ; mais ces objections n'ont de valeur que dans l'hypothèse où la matière et l'énergie seraient infinies et l'espace limité ; or une telle hypothèse est difficilement acceptable, et tout porte à croire que la matière est finie et l'espace sans bornes.

En résumé donc, il est permis de conclure que, jusque dans ses éléments ultimes, l'univers implique mouvement, changement, partant qu'il a commencé, qu'il est un phénomène et qu'il a une cause. La tentative de Stuart Mill de soustraire à la loi de causalité une portion, prétendue immuable et éternelle, de l'univers, est condamnée par la science. Aux yeux mêmes d'un positiviste, pourvu qu'il n'aille pas jusqu'à bannir toutes les hypothèses, fussent-elles les plus légitimes, relativement à la constitution de la matière, l'antique argument cosmologique n'a rien perdu de sa solidité.

III

Nous venons de résumer brièvement la discussion la plus remarquable que nous connaissions du dualisme de Stuart Mill. Tout n'est pas dit cependant, et la preuve de l'existence de Dieu comme cause de l'univers est loin d'être achevée.

D'abord, à supposer que la théorie atomistique de Thomson fût généralement admise, il s'ensuivrait tout au plus qu'une cause suprasensible est nécessaire pour expliquer l'origine des tourbillons qui ont donné naissance aux atomes; il resterait à démontrer que l'éther même a eu un commencement. Pourquoi l'éther ne serait-il pas incréé? Pourquoi n'y verrait-on pas, sous un nom plus moderne, cette matière sans forme que la métaphysique des Grecs plaçait en face du démiurge, le *lieu*, la *matrice*, la *nourrice du monde*, comme parle Platon dans le *Timée*?

Ici, l'expérience et les inductions scientifiques sont muettes : c'est à la raison seule à prononcer. Or, étant donné un fluide parfaitement homogène, d'une élasticité prodigieuse (la science n'en dit pas davantage sur l'éther), peut-on concevoir qu'il existe par lui-même? Un pareil corps est tout juste à la limite inférieure de l'être; on fait de propriétés, il ne possède que celles qui sont indispensables pour le distinguer de l'espace. C'est un minimum de matière, et l'indigente réalité de l'atome est, en comparaison, d'un prix infini. Il serait étrange qu'une substance aussi dépouillée d'attributs eût ce privilège éminent d'exister par elle-même, et que, impuissante, par hypothèse, à dessiner dans son sein uniforme les tourbillons d'où va sortir le monde atomistique, incapable de produire le plus humble des phénomènes, elle fût cause de soi. Exister par soi-même, n'est-ce pas en effet posséder nécessairement une énergie que rien ne puisse détruire ou altérer? Et une telle énergie n'est-elle pas, pour la raison, identique à la cause des causes, à la cause absolue?

En admettant d'ailleurs l'existence absolue de l'éther, je ne vois pas ce que le dualisme de Stuart Mill y gagnerait. Condition élémentaire des êtres et des phénomènes de l'univors futur, immobile et diffus dans l'espace, sans résistance, puisque sa fluidité est parfaite, l'éther ne saurait présenter le moindre obstacle au doigt tout-puissant qui se propose d'y tracer le plan harmonieux du cosmos. L'art divin s'y joue librement, la sagesse et la bonté ne pourront rejeter plus tard sur une matière indocile la responsabilité des maux qui, selon Stuart Mill, déshonorent la création. Il faut trouver à Dieu une meilleure excuse, ou plutôt reconnaître qu'il n'en a pas besoin, et, tout en lui laissant l'omnipotence, le déclarer innocent.

Mais l'éther existe-t-il ? Nul ne peut l'affirmer. Il est, comme l'atome, une hypothèse commode pour rendre compte d'un certain nombre de faits qui tombent directement sous l'observation. L'expérience seule peut saisir le réel, et ni l'éther ni l'atome ne sont objets d'expérience. Les hypothèses, dit fort bien G. Lewes (1), sont des constructions idéales, qui servent à donner une unité et une perfection systématiques aux expériences sensibles ; mais elles ne doivent jamais prendre la place de ce qu'elles sont destinées à expliquer. La conformité même de l'expérience avec les calculs qui se fondent sur elles ne prouve pas qu'elles expriment la réalité des choses. « L'hypothèse d'une *action à distance* est rigoureusement d'accord avec ce que l'observation nous apprend des phénomènes électriques ; mais on obtient le même accord en partant de l'hypothèse contraire d'une action propagée à travers un milieu. Pourtant les deux hypothèses ne peuvent exprimer à la fois la vérité. L'hypothèse d'un fluide impondérable, le calorique, était la base de l'expression mathématique des lois du rayonnement, de la transmission, de la réfraction et de la polarisation ; elle a été remplacée depuis par l'hypothèse de vibrations moléculaires. »

Donc, à rigoureusement parler, la matière ne nous est scientifiquement connue que par les sensations que nous en avons. Ce qu'elle est en soi, le savant qui veut rester fidèle à la méthode expérimentale ne peut que l'imaginer, en prolongeant idéalement, pour ainsi dire, notre expérience au delà du champ où l'enferment les conditions de ses perceptions. Dynamisme et atomisme (la théorie de l'éther n'est qu'une forme particulière de cette dernière hypothèse) sont égale-

(1) *Problems of life and Mind*, t. II, pp. 334-336.

ment légitimes, en tant qu'ils expriment abstraitement, l'un l'activité, l'autre la passivité de l'existence extérieure; ils sont vrais tous les deux, puisque dans l'objet commun de nos sensations le caractère passif et le caractère actif sont réellement inséparables; mais ils ne sauraient prétendre à nous révéler quoi que ce soit de la nature absolue de cet objet.

Mais, s'il en est ainsi, où trouver dans l'univers physique rien qu'on puisse concevoir avec quelque vraisemblance comme soustrait à la loi de causalité? Tout, dans le champ de l'expérience, n'est-il pas mouvement, changement, métamorphose, et, si profondément que plonge la science dans les abîmes du passé, peut-elle jamais se prendre à quelque chose qui n'ait pas eu d'origine? C'est d'hier que date à ses yeux l'éternité des Alpes; elle assiste à la genèse de la terre et du système tout entier dont celle-ci n'est qu'un point; et par delà la nébuleuse primordiale, d'où le soleil et ses planètes sont sortis, elle est contrainte de supposer je ne sais quelle vapeur plus diffuse encore sans pouvoir saisir nulle part dans la nature le commencement de ces étonnantes démarches. Οὐδὲν μένει, rien ne demeure; ce mot de la sagesse antique, chacune des conquêtes de la science dans le domaine de l'univers physique lui donne une nouvelle confirmation.

On dira que les lois au moins sont immuables. Assurément; mais les lois sont des rapports constants entre certains phénomènes et d'autres phénomènes qui sont les conditions de ceux-ci. Des rapports ne sont pas des êtres; ils n'ont d'existence qu'à titre d'abstractions de la pensée et dans l'esprit qui les pense. Je ne veux pas dire que l'esprit humain crée en quelque sorte les lois de la nature; elles ont une réalité objective, en ce sens qu'elles sont pour nous l'expression d'un ordre que nous ne faisons pas; mais qui veut bien analyser cette idée d'ordre voit clairement que l'ordre ne saurait proprement exister que dans et par une intelligence. Ce n'est en effet que pour l'intelligence qu'il y a antécédents et conséquents, identité et différence, rapport en un mot, et, si l'ordre suppose tout cela, l'ordre est vraiment l'œuvre de l'esprit. Et, si l'esprit humain a cependant conscience de ne pas tirer de son fonds les lois de la nature, il reste qu'il les découvre, à travers les faits donnés dans l'expérience, non pas comme des éléments de l'univers, mais comme les formes d'une pensée analogue à lui-même, que l'univers ne contient ni n'explique et qui seule les rend intelligibles.

IV

Avoir établi contre Stuart Mill que l'univers tout entier est un effet, c'est, semble-t-il, avoir placé au-dessus de toute objection la validité de l'argument cosmologique. Cependant plus grand est l'objet dont il s'agit de démontrer l'existence, plus nous devons nous montrer exigeants pour la preuve. Il faut en soumettre toutes les parties à une critique minutieuse, et s'assurer que nulle part elle ne fléchit sous le poids d'une conclusion qui n'est rien de moins que Dieu même.

Or toute la force de l'argument dépend de la légitimité du principe qu'on appelle principe de causalité, et dont Stuart Mill a donné cette excellente formule : Tout événement ou changement provient d'une cause. Il importe en effet de bien marquer que le changement seul, en tant que tel, implique aux yeux de l'esprit l'existence d'un antécédent qui en soit la raison suffisante. Aussi tout l'effort de la discussion précédente a-t-il eu pour but de montrer que nous ne connaissons expérimentalement rien dans l'univers qui ne soit événement ou changement.

Mais ce principe même, tel qu'il est énoncé par Stuart Mill, ne soulève-t-il aucune difficulté ? Loin de là, et c'est par où l'argument cosmologique paraît le plus vulnérable.

Et tout d'abord Stuart Mill n'a pas manqué de reproduire la vieille objection de la régression à l'infini des causes. L'expérience, dit-il, nous révèle bien que tout changement a une cause; mais elle nous fait voir aussi que cette cause est elle-même un changement antérieur, lequel est à son tour déterminé par un changement qui le précède, et ainsi de suite, sans que la loi de causalité permette de s'arrêter jamais à une cause qui elle-même ne soit pas un changement et ne dépende d'aucune autre. — Il semble même que le principe de causalité exclut l'hypothèse d'une cause absolument première, car une telle cause, étant elle-même sans cause, se trouverait en contradiction avec la loi fondamentale de l'investigation scientifique.

M. Flint a parfaitement démêlé le sophisme caché dans cette argumentation. De ce que la loi de causalité, dit-il, régit tous les changements de l'univers, il ne s'ensuit pas qu'elle s'applique à la cause première : celle-ci, par définition, est nécessairement d'un autre ordre que celui des causes secondes, et c'est un procédé différent de l'esprit qui nous en fait connaitre l'existence. Ici, en effet, se manifeste la distinction profonde établie par Platon et toute l'école rationaliste entre la raison discursive et l'intuition pure (διάνοια, νόησις). La régression dans la série des causes secondes, voilà l'œuvre de la διάνοια, qui, à mesure qu'elle remonte l'enchaînement de termes équivalents, comprend mieux l'impossibilité de ne pas les rattacher à un premier terme, incommensurable avec les autres et qui lui-même ne soit suspendu à rien. Ἀνάγκη στῆναι, disait énergiquement Aristote, il faut s'arrêter; cette nécessité, l'intuition pure la saisit, et saisit du même coup la cause immuable devant laquelle expire, impuissant, l'effort du procédé discursif.

On dira que cette prétendue nécessité est toute subjective; elle peut être une loi de notre constitution intellectuelle; rien ne prouve qu'elle soit l'expression de la nature des choses. — Rien ne le prouve, en effet, si l'on veut dire que l'esprit ne peut sortir de lui-même et s'installer au cœur de la réalité en soi. Il est trop évident que l'esprit, quoi qu'il fasse, ne saurait connaitre que par ses lois; elles sont lui; il ne peut pas ne pas les transporter avec lui; la réalité ne lui est donnée que par elles : entend-on qu'il doive d'abord s'anéantir afin de n'altérer par aucun mélange de son être celui de son objet? Nous atteignons toute la certitude possible et concevable quand il nous est démontré qu'une proposition ne peut être pensée par nous autrement qu'elle ne l'est. Or tel est ici le cas. En affirmant que toute série, fût-elle indéfinie, de changements, suppose une cause première immuable et qui n'a pas commencé, j'affirme simplement que tout changement a une cause, affirmation qui, de l'aveu de Mill, est la condition nécessaire de toute pensée scientifique. S'il n'existe pas de cause première, il n'y a pas de cause du tout, chaque événement qui en produit un autre étant lui-même effet relativement à un événement antérieur; et ainsi le caractère de la cause, éliminé successivement de tous les termes de la série régressive, ne peut se retrouver que dans un terme absolument premier, antécédent suprême et éternel, de qui tous les autres empruntent la causalité que nous leur attribuons à l'égard de leurs conséquents respectifs.

On insiste et on soutient que le principe de causalité n'est en lui-même qu'un jugement analytique qui ne nous apprend rien. La tautologie serait manifeste si on employait la formule aujourd'hui décriée : « Tout effet a une cause ; » mais quelque énoncé qu'on donne du principe, pour être moins évidente peut-être, elle n'existe pas moins. Le principe de causalité est essentiellement l'expression d'un rapport nécessaire entre un phénomène ou changement considéré comme conséquent et d'autres changements ou phénomènes qui sont regardés comme les antécédents constants de celui-ci. Mais qui ne voit que les mots *antécédents* et *conséquent* sont corrélatifs et que l'une de ces idées contient et pour ainsi dire répète l'autre ? Le principe de causalité revient ainsi à cette vaine proposition : ce qui suit est nécessairement précédé, ou ce qui précède est nécessairement suivi. — Il y a plus : la cause et l'effet, l'antécéde. et le conséquent, sont, dit-on, rigoureusement identiques et simultanés. Selon l'aphorisme de G. Lewes, la cause *est* son effet. Ce que j'entends par cause, c'est l'ensemble des conditions suffisantes pour que l'effet se produise ; mais ces conditions données, l'effet, par cela même, est produit ou plutôt ces conditions sont l'effet ; elles ne sauraient exister avant lui, puisqu'alors l'effet qui se produirait ultérieurement serait sans cause, et la production de ces conditions, c'est la production même de l'effet. Ce qui nous trompe, c'est que nous prenons souvent pour cause ce qui véritablement n'est pas cause. Nous isolons arbitrairement un ou plusieurs des antécédents, pour les substituer à la somme de tous ceux sans lesquels l'effet ne se produirait pas. Nous disons, par exemple, qu'une étincelle tombant dans une poudrière a causé la mort de cinquante personnes : certes, il n'y a ni ressemblance ni équivalence entre cette cause et cet effet. « Mais, en réalité, l'étincelle n'est ici que le premier anneau d'une série de conditions, et son effet est limité à la transmission de son agitation moléculaire à un petit nombre de grains de poudre ; ceux-ci transmettent leur agitation à la masse ; l'expansion des gaz

produit la destruction de la poudrière, etc. » Il est clair
que l'explosion de la poudrière n'est pas l'effet de l'étincelle
prise en soi ; celle-ci n'est qu'un élément dans une série
assez compliquée de facteurs dont l'explosion est la résultante. Il est clair aussi que, d'un antécédent à l'autre, il y a
rigoureuse équivalence : le mouvement moléculaire qui
constitue l'étincelle est égal à celui qu'elle communique ;
l'expansion des gaz n'est que la mise en liberté de la quantité d'énergie latente dans chacun des grains de poudre qui
ne sont eux-mêmes que ces mêmes gaz condensés et soli-
difiés, etc. La diversité apparente du premier et du dernier
terme de la série tient à ce que le premier représente plusieurs facteurs qui s'unissent pour former un groupe, lequel
devient à son tour facteur dans un autre groupe, et ainsi de
suite jusqu'à l'effet total. Mais si l'on ne considère qu'un seul
groupe de facteurs par rapport à un seul effet, l'identité se
manifeste aisément, pour peu que l'on veuille réfléchir. Par
exemple, la dilatation des gaz n'est que la somme des
mouvements moléculaires de chaque grain de poudre et de
ceux qui constituent l'étincelle. — De même encore, dit
G. Lewes, un verre de punch semble différent du rhum, de
l'eau, du sucre et du citron qui le composent ; mais ni le citron,
ni le sucre, ni l'eau, ni le rhum, pris à part, ne forment le
punch ; la vraie cause du punch, c'est le mélange de ces
quatre substances, et ce mélange est le punch même ; il est
identique à son effet, et celui-ci commence d'exister au
même instant que la cause dont il ne se distingue que pour
l'abstraction.

On comprend, sans qu'il soit besoin d'insister, quelles conséquences en découlent pour l'argument cosmologique.
L'univers, comme effet, devient identique à Dieu comme
cause ; ou plutôt, il ne saurait plus être question d'appliquer à l'univers la loi de causalité, l'univers ne représentant, aux yeux de G. Lewes, que la totalité abstraite de
tous les antécédents et de tous les conséquents susceptibles
d'être donnés dans l'expérience, sans qu'on puisse rien penser légitimement au delà.

Pour discuter cette doctrine, attachons-nous à la formule
de G. Lewes : la cause *est* son effet. S'il en est ainsi, je demande comment il nous est possible de distinguer l'un de
l'autre ? Si le rapport qui les unit est réellement un rapport

d'équivalence, d'identité, de simultanéité, où avons-nous pris qu'ils diffèrent, et qu'il y a entre eux antécédence et succession ? Illusion de l'esprit, répondra-t-on ; défaut de rigueur et d'analyse. — Mais cette illusion est tout au moins nécessaire; elle est la condition de toute science, de toute expérience. Conséquente avec elle-même, la doctrine devrait aller jusqu'à l'identité absolue de toutes choses. Dans la chaîne des causes et des effets, chacun des termes pouvant être mis en équation avec celui qui le précède, l'égalité se transmet tout entière d'un bout à l'autre de la série ; ou plutôt, puisque la succession même est illusoire, tous les termes se confondent en un seul, éternellement présent. Qu'on explique alors et le changement et la durée ! Il est trop clair que les antécédents d'un changement en diffèrent par quelque côté ; autrement, il n'y aurait pas changement. Il est trop clair aussi que le changement seul engendre en nous l'idée de la durée, en sorte que du fait de la durée il suit invinciblement que quelque chose commence à chaque instant d'exister, qui n'existait pas sous cette forme, et cette forme, c'est par où l'effet se distingue de la cause. Cette forme n'est-elle nouvelle que pour l'esprit? Puisqu'elle s'impose à lui et qu'elle semble donnée dans et par les choses mêmes, on doit croire qu'elle a en elles sa condition, et qu'ainsi le changement subjectif est la mesure et l'effet du changement objectif. On ne pourrait nier la réalité objective de la durée, du changement, de la multiplicité et de la diversité des phénomènes, que du point de vue d'une philosophie qui dénie toute valeur absolue à l'expérience, et s'installe de plain-pied, pour refuser d'en sortir, dans le domaine de l'indivisible, de l'immuable, de l'un. Mais cette philosophie n'est ni celle de G. Lewes, ni celle de Mill. Ce sont des expérimentalistes qu'ici nous combattons, et nous supposons qu'ils ne contestent pas la légitimité de l'expérience, l'existence des faits multiples et variables qu'elle saisit. C'est en partant du postulat suprême de leur méthode et de leur doctrine que nous discutons avec eux (1).

(1) Nous croyons ainsi échapper au reproche de contradiction qu'on pourrait nous faire. Dans le chapitre précédent, nous avons paru prendre à notre compte une doctrine opposée à celle que nous soutenons ici. Mais ici nous nous plaçons au point de vue inductif et expérimental, et nous en avons le droit, puisque c'est contre des expérimentalistes que nous défendons, dans le présent chapitre, la légitimité de principe de causalité.

J'accorde pourtant que, même aux yeux de la méthode inductive, l'effet est tout entier dans sa cause, et qu'il lui est rigoureusement équivalent, pourvu qu'on l'entende au sens où le prenait Aristote, c'est-à-dire que la cause est en puissance son effet, et l'effet, sa cause en acte. Cette grande et profonde distinction de la puissance et de l'acte tranche, selon nous, la difficulté. Tous les effets coexistent, peut-être éternellement, en tant que puissance; mais le passage de la puissance à l'acte, qui est le changement, n'est pas une vaine illusion; à moins, encore une fois, qu'on ne nie l'existence même du changement, c'est-à-dire l'existence de la nature telle que l'expérience nous la donne.

Revenons maintenant au problème métaphysique de la cause première et absolue. Appliquant les formules qui précèdent, nous dirions que Dieu, en tant que cause du monde, est le monde en puissance, et que le monde, en tant qu'effet, est la cause première en acte. Est-ce là confondre Dieu et le monde? Nullement, puisque la puissance et l'acte diffèrent spécifiquement. Est-ce diminuer la perfection divine, qui se trouverait ainsi rabaissée au niveau de la création? Non encore, car Dieu, cause de l'univers, n'est pas, si je puis parler ainsi, Dieu tout entier; il a, comme tel, toute la perfection, tout l'être qu'il communique à son effet, mais il ne s'ensuit pas qu'il n'ait pas d'autres perfections incommunicables; il a, par exemple, les attributs d'éternité, de nécessité, qui n'appartiennent pas au monde. — Dira-t-on enfin que faire pénétrer en Dieu la puissance, c'est prendre le contre-pied de la doctrine d'Aristote, qui voit en lui l'acte pur? — Mais on n'est pas tenu d'être aristotélicien jusqu'au bout. L'acte pur est la pensée de la pensée; et cette pensée ignore le monde; on ne prétend pas imposer un pareil dogme à un défenseur de l'argument cosmologique. Si Dieu est cause de l'univers, il est nécessaire qu'il y ait en lui quelque chose qui n'est pas encore l'univers et est capable de le devenir. Ce quelque chose, c'est ce que Platon appelait le monde intelligible; c'est, pour Leibniz, l'intelligence divine en tant qu'elle conçoit de toute éternité le meilleur des univers possibles. Et cet univers en puissance est même inférieur au monde créé, de cette infériorité métaphysique de la puissance par rapport à l'acte, du possible à l'égard du réel. Mais la puissance ne saurait s'actualiser toute seule;

sans une cause du mouvement, c'est-à-dire du changement, elle resterait éternellement puissance. Cette cause du mouvement, c'est ici l'acte créateur proprement dit faisant passer dans la sphère de la réalité objective l'univers, qui jusqu'alors existait subjectivement dans la pensée de Dieu. Cet acte, on peut le déclarer incompréhensible dans son essence, mais il est certain, selon les exigences de la raison, que la pure intelligence n'a pu produire le monde ; il y faut une autre condition, un élément analogue à une volonté. Il en faut même une troisième : c'est à savoir un motif qui détermine cette volonté, motif que la sagesse et la bonté peuvent seules fournir. Cette trinité de conditions rend l'existence de l'univers explicable ; elle en est la raison suffisante, la cause totale et adéquate ; elle est, pourrait-on dire sans paradoxe, l'univers lui-même, en ce sens que, si elle est donnée, l'univers est donné par cela même.

Et, qu'on le remarque bien, il ne s'ensuit nullement que l'univers soit identique ou coéternel à Dieu, — Dieu, comme cause de l'univers, n'est pas, nous l'avons déjà dit, Dieu tout entier ; la causalité n'épuise pas son essence. De plus, s'il est éternellement capable de créer le monde, il peut très bien n'avoir usé de son pouvoir qu'au moment précis qu'avait fixé sa sagesse. Il est cause en soi et pour soi de toute éternité ; il n'est cause du monde que dans le temps.

Ainsi nous croyons pouvoir conclure que la causalité en Dieu n'est nullement contradictoire avec l'attribut de l'absolu. Sans doute, l'absolu est ce qui est en dehors de toute relation, et Dieu en tant que cause du monde est évidemment conçu en relation avec son œuvre ; mais cette relation particulière ne détruit en rien le caractère absolu de sa substance. Il reste l'absolu en justice, l'absolu en bonté, etc. Il reste même l'absolu comme cause, si l'on entend par là qu'il est de toute éternité capable de créer, et qu'il n'est déterminé à le faire par aucune cause étrangère et supérieure à lui.

Une seule difficulté, croyons-nous, subsiste encore : c'est de savoir si la cause de l'univers est intelligente. La solution nous est indiquée par le principe que la cause est corrélative et analogue à son effet. Tout ce que nous savons de l'univers nous porte à le concevoir comme pénétré de pensée. Je n'ai pas à m'occuper de l'argument des causes finales, il me suffit que Stuart Mill en accepte la légitimité. La finalité dans la création démontre l'intelligence dans le Créateur. De plus, l'univers contient des esprits, et, du point de vue de l'expérience, ces esprits sont des phénomènes, puisqu'ils ont commencé dans le temps; il semble même, autant que nous en pouvons juger par le peu qui nous est révélé jusqu'ici de l'évolution universelle, qu'ils soient la cause finale de cette évolution; que, par suite, celle-ci n'ait de valeur et de signification que par eux. Si Dieu est la cause du monde dans sa totalité, il faut qu'il soit en quelque manière analogue aux plus importants parmi ses effets, c'est-à-dire aux esprits. Il y a en lui quelque chose qui ressemble à l'intelligence, bien que sans doute d'ordre plus élevé qu'elle.

Stuart Mill objecte que l'expérience nous montre dans la nature le supérieur produit par l'inférieur, la *non-pensée* engendrant la pensée. Mais l'expérience ne saurait tout à fait suffire en ces matières. La raison intervient, qui conçoit nécessairement une hiérarchie de perfection entre les différentes formes de l'existence; elle affirme, par exemple, que l'être inorganique est de perfection moindre que l'être organisé. Elle affirme même, contrairement à la succession historique des choses dans l'évolution universelle, que le plus parfait est logiquement et métaphysiquement la vraie cause du moins parfait, car il en est la cause finale, la seule condition intelligible. Par suite, franchissant les bornes de l'expérience directe, et prenant l'univers dans sa totalité, elle n'y voit qu'un effet unique dont la cause contient *éminemment*, comme disait Descartes, toute la perfection qui se révèle dans les créatures de l'ordre le plus élevé, dans les esprits. Et elle prononce ainsi, en vertu du principe de causalité, car un degré de perfection dans l'effet qui ne se retrouverait pas égal ou plus grand dans la cause serait un effet sans cause.

Il ne nous paraît pas, en résumé, que la critique de Stuart Mill ait sérieusement compromis l'argument cosmologique. Elle a pu faire œuvre utile en obligeant le déisme traditionnel à reviser, à fortifier une preuve dont l'apparente simplicité dissimulait quelques points obscurs ou insuffisamment établis; elle n'a pas ébranlé le fondement philosophique de la croyance à une pensée souveraine, cause première du monde et de l'esprit humain.

CHAPITRE VIII

M. HERBERT SPENCER

Il semble qu'on ait tout dit sur la philosophie de l'évolution. Nous-même, s'il nous est permis de le rappeler, nous en avons fait à plusieurs reprises l'objet de nos études (1); aussi pour éviter de nous répéter, ce qui aurait mauvaise grâce, nous attacherons-nous, dans ce chapitre, à être aussi bref que possible sur les points que nous avons ailleurs abondamment exposés et discutés. Nous nous bornerons strictement à l'examen de ces deux questions : que vaut la théorie de M. Spencer sur les origines de la religion ? Que vaut sa théorie de l'Inconnaissable ?

I

Si, comme on l'a dit, l'homme est un animal religieux, il semblerait que l'idée qui constitue essentiellement la religion, celle d'une ou de plusieurs puissances surnaturelles, dût être innée. Or, si j'en crois M. Spencer, bien des civilisés, sans l'éducation, en seraient totalement dépourvus. Ainsi l'on nous parle d'une dame américaine, sourde-muette, qui, arrivée à l'âge mûr, n'avait jamais eu la pensée que le monde dût avoir un créateur. Un révérend, qui a été vingt-huit ans en contact avec des sourds-muets, affirme qu'il n'a pas rencontré un seul exemple d'un sourd-muet, non soumis à l'éducation, qui eût une idée quelconque de l'exis-

---

(1) V. notre *Morale utilitaire*, t. II, sect. III, ch. III ; nos *Études sur la théorie de l'évolution aux points de vue psychologique, religieux et moral* ; et la *Conscience psychologique et morale dans l'individu et dans l'histoire*, ch. VI.

tence d'un Être suprême, créateur et maître de l'univers (1). »

Mais voici qui est plus grave : nombre de peuplades sauvages ne manifestent aucune tendance à une religion quelconque. Je lis dans M. Guyau : « Après les travaux de M. Roskoff, de M. Réville, de M. Girard de Rialle, il est impossible de soutenir qu'il existe aujourd'hui, sur la surface de la terre, des peuples absolument dépourvus de religion ou de superstition (ce qui revient au même quand il s'agit des non-civilisés) (2). » Puis j'apprends de M. Spencer que les Dors, les Bougos, les Zoulous même n'ont aucune idée religieuse ; je lis une conversation de Sir Samuel Baker avec un chef latouki, d'où il résulte que celui-ci n'a pas la moindre notion d'une autre vie, ni des esprits des morts, ni des puissances surnaturelles, bienfaisantes ou funestes. Il est même très avancé, ce chef sauvage, aussi avancé qu'on peut l'être chez nous dans certains milieux, et son irréligion s'exprime avec une ironie bien propre à confondre les préjugés attardés de nos déistes. « Pensez-vous, lui demande-t-on, que l'homme soit comme une bête, qui meurt et pour laquelle tout est fini ? — Certainement ; un bœuf est plus fort qu'un homme ; il meurt néanmoins ; ses os sont plus longs et plus gros... — L'homme n'est-il pas supérieur en intelligence au bœuf ? N'a-t-il pas un esprit qui dirige ses actions ? — Il y a des hommes qui ne sont pas aussi fins qu'un bœuf. Il faut que l'homme sème du grain pour avoir de quoi manger, tandis que le bœuf et les animaux sauvages peuvent se procurer de la nourriture sans semer... — N'avez-vous aucune idée de l'existence d'esprits supérieurs à l'homme ou à la bête ? N'avez-vous aucune crainte du mal, si ce n'est pour des causes physiques ? — J'ai peur des éléphants et des autres animaux quand je me trouve de nuit dans les fourrés, mais de rien autre. — Alors vous ne croyez à rien, ni à un bon ni à un mauvais esprit ? Vous croyez que lorsque vous mourez tout est fini pour votre corps et pour votre esprit, que vous êtes comme tous les autres animaux, qu'il n'y a aucune différence entre l'homme et la brute ; que l'un et l'autre disparaissent et finissent en mourant ? — Naturelle-

---

(1) *Princ. de sociol.* Tr. franc, t. IV, p. 2.
(2) *L'Irréligion de l'avenir*, p. 2.

ment. » Et lorsque Baker, en bon anglican qui possède sa Bible, lui présente l'argument de saint Paul tiré de la pourriture du grain de blé : « Fort bien, réplique le sauvage ; cela je le comprends. Mais le grain *primitif* ne ressuscite pas ; il pourrit comme l'homme mort, et tout est fini ; le fruit qui lève n'est pas le grain qui a été enterré, c'est une *production* de ce grain ; il en est ainsi de l'homme. Je meurs, je me décompose, je finis ; mais mes enfants grandissent comme le fruit de ce grain. Il y a des hommes qui n'ont pas d'enfants ; mais il y a des grains qui périssent sans donner de fruits, les uns et les autres sont finis (1). »

Quel esprit fort que ce chef latouki, mais pour nous quel embarras ! Voilà que l'*animisme* ou croyance aux âmes des morts n'est plus un fait universel de l'esprit humain. Nous nous étions mis, depuis quelques années, à l'école de la sauvagerie, pour apprendre les origines des religions, et les sauvages ne sont plus d'accord. Nous faudra-t-il, au risque de quelque irrévérence, tempérer par un peu de scepticisme provisoire notre enthousiasme pour les enseignements de l'évolutionisme en matière de sociologie, et notre confiance dans les procédés de sa méthode ? De fait, cette enquête, instituée sur toute la surface du globe auprès des races les plus infimes de notre espèce, que dis-je ! auprès des animaux eux-mêmes (car eux aussi, paraît-il, manifestent des phénomènes d'ordre religieux), — nous a toujours semblé peu concluante. Il n'est pas sûr d'abord que les sauvages représentent l'humanité primitive, et qu'ils ne soient pas des hommes dégénérés ; puis, je me demande si les missionnaires, les voyageurs, les explorateurs, ont bien vu, bien compris et fidèlement rendu ces natures intellectuelles et morales si profondément différentes de la nôtre. Comment faire passer dans la langue rudimentaire de ces peuplades des idées aussi abstraites que celles de création, de puissance surnaturelle, de vie future ? Comment savoir qu'on a interprété exactement des réponses que la défiance, bien légitime chez des êtres faibles et terrorisés, a pu rendre mensongères, des coutumes dont la présence même des étrangers doit ou gêner ou suspendre le plus souvent la pratique, des traditions et des légendes que la superstition interdit, presque toujours, de livrer à qui n'est pas de la

(1) *Ouvr. cité*, pp. 4, 5.

tribu, et qui n'ont pour se raconter que des idiomes informes, à peine compris des Européens après plusieurs années de séjour? Ajoutez que pour la même peuplade les témoignages sont quelquefois contradictoires ; que les témoins ne sont pas tous également intelligents ni également sincères; qu'il est difficile de contrôler leurs dires parce que les circonstances se modifient rapidement et que la civilisation envahissante aura bientôt détruit, a déjà profondément altéré les restes authentiques de la sauvagerie telle qu'elle était avant tout contact étranger ; — et vous trouverez qu'une théorie qui se dit scientifique et se contente de pareilles preuves, est en vérité satisfaite à peu de frais. Non que je méprise ce vaste amas de faits, recueillis, sans beaucoup de critique, de toutes parts et de toutes mains : c'est là, pour parler comme Bacon, une *première vendange* qui peut n'être pas sans valeur ; mais il est bien permis de n'accepter les conclusions qu'on en prétend dès maintenant tirer, que sous réserve d'informations plus complètes ou d'interprétations plus exactes. Il est même aujourd'hui permis d'affirmer que l'hypothèse, édifiée par M. Spencer avec cette méthode et ces matériaux pour expliquer l'origine des idées religieuses, ne tient plus.

Cette hypothèse, on le sait, suppose primitive la croyance à l'existence d'un esprit, d'un *double* du corps, d'une *ombre* de l'être vivant, capable de se détacher de lui et de lui survivre. La mort, surtout la mort violente, est un phénomène assez commun et assez tragique à la fois pour avoir frappé fortement l'imagination des premiers hommes. Ce chef redouté de la tribu, ce père aimé et puissant, le voilà immobile et glacé, quand le dernier souffle est parti. Le soir du jour funèbre, on parle de lui sous les huttes ou dans les cavernes ; la nuit, son image hante les sommeils troublés. Puisqu'on l'a vu en rêve, c'est qu'il vit encore : le sauvage fait mal la distinction entre les perceptions de la veille et les représentations des songes, le subjectif et l'objectif. Bien plus, quelques-uns, même éveillés, l'ont revu, vivant, marchant peut-être, ont entendu sa voix : l'hallucination doit être fréquente dans ces cerveaux affaiblis par de longs jeûnes et de continuelles terreurs, ou exaltés jusqu'à l'ivresse par de rares orgies de nourriture. M. Guyau raconte ce fait, récemment arrivé aux Etats-Unis. Un condamné à mort, à l'exécution duquel avaient assisté tous les détenus de la même prison, leur apparut successivement à tous le lendemain ou le surlendemain. « C'est là, ajoute-t-il, un cas bien remarquable d'hallucination collective qui nous montre qu'un groupe d'individus vivant dans le même courant d'émotions peuvent être frappés en même temps des mêmes visions, sans qu'il y ait de leur part aucune fraude consciente ou inconsciente (1). » Déjà Démocrite et Épicure, se faisant peut-être, sans le savoir, les échos de lointaines traditions, avaient expliqué l'origine de la croyance aux dieux par des courants d'images venant marquer leur empreinte sur l'âme des hommes, soit pendant la veille, soit pendant le sommeil. « Dès ces premiers temps, dit Lucrèce, les hommes voyaient en veillant des simulacres surnaturels, et dans le sommeil ils les voyaient plus grands encore. Ils leur attribuaient le sentiment, parce que ceux-ci paraissaient mouvoir leurs membres et faire entendre une voix impérieuse en proportion de leur port majestueux et de leurs forces démesurées. »

C'est qu'en effet ces fantômes devaient avoir, aux yeux du pauvre sauvage, une puissance mal définie et d'autant plus redoutable ; soustraits à la mort, puisque la destruction du corps ne les a pas atteints, impalpables et pourtant visibles, subtils et fuyants, agrandis par la terreur et l'ignorance, embellis peut-être par l'amour et le regret, ils flottent déjà au-dessus des choses terrestres et sont tout prêts à devenir des dieux. Selon qu'ils ont apparu, vêtus de sérénité surnaturelle ou armés de muettes menaces, que l'imagination s'en détourne avec épouvante ou s'élance vers eux avec tendresse, *ter conatus ibi collo dare brachia circum*, on les suppose irrités ou propices. De là le culte, qui n'est à l'origine qu'une série d'actes de propitiation. Les offrandes servent à apaiser la vengeance ou à capter la faveur des dieux. Les mutilations, les sacrifices sont des offrandes encore ; l'homme qui s'inflige une souffrance en déchirant sa chair ou en se coupant un doigt, qui, plus tard, quand les mœurs s'adoucissent, se contente de couper sa chevelure, semble offrir à l'esprit du mort divinisé quelque chose de lui-même et comme un échantillon de sa personne ; s'il immole des créatures vivantes, humaines ou animales, c'est qu'il me-

---

(1) *L'Irréligion de l'avenir*, p. 61.

sure la grandeur du bienfait qu'il attend à l'importance et
au prix de la victime. De plus, on prête à l'ombre du mort
les mêmes appétits, les mêmes désirs, les mêmes besoins
qu'il avait pendant sa vie : il lui faut, dans l'autre monde,
des armes, des esclaves, des femmes, des aliments. D'où,
plus tard, quand les esprits des morts sont devenus des
dieux, l'usage de faire monter de l'autel vers le ciel la fumée
des holocaustes ; les dieux déjà spiritualisés du paganisme
gréco-romain se contentent de cette nourriture moins matérielle : le parfum des chairs rôties, de la graisse brûlée, les
remplit de joie et leur suffit.

II

Si j'ai consacré quelques pages à rappeler une théorie
maintenant très connue, c'est que, dans le vaste monument
de la philosophie de M. Spencer, elle est peut-être ce qui
lui fait le plus d'honneur. Elle est la preuve la plus frap-
pante de l'habileté avec laquelle il sait grouper les faits, et
aussi des inépuisables ressources de son ingénieux esprit
pour en tirer une interprétation qui s'accorde avec les
données déjà acquises de l'évolutionnisme. Elle n'est pas
fausse, croyons-nous ; mais elle n'explique pas tout, et elle
n'explique pas l'essentiel. Elle ne reproduit même pas la
phase primordiale de l'évolution religieuse ; l'état mental
qu'elle décrit est ultérieur, non primitif.

La plus grave objection contre l'évhémérisme de M. Spencer, c'est qu'il ne rend pas compte du culte des animaux et
des objets inanimés, surtout des astres, culte aussi universel pourtant que celui des morts. Quand je dis que
M. Spencer n'en rend pas compte, je veux dire que son
explication ne saurait satisfaire. Elle est beaucoup trop
artificielle et détournée. Le culte des animaux n'est pour
lui qu'une méprise, l'effet d'une confusion d'idées ou d'un
oubli. Un chef fort s'est appelé lui-même ou a été appelé par
ses compagnons le Taureau : c'est un titre d'honneur,
un sobriquet héroïque, un nom de guerre. Ainsi le dieu
Ammon-Ra est représenté disant à Thotmès III : « Je les ai
fait contempler ta majesté comme le taureau jeune et plein
d'ardeur ;... je les ai fait contempler ta majesté comme un

crocodilo... C'est moi qui te protège, mon fils chéri ! Horus, taureau vaillant qui règnes sur la Thébaïde (1). » — Vous voyez l'enchaînement : Thotmès est *comme* un taureau, puis, dans le même texte, il *est* taureau vaillant. Devenu dieu, il sera le dieu taureau (ou crocodile), et le taureau sera l'objet d'un culte pour les descendants de ceux dont la reconnaissance et l'adoration ne s'adressaient d'abord qu'au *double* ou au fantôme du roi surnommé le Taureau de la Thébaïde. Ceci n'est qu'un exemple, car il est probable que, sous Thotmès III, le taureau était depuis longtemps divinisé. L'origine du culte des animaux plonge ses racines dans un ordre social bien plus imparfait que celui de l'Égypte pharaonique. C'est l'intelligence rudimentaire du sauvage qui, seule, a pu d'abord confondre l'animal avec l'âme du guerrier qui en a pris le nom ; c'est la tribu primitive qui, se mettant tout entière sous l'invocation de cette âme vaillante et puissante, devient ainsi la tribu du *Taureau*, celle du *Serpent*, du *Loup*, etc. Le *totémisme*, dans une tribu en formation, n'a pas dû demander plus de deux ou trois générations pour s'établir. Au bout de ce temps, le souvenir du chef est assez confus pour qu'on doute s'il a été un homme ou l'animal qui s'appelle comme lui. Le nom seul a survécu dans la mémoire obscurcie, et le mystérieux prestige qui s'y attache encore, c'est la bête qui en profite.

De même pour les objets inanimés. Une tribu a émigré de la montagne dans la plaine, elle est sortie des forêts, elle a quitté les bords de l'Océan ou d'une rivière : la tradition dira bientôt que les ancêtres étaient fils de la montagne, des arbres, de la mer, d'un fleuve. De là le culte des hauts lieux, des pierres et des rochers, des cours d'eau, des fontaines : de là l'Océan « père des dieux », 'Ωκεανόν τε θεῶν γένεσιν ; de là les nymphes et Téthys, les Dryades, les Oréades : *gensque virum truncis et duro robore nata*.

Enfin le culte des astres mêmes, qui paraît si spontané, n'est aussi, pour M. Spencer, qu'une dérivation de celui des ancêtres. Quel délire de joie quand, après les angoisses de la bataille, le chef revient vainqueur et sauveur de toute la tribu! Il est le soleil qui dissipe les nuages, il est l'aurore qui met en fuite les ténèbres, il est le brillant, l'étoile radieuse dans un ciel pur. Toute grandeur et toute puissance humaines

(1) *Princ. de Sociol.*, t. IV (Tr. fr., p. 28).

se comparent naturellement aux astres qui dominent la terre misérable de leur éternelle lumière et de leur immobile sérénité. Le soleil surtout, qui éclaire, réchauffe, féconde et fait tout mûrir, qui brûle aussi et consume et détruit, le soleil est le surnom prédestiné du fort, du père, du triomphant, de l'exterminateur. Épouvante et reconnaissance ont dû s'unir pour créer cette confusion entre le roi visible du ciel et le guerrier qui protège et qui tue. Aussi la métaphore est-elle bientôt prise en un sens littéral. « Les chefs des Hurons, dit M. Spencer, portaient le nom du soleil, et, selon Humboldt, les *rois soleils* des Natchès font penser aux Héliades de la première colonie orientale de Rhodes. Entre les nombreux faits de l'histoire d'Égypte, on peut citer une inscription de Silsilis : « Salut à toi, roi d'Égypte, soleil des peuples étrangers... A lui vie, salut et santé ; il est un soleil brillant »... Il en est de même pour les autres météores. A l'école de Beyrouth, dit Yessuf, « il y a eu des filles appelées Aurore, Rosée... ; j'ai une fois visité un homme dans le village de Brummana, qui avait six filles : il les appelait *Soleil, Matin, Zéphyr, Brise,* etc. ; une autre s'appelait *Étoile* (1). »

C'est donc par une extension progressive que tous les phénomènes célestes ou aériens ont été confondus avec l'âme d'un homme puissant, et en conséquence divinisés. Une légende des Boschismans rapporte qu'à l'origine, « le vent était une personne. Elle devint une chose à plumes. Elle vola et ne marcha plus comme auparavant. Elle volait et demeurait dans la montagne... Elle habitait une caverne dans les rochers. C'est presque le mythe d'Éole. » — « Dans diverses parties du monde, ajoute M. Spencer, on rencontre l'idée que, non seulement les ancêtres, divins procréateurs de la race humaine, sortaient des cavernes, mais que les Dieux-Nature aussi en venaient. Une légende mexicaine nous apprend que le soleil et la lune sortaient des cavernes... Il est prouvé que dans les temps primitifs on se servait des noms avec ce défaut de précision qui produit les confusions dont nous parlons. D'après Grote, le nom de la déesse Até était quelquefois employé pour désigner la personne, quelquefois l'attribut ou l'événement non personnifié. En outre, on a remarqué que, dans Homère, Aïdès est invariablement

---

(1) *Ibid.*, p. 21.

le nom d'un dieu ; mais plus tard ce nom passa à la demeure ou royaume du dieu. Le culte de la nature n'est donc qu'une déviation du culte des esprits (1). »

Mais voilà justement la question. Il semble peu probable qu'une simple méprise relative à la signification des noms, ou une attribution illégitime des qualités du mort à l'objet inanimé auquel on l'a pu comparer pendant sa vie, aient donné naissance à une phase aussi considérable, aussi universelle de l'évolution religieuse, que le culte de la nature. Pour en arriver, par une erreur dans l'interprétation d'une métaphore, à faire du soleil ou du taureau un dieu, il fallait que l'homme fût déjà prédisposé, par sa constitution intellectuelle, à reconnaitre les astres ou les bêtes pour des divinités. De ce que nous appelons aujourd'hui telle cantatrice une *étoile*, nous n'en concluons pas qu'une étoile a une belle voix. Quand on disait de Gonzalve qu'il savait coudre la peau du renard à celle du lion, s'avisait-on d'attribuer sérieusement au lion et au renard des talents militaires et diplomatiques ? Les métaphores ne trompent que ceux qui sont préparés à être trompés, et ceux-là, à vrai dire, se tromperont bien tout seuls, sans le secours des métaphores. La théorie de Max Müller, qui explique le polythéisme hindou par une maladie du langage, est aujourd'hui à peu près abandonnée ; il me parait que l'évhémérisme d'Herbert Spencer qui rapporte l'origine du culte de la nature à une erreur sur le sens et la valeur des surnoms, diffère peu de l'hypothèse philologique et n'est guère plus acceptable. Dans les deux cas, il s'agit de croyances produites par le langage ; mais le langage n'est que l'enveloppe d'une pensée qui le crée, l'interprète et préexiste avec ses puissances et tendances essentielles. Aussi est-ce une explication d'ordre psychologique qui, seule, peut rendre véritablement compte de l'origine des idées religieuses.

On dira que nous sommes trop éloignés de l'homme primitif ou même du sauvage pour nous placer, fût-ce temporairement et par la vertu d'une hypothèse scientifique, dans les conditions d'esprit d'où sont issues les plus anciennes superstitions. Mais on ne s'aperçoit pas que les explications tirées du langage sont, en réalité, des interprétations d'un caractère psychologique ; que la philologie est une psycho-

(1) *Ibid.*, pp. 21-22.

logie indirecte et détournée ; qu'en définitive, c'est toujours l'état mental originel qu'il s'agit de reconstituer pour comprendre et les maladies du langage et les abus de métaphores dont on prétend faire sortir les croyances. Autant vaut remonter du premier coup à la source même, s'installer dans l'âme sauvage ou primitive, pour essayer d'en analyser les ressorts, d'en surprendre les naturelles démarches.

III

C'est une remarque pénétrante de Hume, dans son *Essai*, trop oublié aujourd'hui, sur l'*Histoire naturelle de la religion*, que la pensée primitive n'a pas dû établir une démarcation bien nette et bien précise entre l'homme et les êtres animés les plus voisins de lui. On a parlé souvent d'une tendance spontanée qui porte l'enfant à répandre sa personnalité sur tout ce qui l'entoure, à prêter des intentions, des volontés, même aux choses inertes. L'enfant, dit-on, frappe avec colère le meuble contre lequel il s'est heurté, comme Xerxès, ce grand enfant gâté par la toute-puissance, fait battre de verges et charger de chaînes l'Euxin qui s'est permis d'engloutir sa flotte. L'enfant tient des discours à sa poupée, à son polichinelle, à un morceau de bois, à tout ce qui tombe sous sa main, preuve qu'il se croit écouté et compris. M. Spencer nie énergiquement, non le fait, mais la conclusion qu'on en tire ; il affirme que l'enfant n'est pas dupe de la petite scène qu'il arrange, du dialogue qu'il suppose ; il en fait tous les frais et il serait fort surpris et épouvanté si la poupée ou le soliveau venait à lui répondre. — En quoi M. Spencer a raison. Mais la question n'est pas là. Il s'agit de savoir si, particulièrement à l'égard des animaux, l'homme n'a jamais pu croire qu'ils fussent dirigés par des volontés analogues à la sienne. La plupart des animaux se meuvent, et pour l'intelligence non scientifique, c'est par le mouvement que l'animal se distingue de la plante. Or, tout mouvement doit sembler d'abord intentionnel. Puis l'animal fait beaucoup d'actions analogues à celles de l'homme ; il naît, il croît, se reproduit et meurt ; il a une manière de langage (l'homme dut parler si peu à l'origine !) ; il a des instincts où la sensibilité humaine se reconnut, se retrouva, surtout alors que, la société existant à peine, l'homme était plus mêlé peut-être à la vie animale qu'à celle de ses semblables. Ajoutons que la bête est mystérieuse, partant redoutable ; elle a ses ruses, ses fureurs soudaines, ses armes, dangereuses à la nudité du sauvage, sa course, son vol, ses nageoires, ses morsures, ses poisons. Comment l'ignorance tremblante des premiers temps n'eût-elle pas vu des puissances déjà surnaturelles dans tous ces êtres au regard vague et fauve, redouté puis adoré des volontés plus souvent malveillantes que propices dans le glissement du reptile, le bond prodigieux du carnassier, la course aérienne de l'oiseau ? De là la zoolâtrie, de là ces généalogies suspendues à des ancêtres animaux, ces métamorphoses des dieux en bêtes, qui remplissent toutes les mythologies ; de là, enfin, le sauvage demandant pardon à l'animal qu'il vient de tuer, offrant un sacrifice expiatoire à son esprit.

La plante aussi vit et se meut. Les branches s'agitent par le vent, se tordent et gémissent sous la tempête. De certains arbres blessés semble couler du lait, de certains autres du sang (1). La forêt primitive devait avoir des enlacements inextricables, des piqûres mortelles. Le soir surtout, à la clarté de la lune, mille formes imprévues, souvent terribles, se dressaient. Les hallucinations sont fréquentes au crépuscule et peuvent donner, même aux choses inanimées, l'apparence du mouvement. « Une nuit, dit M. Guyau, que je me promenais au bord de la mer, je vis distinctement une bête gigantesque se mouvoir à quelque distance : c'était un rocher parfaitement immobile au milieu des autres ; mais les flots, qui tour à tour le couvraient et le découvraient lui prêtaient leur mouvement à mes yeux (2). » Le mouvement, ou, ce qui est tout un pour l'ignorance, l'apparence du mouvement : il n'en faut pas plus pour expliquer l'origine du culte des arbres, et, dans certains cas, des objets même les moins mobiles ; la nature s'anime de proche en proche ; l'esprit des ancêtres n'a ici rien à voir : directement et par le seul prestige d'une imagination hallucinée, tout devient ou peut devenir un dieu.

Enfin on comprend à merveille que les mouvements réguliers du soleil, de la lune, des planètes les aient fait regarder

(1) M. Guyau, ouvr. cité, p. 23.
(2) Ibid., p. 41.

de bonne heure comme des êtres vivants. Il est bien surprenant en effet que sous toutes les latitudes nous trouvions des mythes qui identifient ces astres, soit à des hommes, soit à des animaux. M. Lang est là-dessus fort abondant (1). Il montre que depuis les Boschismans jusqu'à la Grèce homérique, en passant par les Peaux-Rouges et les naturels de la Nouvelle-Zélande, le soleil est un homme, la lune une femme ; au Mexique, ce sont deux hommes ; pour les habitants des îles Andaman, le soleil est la femme de la lune ; ils expliquent la couleur blanche de celle-ci en disant qu'elle se frotte le visage d'argile blanche suivant une coutume commune aux mystères des sauvages et des Grecs. La lune (est-ce parce que la nuit lui permet de cacher sa conduite ?) est à peu près partout soupçonnée d'aventures galantes : d'après certaines tribus de l'Inde, le soleil la coupa en deux parce qu'elle lui avait été infidèle. On sait ses faiblesses pour Endymion, pour le dieu Pan qui la séduisit par le présent d'une toison (2). Sur les rives du Rio Blanco et chez les Tomundas la lune est une jeune fille qui aima son frère et le visita dans l'obscurité. Il découvrit sa passion honteuse en marquant sur son visage l'empreinte de sa main noircie. Cette marque qui la trahit s'est conservée jusqu'aujourd'hui dans les taches de la lune (3).

Quant aux autres astres, on a dû les supposer vivants par analogie avec ceux qui paraissent se mouvoir. Aussi

---

(1) La Mythologie, trad. franc. Paris, Dupret, 1896.

(2) M. Lang signale une singulière coïncidence : l'Aurore, en Australie, reçoit pour prix de son infraction aux lois de la chasteté un manteau rouge de peau d'opossum (p. 181).

(3) D'après les Esquimaux, les taches de la lune sont produites par des cendres que le soleil, son persécuteur cruel, lui a jetées au visage. Par une coïncidence difficilement explicable, beaucoup de peuples très éloignés les uns des autres ont cru reconnaître dans ces taches l'apparence d'un lièvre. « Dans une légende bouddhiste, un lièvre exemplaire est transporté dans la lune. Pour le commun du peuple, dans l'Inde, les ombres que l'on voit dans la lune ressemblent à un lièvre ; on dit que Chandras, la divinité lunaire, porte un lièvre ; c'est pourquoi la lune est appelée çaçin, celle qui a un lièvre, ou çacanka, celle qui a la marque d'un lièvre. Les Mongols ont aussi reconnu dans ces taches la figure du même animal. Dans un ancien texte du Mexique, la lune est un homme ; ses taches lui furent faites par un dieu qui lui lança un lièvre au travers du visage (pp. 182-183). » — Milton, se faisant l'écho de certaines opinions accréditées parmi les philosophes grecs, attribue les taches de la lune aux vapeurs marines dont se nourrit cet astre, et qu'il n'a pas encore incorporées dans sa substance. On sait d'ailleurs que pour plusieurs physiciens de l'antiquité, Xénophane, Anaximandre, Épicure, etc., les astres sont des animaux divins qui paissent dans le ciel et dont les exhalaisons terrestres sont la nourriture. Les textes sont nombreux et trop connus pour être cités (Voy. la note de Mayor, sur Cic. de Nat. Deor., t. II, p. 192).

trouvons-nous partout l'habitude de donner aux étoiles des noms d'hommes et d'animaux. Il est cependant difficile, avec la meilleure volonté du monde, de découvrir une ressemblance même éloignée qui explique ces dénominations. La théorie de M. Spencer rendrait bien compte, à la rigueur, des noms d'hommes ou de femmes attribués aux corps célestes ; mais les noms de bêtes ! Il faudrait que ces derniers eussent été primitivement ceux que portaient avant leur mort les chefs divinisés ; mais on ne voit pas comment le même homme aurait été désigné à la fois par le nom d'un animal et par celui d'une étoile. Une complication si invraisemblable ne peut s'être produite chez les peuples les plus étrangers les uns aux autres.

Relativement aux métamorphoses d'êtres humains en étoiles, des analogies frappantes sont signalées par M. Lang entre les légendes grecques et australiennes. Le groupe des pléiades, par exemple, a ce caractère particulier d'être composé de sept astres dont l'un est à peine visible. Chez les Grecs, elles sont filles du géant Atlas. Six d'entre elles furent aimées par des dieux ; la septième n'obtint que les hommages d'un mortel. De honte, elle voila sa lumière quand, avec ses sœurs, elle fut changée en étoile. En Australie, les pléiades furent autrefois une reine et ses suivantes. La reine refusa les offres de mariage du dieu Corbeau qui, pour triompher de sa résistance, se transforma en puceron, se laissa prendre par la reine, et l'emporta. Devenue la femme du dieu Corbeau, elle est obscure comme la couleur de son époux. — Quant à la constellation des Gémeaux, elle est, en Australie comme en Grèce, un couple de deux jeunes hommes ; chez les Boschismans, ce sont les deux épouses de la grande antilope indigène.

Inutile d'accumuler les faits. Ce qu'on en peut conclure, c'est que l'intelligence sauvage fait indifféremment dériver les uns des autres les hommes, les astres, les animaux. L'essentiel des légendes mythologiques est une sorte de déraison ; les plus bizarres analogies qui, aujourd'hui, nous échappent, deviennent le point de départ des fables, de même que dans les formes changeantes des nuages, l'imagination découvre, sans qu'il lui soit toujours possible de dire pourquoi, des bêtes monstrueuses, des mêlées de combattants, des temples et des palais qui s'écroulent Le fond commun de ces analogies, c'est que tout ce qui se meut est vivant, tout ce qui se meut et vit est animé d'intentions et plus ou moins humain. L'homme se projette ainsi sur toute la nature ; il fait tout à son image, mais il l'ignore, et c'est devant lui-même qu'il se prosterne en adorant dans les choses les volontés qu'il y met.

Comment croire, en effet, qu'on ait jamais pu prendre pour des hommes et des femmes la surface ronde et lumineuse des astres ? Mais s'ils n'ont pas la forme extérieure de l'homme, ils en ont, si je puis dire, le dedans ; ils sont animés, mis en mouvement, par quelque chose d'analogue à ce principe que l'homme sent en lui. On a beau dire que la distinction de l'âme et du corps est étrangère au sauvage : il n'établit pas, sans doute, cette distinction de la même manière et avec la même précision que Descartes ; mais il en a une vague conscience, éveillée, soit par le spectacle de la mort, soit par l'expérience douloureuse d'une mutilation qui, lui retranchant quelque membre, lui a fait comprendre que cette matière, devenue inerte, n'était pas vraiment lui. Quand Platon appelle les astres les véhicules des âmes des dieux, il me paraît exprimer exactement la pensée encore confuse des premiers hommes. Ces corps brillants sont mus par des volontés : comme naturelle conséquence, l'astrolâtrie.

Après le passage, rapporté plus haut, sur les fantômes qui s'offraient aux premiers hommes pendant le sommeil ou la veille, Lucrèce ajoute : « Ils remarquaient l'ordre constant et régulier du ciel et le retour périodique des saisons, et ils n'avaient, dans leur ignorance, d'autre ressource que d'attribuer aux dieux tous ces effets. » Ils leur attribuaient aussi les météores, « les torches qu'on voit errer la nuit dans le ciel, les feux volants, les nuages, la rosée, les pluies, la neige, les vents, l'éclair, la grêle et les frémissements rapides et les grands murmures pleins de menaces..... qui prosternent dans l'épouvante les peuples et les rois. » J'admets volontiers, avec Hume, que les phénomènes rares et redoutables, les événements destructeurs qui semblent des exceptions au cours ordinaire des choses — tempêtes, épidémies, tremblements de terre, incendies allumés par la foudre, — ont dû, beaucoup plus que la marche toujours la même des jours et des nuits, des saisons et des années, susciter dans l'esprit terrifié de nos premiers ancêtres l'idée vague d'êtres au pouvoir mal défini, dont le caprice ou la colère bouleverse à son gré la nature et la vie humaine. Mais, cette réserve faite, Lucrèce nous paraît ici avoir bien vu. C'est le ciel, avec ses spectacles imposants, surtout terribles, qui a dû surtout provoquer l'éveil de la pensée religieuse. Je dis la pensée, car il me paraît impossible que l'intelligence investigatrice des causes n'ait pas dessiné de bonne heure les premiers linéaments d'une preuve qu'élaboreront ensuite des siècles de philosophie. C'est dans le ciel que l'homme cherche d'instinct ses divinités. Là plus qu'ailleurs il croit surprendre « une puissance immense », et cette puissance, il se peut qu'il l'ait placée, non dans les astres eux-mêmes, mais en dehors et au-dessus d'eux.

En un mot, si les premiers hommes ne furent pas des spiritualistes, ils eurent cependant une intuition confuse de quelque chose en eux autre que le bras, le pied, la poitrine ; ils comprirent obscurément que leur volonté se distinguait du membre qu'elle remuait. De même, si leurs dieux ne furent pas tout d'abord conçus comme purs esprits, ils ne furent pas néanmoins confondus avec les objets matériels, palpables ou visibles, où semblaient se faire sentir plus spécialement des volontés intentionnelles. Le soleil, la lune, les étoiles, sont divins, mais ils ne sont pas, à rigoureusement parler, des dieux. Les dieux sont les êtres, analogues à l'homme, mais plus forts que lui, qui les habitent ou les conduisent. Par delà les corps brillants qui fascinent ses regards et provoquent les questions de sa raison naissante, l'homme entrevoit une cause ou des causes, comme sous la ténébreuse enveloppe de son corps périssable, il saisit une cause, un quelque chose qui pense et qui veut. Et, bien loin d'accorder que cette explication est incompatible avec l'ignorance primitive, j'irais jusqu'à dire que l'homme des premiers âges fut sans doute plus spiritualiste que beaucoup d'entre nous, qui se croient tels. Nous savons, nous, que nous avons un cerveau, ce qu'il est, qu'il est nécessaire pour penser. Le sauvage n'en sait rien. La matière cérébrale qu'il voit jaillir sous un coup de massue ne lui paraît qu'un sang plus pâle. Il n'a [aucune conscience] de penser, encore moins de vouloir, avec et par un organe ; il doit, et ès naïvement, se croire indépendant de tout cet appareil.

Aussi ne s'étonne-t-il pas que l'âme du dormeur quitte son corps et y rentre avant le réveil ; que l'âme du mort aille et vienne, apparaisse, pousse des plaintes ; peut-être aura-t-elle un jour le désir de reprendre sa vie terrestre ; aussi faut-il conserver le cadavre le plus longtemps possible : on le desséchera, on l'embaumera. Le plus intrépide spiritualiste de nos jours, s'il est quelque peu versé dans la physiologie, sera fort embarrassé d'attribuer à l'âme un pareil détachement des liens corporels, et c'est à des raisons morales qu'il demandera surtout la preuve d'une vie future.

Il n'est donc pas évident que les pierres, les arbres, les animaux, les astres, comme tels, aient été pris jamais pour des dieux. Les dieux, ce sont des âmes, non pas toujours, non pas même le plus souvent les âmes des morts : des âmes conçues par analogie avec celle que chacun croit exister en lui. Ces âmes ne sont pas de purs esprits, et peut-être l'idée d'un pur esprit est-elle difficilement accessible aux intelligences même cultivées. Elles sont parfois visibles; elles sont essentiellement actives et puissantes. L'homme se sent cause ; il peuple de causes l'univers. Il en cherche instinctivement partout où il y a vie et mouvement. Il crée les dieux à son image, et tout le travail ultérieur de la philosophie religieuse n'a d'autre objet que d'épurer, redresser ce nécessaire anthropomorphisme. Chaque progrès de la pensée humaine correspond à un passage d'une forme plus grossière d'anthropomorphisme à une forme plus raffinée. Xénophane proteste, en termes immortels, contre les dieux à figure humaine, voleurs, adultères, menteurs : son dieu, à lui, est unique, mais il voit et il entend, ce qui est encore de l'anthropomorphisme. Spinoza exclut de Dieu les volontés intentionnelles, l'entendement réfléchi, la conscience ; mais son Dieu est pensant, et de plus étendu. Il est impossible que l'homme ne mette pas en Dieu quelque chose de lui-même ; il faut seulement qu'il n'y mette que ses propres perfections, portées à l'infini. Et si l'on dit que c'est là encore de l'anthropomorphisme, je répondrai qu'aucune doctrine religieuse ne saurait se soustraire à cette condition. L'agnosticisme de M. Spencer réussit pourtant à y échapper, mais c'est en supprimant l'objet de la religion, et, avec lui, toute religion.

IV

Un hémistiche célèbre, attribué souvent à Lucrèce, et qui est de Stace (1), veut que la crainte ait fait les premiers dieux. Rien n'est plus probable, et Hume, je l'ai dit déjà, me semble avoir raison quand il montre dans les désordres apparents et les crises soudaines de la nature, non dans l'uniforme régularité de ses mouvements et de ses démarches, la cause qui tourne vers l'adoration de divinités terribles l'ignorance épouvantée des premiers hommes. Je sais tout ce qu'on a dit de la condition misérable du sauvage et du cercle d'angoisses dont sa vie est de toutes parts assiégée. Est-il à croire cependant que l'humanité primitive n'ait connu d'autre sentiment que la terreur ? N'a-t-elle d'abord senti sur sa tête que des puissances malfaisantes et irritées ? La peur déprime ou brise les forces physiques aussi bien que morales. Pour comprendre que l'espèce humaine ait survécu, il faut admettre que les circonstances ne lui furent pas à l'origine trop hostiles. Climat chaud, nourriture abondante et aisée à conquérir, des facultés intellectuelles sans doute supérieures à celles des sauvages d'aujourd'hui, une volonté énergique, une sensibilité peu facile à fortement émouvoir, et perdant vite l'empreinte du plaisir ou de la peine, voilà, semble-t-il, le *minimum* des chances heureuses qui furent nécessaires pour assurer le triomphe de l'humanité commençante dans la lutte pour la vie. Et si la crainte a fait les premiers dieux, je ne vois pas pourquoi la joie d'exister et une sorte de reconnaissance envers la bonté des choses n'y auraient pas quelque peu contribué. Personne ne songe plus à prendre au sérieux le rêve d'un âge d'or évanoui ; mais Lucrèce est-il tout à fait chimérique lorsqu'il nous parle des durs humains, à peine entamés de loin en loin par la morsure des fauves, paissant les aliments que leur offre avec abondance la florissante nouveauté du monde, gais et rassasiés à peu de frais, et tantôt imitant les voix limpides des oiseaux, tantôt, dans leurs danses sans rythme, frappant d'un pied lourd la terre maternelle ? Oui, sous un ciel

(*Thébaïde*, III, 661. V. *le Poëme de Lucrèce*, par M. Martha, p. 110, première édition.

attiédi après les tristesses de l'hiver, au milieu des grandes forêts primitives dont les rameaux protègent et dont les fruits nourrissent, ou sur les bords apaisés des Océans, l'homme contemporain du mammouth dut éprouver et manifester, comme toute créature, l'ivresse de la vie débordante. Qui sait même si le premier cri qui, montant d'une poitrine humaine vers le ciel, annonça l'avènement de la religion sur la planète, ne fut pas, non un cri de douleur et de terreur, mais de gratitude et d'amour ?

Puis veut-on que l'homme primitif ait ignoré toutes les affections domestiques, quand certains animaux même n'y sont pas étrangers ? Est-ce que la joie d'aimer et de se sentir père pour la première fois, *prolemque ex se videre creatam*, l'angoisse de voir souffrir des êtres chers, le désespoir d'être séparé d'eux à jamais par la mort, n'ont pu faire jaillir de son cœur une vague prière vers quelque puissance inconnue qui dispose de la vie humaine comme de la tempête, de la foudre et des météores ? Sous cette forme nouvelle et supérieure, l'amour encore, tout autant peut-être que la crainte, a pu provoquer l'éveil du sentiment religieux.

Des critiques distingués ont pourtant soutenu que la religion, loin de sortir des entrailles de l'individu même, est un fait exclusivement sociologique. Selon M. Durkheim, l'homme n'aurait pas primitivement imaginé des dieux comme causes des phénomènes imposants ou redoutables de l'univers, appliquant ainsi spontanément une loi de son intelligence à résoudre une sorte de problème scientifique posé par les choses à sa curiosité inquiète ; la religion ne serait pas simplement une physique superstitieuse : elle serait sortie de l'activité sociale elle-même. Il en donne pour preuves que les croyances religieuses ont toujours à l'origine un caractère obligatoire au même titre que les règles morales qui déterminent les relations réciproques des membres du corps social. Une physique fausse ne s'imposerait pas par elle-même, comme chose sacrée, à la croyance de tous. Bien plus, si l'on distingue, ainsi qu'on doit le faire, les rapports qui unissent entre eux les individus comme tels au sein de la tribu, et ceux par lesquels chacun se sent lié à la société dont il fait partie, on s'aperçoit que ce sont les derniers, par les sentiments et les actions dont ils sont la source, qui donnent véritablement naissance à la religion. Les dieux sont essentiellement les protecteurs ou les ennemis de la tribu. Le particulier n'a pas droit par lui-même à leur secours, et s'il attire leur colère par ses actes impies ou sacrilèges, leur vengeance menace et frappe le groupe social tout entier. « C'est qu'en effet, les forces naturelles qui manifestent un degré de puissance exceptionnelle intéressent moins encore l'individu isolé que l'ensemble du groupe. C'est toute la tribu que le tonnerre menace, que la pluie enrichit, que la grêle ruine. Donc parmi les puissances cosmiques celles-là seulement seront divinisées qui ont un intérêt collectif (1). »

M. Lesbazeilles, développant avec talent des vues analogues, pense de son côté que c'est dans la conduite collective, non dans l'activité personnelle, qu'il faut chercher, en fin de compte, les origines des manifestations religieuses. De ces manifestations, la plus apparente, la plus accessible, le mythe, est, pour lui, l'expression symbolique et inconsciemment personnifiée, des circonstances ou des actes qui rendent possible, favorisent, accélèrent l'adaptation collective de l'humanité à son milieu. « Ce que l'homme symbolise dans tout mythe, c'est une des choses qui permettent à la culture d'exister, à un progrès de se manifester, à l'état social de se développer. Par les dogmes il se donne en quelque sorte le spectacle de sa propre activité ; il se représente son action sociale ; il se pense comme être civilisé. Les dieux, peut-on dire, ne sont que les diverses faces de l'homme lui-même en tant que membre d'un groupe à l'entretien duquel il contribue. Le système des croyances religieuses est l'image de la vie collective : il reproduit, dans ses traités généraux, ce qui perpétue et enrichit cette vie. On peut dire encore que la religion est l'intelligence sociale se représentant les conditions du développement de la volonté sociale; par elle, l'homme prend conscience de ses ressources morales, et s'affirme comme partie d'un tout destiné à promouvoir ce tout ; par elle il reconnaît que son existence a des lois et se rend ainsi capable de les accomplir ; bref, elle est l'idée de l'adaptation, *le sens de la civilisation*, sens dont les hallucinations sont les mythes (2). »

J'accorde que la religion est, dans une large mesure, un fait sociologique ; mais je nie qu'elle ne soit que cela. Je

(1) *Revue philosophique*, mars 1887.
(2) *Revue philosophique*, avril 1886.

sais qu'il est fort difficile de concevoir l'individu en dehors et abstraction faite de la société ; il ne me semble pas cependant qu'on doive expliquer uniquement par celle-ci tout ce qui fait la dignité et la grandeur de l'homme. Si l'individu ne contenait en soi les conditions essentielles et comme les germes de la moralité, de l'art, de la religion, je ne vois pas comment ces nobles plantes, même dans les circonstances favorables qu'on suppose résulter de l'état social, eussent pu jamais éclore.

Que la société seule rende possible le développement complet des parties hautes de la nature humaine, qui le conteste ? Encore faut-il que ces parties ne fassent pas entièrement défaut à chaque individu. Une fourmilière, une ruche, une bande d'anthropopithèques ne manifesteront jamais que des instincts de fourmis, d'abeilles ou de singes. La vie sociale pourra bien mettre en valeur toutes les puissances individuelles : elle ne les créera pas, non plus qu'une résultante ne donne naissance aux unités ou forces simples qui la constituent. C'est toujours le même procédé : on explique la conscience par une intégration d'éléments inconscients, la vie par une complexité supérieure d'actions et de mouvements dont aucun, pris à part, n'est d'ordre biologique ; on expliquera de même la religion par l'association d'anthropoïdes non religieux à l'origine. Nous sommes rebelle à cette logique qui trouve dans le moins la raison suffisante du plus, dans le néant la cause adéquate de ce qui est. Nous persistons à penser que la société, fait ultérieur, et toutes les grandes manifestations de l'activité collective, ne sont intelligibles que si l'on remonte à la source d'où découle tout ce qui est humain, savoir le *moi* et les facultés essentielles : le *moi* tel que la conscience l'observe directement, ou tel que l'induction, prenant pour point de départ ce que nous connaissons de lui, permet de conjecturer qu'il fut dans le passé. Nous savons que cette méthode introspective passe aujourd'hui pour surannée, et qu'à vouloir s'y tenir on s'expose au reproche dédaigneux de tourner le dos à la *science*; mais la science en général est chose vague qui se prête complaisamment à tout ce qu'on veut lui faire dire. Il n'y a pas *la science*, il y a *des sciences* : celle des phénomènes d'ordre moral et religieux en est une qui a sa méthode particulière : cette méthode, il ne nous est pas encore démontré qu'elle ne soit pas d'abord l'observation directe par soi-même de ce qui seul se connaît immédiatement soi-même ; puis, à l'aide des données de la conscience, l'interprétation discrète et prudente des documents de toute espèce fournis par l'anthropologie, l'histoire -- même préhistorique, — la sociologie, la science des religions, etc.

Nous ne prétendons d'ailleurs rien pousser à l'excès. La chimère de l'homme vivant isolé à l'état de nature a fait son temps. Il nous paraît certain que la famille (monogamique ou polygamique, peu importe) est d'institution primitive, et dans ce groupe social irréductible durent se manifester déjà les sentiments et les idées d'où naquit la religion. Nous disons *les sentiments et les idées*; s'il est vrai que certains sentiments (nous avons essayé de le montrer plus haut) furent les promoteurs puissants et efficaces des religions primitives, il est non moins vrai qu'ils fussent restés éternellement stériles sans le concours de certains éléments intellectuels. L'animal éprouve la crainte, il est sensible au sourire vivifiant du printemps après l'hiver, il est vaguement heureux par ses amours, par l'impression qu'il reçoit de ses petits pleins de vie, il souffre sans doute de la souffrance et de la mort des siens. Soutiendra-on cependant que la crainte, la joie, la tendresse, la douleur animales donnent jamais naissance à ce que nous appelons la religion ? C'est qu'il y faut de plus une pensée, une raison humaines.

Il y faut, nous l'avons dit déjà, l'idée de cause. M. Spencer nie que l'homme primitif soit capable de « cette surprise fondée en raison » qui porte à rechercher les causes des phénomènes, parce que pour lui rien, à vrai dire, n'est nouveau ni étrange. Un phénomène paraît nouveau quand il ne semble pas s'accorder avec les idées générales que nous avons des phénomènes physiques ; mais si ces idées générales n'existent pas, tout est également indifférent pour l'esprit, et rien ne le sollicite à l'étonnement. Ce dédain des nouveautés serait, en effet, le trait caractéristique des races les plus inférieures (1) ; la curiosité ne se manifesterait que

---

(1) « Selon Cook, les Fuégiens montraient la plus complète indifférence en présence de choses absolument nouvelles pour eux. Le même voyageur observa chez les Australiens la même particularité ; d'autres ont dit qu'ils conservaient une impassibilité remarquable quand on leur montrait des objets étrangers. Suivant Dampier, les Australiens qu'il avait à son bord « ne firent attention à

chez les races déjà plus avancées. S'il en fut ainsi à l'origine, l'humanité naissante aurait donc été, au point de vue intellectuel, plus mal douée que nos petits enfants d'aujourd'hui, incapables pourtant de se suffire à eux-mêmes et de disputer leur vie aux moindres dangers qui la menacent, malgré tant de siècles de civilisation enregistrés dans leurs cerveaux ! Et l'on veut que ces humains des premiers âges, ayant à vaincre la nature et l'animalité conjurées, sans armes, sans outils, sans expérience, n'aient pas même eu, pour commencer l'évolution qui va leur livrer l'empire de la planète, l'instinct d'interroger les faits qui les entourent, d'en scruter les causes, de faire de ce monde l'objet d'une pensée réfléchie ! Au vrai, supprimez dans l'homme la curiosité, mère de tout savoir, l'obscur pressentiment de la causalité, moteur secret de la curiosité même, et dites s'il eût pu jamais dépasser le niveau de la brute !

Ces sauvages qu'on nous cite, que rien n'étonne et que les objets les plus nouveaux ne parviennent pas à tirer de leur stupide indifférence, ne nous donnent probablement pas l'idée de ce que fut l'homme primitif. Ils sont des dégénérés, ou bien ils dissimulent. Cette disposition n'est pas rare chez les ignorants de ne vouloir pas paraître surpris d'un spectacle extraordinaire qu'on leur présente. Il y a là comme une protestation haineuse contre la supériorité intellectuelle qui cherche à les humilier. L'ignorance du sauvage n'a d'égal que son orgueil. Les naturels embarqués sur les vaisseaux de Cook et de Dampier étaient peut-être aussi paralysés par la terreur. Quand il est si difficile à un bourgeois de pénétrer les pensées et les sentiments des paysans, croit-on que des navigateurs, apparaissant pour la première fois armés d'une puissance presque infinie de destruction, ennemis ou redoutés comme tels, aient pu connaître dans toute sa sincérité le caractère intellectuel et moral de peu-

---

rien dans le vaisseau » qu'à ce qu'ils avaient à manger. Le chirurgien de Cook disait aussi que les Tasmaniens ne témoignaient aucune surprise de rien. Le capitaine Wallis affirme que les Patagons « montrèrent l'indifférence la plus inexplicable pour tout ce qui les entourait (à bord) ; même le miroir, qui les amusa beaucoup, n'excita point leur étonnement, et le capitaine Wilkes assure la même chose. Je trouve aussi raconté que deux Weddahs « ne montrèrent aucune surprise à la vue d'un miroir ». Enfin, Pinkerton raconte « qu'un miroir fut la seule chose qui pût causer un moment de surprise aux Samoyèdes, encore ne fut-ce qu'un instant, et il cessa bientôt d'attirer leur attention. » (*Principes de sociologie*, tr. franç., t. I, pp. 129-130.)

plades au milieu desquelles leur séjour ne se prolongeait pas, d'ailleurs, au delà de quelques semaines ou de quelques mois ?

Si l'obscur pressentiment de la causalité me paraît avoir été nécessaire à l'origine, j'en dirais volontiers autant d'un autre élément intellectuel que j'appellerai, pour ne pas en fausser la nature par trop de précision, la conception du mieux. On pourrait soutenir sans paradoxe qu'un des traits essentiels par où l'homme se distingue de la bête, c'est de n'être jamais satisfait de lui-même et de sa condition. La tendance au meilleur fait la dignité comme le tourment de son espèce. Elle l'arrache au bien-être animal dont, sous des climats heureux, il eût pu jouir presque sans efforts ; elle dirige sa conscience vers un idéal de moralité, d'abord rudimentaire, qui se précise, se complète et s'épure au cours des âges, d'autant plus impératif et s'élevant à mesure que la volonté met plus d'énergie à le réaliser dans la conduite ; elle lui fait entrevoir enfin, au delà de ce que l'expérience peut fournir, je ne sais quelle existence supérieure, affranchie des misères de la naissance et de la mort, reine du monde et des hommes, et qui s'appellera plus tard Dieu. Je ne veux pas certes retrouver chez les premiers humains l'idée philosophique et cartésienne du parfait ; je ne veux pas affirmer davantage qu'ils furent monothéistes ; je veux dire seulement qu'au fond de toute pensée religieuse, si grossière qu'on la suppose, il y a l'idée que quelque chose existe, plus puissant, ou plus intelligent, ou meilleur que l'homme. Que la divinité soit souvent conçue comme malfaisante, je n'ai garde de le nier ; mais si malfaisante soit-elle, elle se laisse pourtant prier, apaiser, séduire, ce qui n'est pas d'une perversité radicale et absolue. Un principe mauvais tout puissant n'a jamais pu être l'objet d'une croyance sérieuse ; Ahriman sera vaincu par Ormuz, et le fidèle qui le sait est rassuré sur la souveraineté définitive du bien. L'adoration d'un mal que rien ne pourrait combattre ou vaincre a séduit peut-être, aux époques de décadence, quelques âmes raffinées, maladivement éprises de tout ce qui est à *rebours* ; la jeune humanité n'a pu embrasser la religion du désespoir : elle en serait morte.

Cette vague intuition du meilleur est pour nous la cause finale et la condition suprême de tout progrès ; elle est spécialement le point commun d'où partent et où doivent aboutir l'évolution morale et l'évolution religieuse du genre humain Nous ne pouvons ni ne voulons entrer dans le développement de ces vues ; qu'il nous suffise de les avoir indiquées. En de telles matières, d'ailleurs, toute précision trop rigide, nous l'avons dit, serait erreur. Outre que les questions d'origine ne pourront jamais être arrachées au domaine de la conjecture, la méthode d'investigation, qui nous paraît la seule bonne, nous place dans une situation singulièrement délicate. Nous voulons rendre compte, par la psychologie, du fait de la religion ; nous croyons que sans l'existence primitive, au sein de l'individu humain, de certains éléments religieux, la religion n'eût pas existé, et nous savons d'autre part que dans tout germe les linéaments de l'organisme futur échappent, par leur ténuité et leur indécision, aux plus pénétrants regards. Ils sont dessinés idéalement et comme en espérance ; ils sont à l'état de promesse, non de réalité. Il nous faut donc réduire au plus bas degré de détermination, dans l'âme des premiers hommes, ces éléments de religiosité que l'analyse aperçoit assez nettement et distinctement dans les nôtres ; les mots jouent ici l'office de verres grossissants qui défigurent les traits de l'objet en les rendant perceptibles. Nous parlons de sentiments, d'idées ; mais tout cela dut être confondu dans l'obscure synthèse de l'âme primitive, comme dans une sphère infiniment petite se confondraient avec le centre les rayons et la périphérie. Pourtant, aux yeux de l'intelligence, le plus lointain passé de la conscience religieuse ne saurait être que l'enveloppement et le raccourci de cette conscience adulte. Herbert Spencer dit quelque part : « Des sauvages sont sortis à la longue nos Shakespeare et nos Newton. » Oui, peut-être, et l'on se sent pénétré d'une tendresse et d'un respect infinis pour l'héroïque labeur de cette pauvre admirable humanité partie de si bas, arrivée si haut ; encore faut-il que les sauvages ancêtres des Newton et des Shakespeare aient eu en eux l'essentiel de l'homme ! C'est ce minimum indispensable de religiosité que j'aurais voulu dégager dans ces pages, et poser en face de la thèse évolutioniste, qui, en fait, le supprime.

V

Nous venons de voir quelle est, d'après M. Spencer, l'origine de l'évolution religieuse. Demandons-nous maintenant quel est son avenir ? Quelle religion la science laissera-t-elle, sans la dissoudre, subsister à côté d'elle-même ?

On sait la réponse. Dans les *Premiers Principes*, M. Spencer l'avait donnée déjà en des pages magistrales ; il y revient à la fin de la sixième partie des *Principes de sociologie*. La science dépouillera de plus en plus l'objet de la religion de tous les attributs humains dont l'avait revêtu l'anthropomorphisme inévitable des siècles passés ; Dieu ne sera plus ni le pourvoyeur d'un enfer éternel, ni la Toute-puissance omniprésente qui crée des êtres pensants pour recevoir leurs hommages, ni une conscience immuable, ce qui est une contradiction dans les termes, ni une volonté, ni une intelligence, en tant du moins que nous attachons un sens à ces mots. Ce qui restera, cette élimination achevée, ce sera l'Inconnaissable ; voilà le Dieu de l'avenir, et, pour les esprits déjà purifiés par la science, le seul Dieu possible aujourd'hui.

Dans les *Premiers Principes*, M. Spencer avait montré qu'il est des *idées dernières de la Science*, idées d'espace, de temps, de matière, de mouvement, de force, de conscience, auxquelles aboutissent toutes les démarches de la pensée, et qui sont pourtant incompréhensibles au point d'engager qui veut s'en rendre compte en d'invincibles contradictions. M. Spencer en concluait que la réalité saisissable à la pensée n'est que l'apparence d'une réalité absolue, que nulle pensée ne saurait se représenter, ni comprendre, étoffe commune de la pensée et de l'être, terme ultime de la science, objet suprême de la religion.

On pourrait se demander si les contradictions impliquées dans ces *idées dernières* sont aussi manifestes et formelles que le prétend l'illustre penseur. Peut-être y a-t-il en tout ceci des malentendus ou des artifices de dialectique qu'une saine logique ou des distinctions nécessaires parviendraient à dissiper. Je signale en particulier les considérations par lesquelles M. Spencer établit que nous ne saurions concevoir un dernier ni un premier état de conscience. En remontant dans le passé par le souvenir, « la perspective de nos pensées s'évanouit, dit-il, dans une obscurité profonde où nous ne pouvons plus rien apercevoir » ; donc aucun état vraiment premier ne pourrait apparaître à la mémoire. — En plongeant dans l'avenir, nous ne pouvons davantage nous représenter notre dernier état de conscience, car la pensée qu'il est le dernier devrait survivre, fût-ce un instant, à cet état même qui, par hypothèse, marquerait l'abolition de la conscience (1). — Bien qu'on puisse retrouver un raisonnement analogue dans la *Physique* d'Aristote (2), je ne puis me résoudre à y voir autre chose qu'un sophisme ou un truisme. Un truisme, si l'on veut dire que l'homme pense encore au moment où il a conscience que tel de ses états de conscience est le dernier ; un sophisme, si l'on soutient que je ne puis concevoir ni le commencement ni l'abolition d'une conscience en général. Je comprends à merveille qu'à un moment précis de son évolution, soit, par exemple, quand il vient au monde, l'individu humain commence d'avoir un vague sentiment de lui-même, et je comprends tout aussi bien qu'il le perde au moment non moins précis où il cesse de vivre. J'imagine qu'on s'en donnant la peine on viendrait de même à bout des antinomies redoutables qu'a posées, après tant d'autres, M. Spencer, à propos de l'infinité du temps et de l'espace, de la divisibilité illimitée de la matière et de la force, etc.

Sans nous embarrasser dans ces épines, examinons le Dieu prétendu de l'avenir, le seul que la science ne détrônera pas, qu'elle glorifiera de plus en plus par ses conquêtes grandissantes. L'idée de l'Inconnaissable est-elle intelligible dans le système de M. Spencer ? Est-elle intelligible en soi ?

Il y a quelques années, M. Malcolm Guthrie a publié sur la formule spencérienne de l'évolution (3) la discussion la plus complète et la plus approfondie qui soit à notre con-

---

(1). *Prem. princ.*, t. fr., p. 65.
(2) *Phys.*, VIII, 1.
(3) Londres, Trübner, 1879. — V. aussi, du même auteur, *On M. Spencers unification of Knowledge*, 1882.

naissance. Il suit pas à pas, paragraphe par paragraphe, le texte de son auteur et sa critique est véritablement *exhaustive*. Les Anglais ne craignent pas cette méthode d'examen que nous trouverions un peu lente et minutieuse. On cite des pages entières de l'ouvrage en discussion ; on rapproche tous les passages qui développent une même idée ; on signale les moindres différences: aucune contradiction, si dissimulée soit-elle, aucune modification, même la plus légère, des principes fondamentaux du système, aucun vice de raisonnement, ne peuvent dès lors échapper. L'art ne trouve peut-être pas son compte à ce genre de travaux ; mais quand une doctrine n'a pas résisté à une telle épreuve, la réfutation en est faite une fois pour toutes : il est acquis sans retour que, logiquement, elle ne tient pas.

La critique de M. Malcolm Guthrie me paraît avoir atteint ce résultat. Je sais bien qu'on ne tue pas une philosophie comme celle de l'évolution en montrant simplement qu'elle enferme de secrètes incohérences. Je sais encore que l'idée féconde d'un système peut survivre à l'enveloppe artificielle dont son auteur l'a d'abord revêtue ; que des formules ou vagues, ou insuffisantes, ou décidément contradictoires ne sauraient entraîner la part de vérité qu'elles enferment dans le discrédit où la logique les fait impitoyablement tomber. J'honore et je tâche à appliquer pour ma part cette critique plus large, plus équitable, qui résiste au plaisir d'opposer sur une même doctrine les textes contraires d'un même penseur ou d'un même livre, cherche partout la conciliation, préfère à l'interprétation pharisaïque l'interprétation libérale et charitable, ouvre plus volontiers ses yeux pour le vrai que pour le faux. Toujours est-il que sur le point particulier qui nous occupe ici, l'Inconnaissable, il n'y a pas deux manières de comprendre M. Spencer ; la précision du terme ne laisse rien à désirer. Si donc l'Inconnaissable est impossible dans son système, si de plus la notion même de l'Inconnaissable est inintelligible, quel que soit notre désir de ne pas triompher trop facilement d'un grand esprit, force nous sera de rejeter l'agnosticisme.

Partant du principe kantien et hamiltonien que toute connaissance est relative (sans d'ailleurs déterminer suffisamment toutes les acceptions diverses que cette formule peut recevoir), M. Spencer établit abondamment, à la suite

du même Hamilton et de son disciple Mansel, que l'absolu est inconcevable ; « l'absolu est un mot qui n'exprime pas un objet de pensée, mais seulement la négation de la relation qui constitue la pensée. Supposer que l'existence absolue est un objet de pensée, c'est supposer qu'une relation continue d'exister quand ses termes n'existent plus (1). »
M. Spencer apporte même un nouvel argument qui lui est propre et qu'il fonde sur la loi la plus générale de la biologie. La vie et l'esprit ne sont constitués, dit-il en substance, que par des correspondances établies avec le monde extérieur. la connaissance, qui est une manifestation de la vie et de l'esprit, ne peut donc être que la connaissance de ces correspondances et de ces relations. « Si donc la vie, dans toutes ses manifestations, y compris l'intelligence sous ses formes les plus élevées, consiste en des adaptations continuelles des relations internes aux relations externes, le caractère nécessairement relatif de notre connaissance devient évident (2). »

Ce n'est pourtant pas à cette conclusion toute négative que M. Spencer prétend se tenir, et la thèse d'Hamilton et de Mansel lui paraît enfermer une grave erreur. Au point de vue logique, elle est irréfutable ; à la prendre au point de vue psychologique, on s'aperçoit qu'elle ne tient pas compte d'un fait extrêmement important, savoir : « qu'à côté de la conscience *définie* dont la logique formule les lois, il y a aussi une conscience *indéfinie* qui ne peut être formulée. A côté des pensées complètes et des pensées incomplètes, qui, bien qu'incomplètes, sont encore susceptibles de recevoir leur complément, il y a des pensées qu'il est impossible de compléter et qui n'en sont pas moins réelles, parce qu'elles sont des affections normales de l'intelligence (3). »

Reprenant les arguments d'Hamilton et de Mansel, M. Spencer observe qu'ils supposent tous l'existence positive de quelque chose au delà du relatif. « Dire que nous ne pouvons connaitre l'absolu, c'est affirmer implicitement qu'il y a un absolu. Quand nous nions que nous ayons le pouvoir de connaitre l'*essence* de l'absolu, nous en admettons

(1) *Prem. princ.*, tr. fr., p. 83.
(2) P. 91.
(3) P. 93.

tacitement l'existence, et ce seul fait prouve que l'absolu a été présent à l'esprit, non pas en tant que rien, mais en tant que quelque chose (1). »

M. Malcolm Guthrie signale avec pénétration le sophisme secrètement enveloppé dans ce passage. On a posé d'abord que toute connaissance est relative, c'est-à-dire que nous ne pouvons connaitre les choses qu'en relation les unes avec les autres, et avec nous. Cette expression : « le relatif », désigne donc en réalité l'univers ou la totalité des choses. Mais quand on considère certaines choses particulières, on s'aperçoit que les noms qui les expriment ne marquent que ce par quoi elles se différencient de certaines autres, ce qui conduit à croire qu'il existe certaines choses différant des premières en ceci qu'elles n'ont pas ces déterminations spéciales qui sont exprimées par les noms. De là, on glisse tacitement à cette conclusion que ce qui est vrai de quelques objets, doit l'être de la totalité des existences : qu'ainsi le *relatif* pris dans son ensemble, — c'est-à-dire tout ce qui existe, — implique l'existence du *non-relatif*. Qui ne voit l'illégitimité d'une telle inférence ? Puis ce terme négatif, le *non-relatif*, se change en un terme positif, l'*absolu*. Enfin, l'existence de l'absolu est confirmée par cet argument *ad hominem* qui doit réduire au silence les adversaires : Vous dites que nous ne pouvons connaitre l'absolu ; vous admettez donc qu'il existe !

« C'est, dit M. Malcolm Guthrie, comme si l'on énonçait cette proposition : Le rien existe. Il y a là un substantif et un verbe. Un substantif désigne quelque chose : c'est donc quelque chose qui existe. Ce quelque chose, quel en est le nom ? Rien ou le rien. Donc quelque chose est rien, et rien est quelque chose ; et quelle que soit sa nature, il existe (2). »

Il est clair, en effet, que M. Spencer a détruit par avance toute possibilité d'une existence, à titre quelconque, du non-relatif, toute possibilité aussi d'une pensée, si vague soit-elle, de ce qui ne tombe pas sous la loi suprême de la pensée, savoir la relativité. Quand il poursuit, en opposant le noumène au phénomène, et en demandant s'il est possible que

---

(1) *Ibid.*
(2) *On M. Spencer's formula of evolution*, p. 162.

notre connaissance n'ait pour objets que des apparences, si au contraire sous ces apparences il n'est pas invinciblement nécessaire de concevoir une réalité, on a quelque droit d'être surpris. Le phénomène, les apparences, ne peuvent être, dans la théorie de l'évolution, que des représentations, dans la conscience, de la matière et du mouvement. Matière et mouvement seront donc le noumène, ce qui se cache sous ce qui apparaît. Mais la matière et le mouvement sont en relations réciproques ; ils sont *pensables* d'une manière déterminée ; ils ne sont donc pas l'absolu tel que le définit M. Spencer. Dira-t-on que par delà toutes les *séquences* de mouvements et de phénomènes, nous avons l'intuition vague et puissante d'un infini ? Mais de ce que nous ne pensons que le relatif et le limité, il ne suit pas que nous concevions l'illimité et le relatif. Il suit seulement que nous ignorons où commencent et où finissent les séries, successions dans le temps ou coexistences dans l'espace. Ignorance absolue des premiers et derniers termes, voilà le seul élément absolu qui, selon la thèse évolutioniste, puisse tomber dans notre connaissance : c'est un zéro, un néant.

« L'absolu est-il non relatif à nous ou à l'univers ? S'il est ce qui n'est pas en relation avec notre conscience, nous ne savons rien d'une telle existence, et, n'ayant aucun motif pour la supposer, nous rejetons de notre esprit la suggestion qu'on y veut introduire. — Si l'on entend par là ce qui n'est pas en relation avec l'univers, alors également il est tout à fait hors des prises de notre connaissance, et c'est une hypothèse inutile.

« Mais on nous dit qu'il a des manifestations. — Il est donc en relation avec ses manifestations, partant relatif ; il nous est connu à travers toutes ses manifestations, donc il est en relation avec nous : il n'est donc pas l'absolu (1). »

Il est vrai que conscience, matière et mouvement n'épuisent pas, pour M. Spencer, toute la réalité. Bien plus, ce sont là, semble-t-il, de simples apparences, des modifications de ce mystérieux noumène que l'auteur des *Premiers Principes* se décide à appeler la *force absolue*. — Mais si l'absolu est force, le voilà en relation avec le monde et avec nous ; puis quand je lis ces mots « la force absolue dont nous avons

(1) *Ibid.*, Guthrie, pp. 166-167.

conscience », je me demande si la conscience n'impose pas à tous ses objets un inévitable caractère de relativité.

Peut-être cependant triomphons-nous trop facilement. On nous a prévenus que, psychologiquement, la thèse d'Hamilton et de Mansel était fausse. Qu'avait dit Hamilton ? Que de deux termes corrélatifs, comme *tout* et *partie*, *égal* et *inégal*, l'un ne peut être conçu sans l'autre. Le relatif n'est lui-même conçu comme tel que par opposition au non-relatif ou absolu. Et cependant, malgré cette corrélation nécessaire dans la pensée, Hamilton soutient que les deux termes ne sont pas également réels et positifs. La réalité de l'un ne garantit pas celle de l'autre, lequel peut n'être que la négation du premier. Le terme positif est alors seul réel, bien qu'il implique dans l'esprit le terme négatif comme il est d'ailleurs impliqué par lui. Si donc à la plus haute notion positive, celle du concevable, s'oppose celle de l'inconcevable, celle-ci, pure négation, n'exprimera rien de réel. Et si le relatif seul est concevable, partant réel, son contradictoire, l'absolu, n'exprimera rien de plus que la négation du relatif, du réel, du concevable, c'est-à-dire la suppression de la pensée même (1).

C'est ce principe hamiltonien — de ces deux termes contradictoires, le concevable, l'inconcevable, le négatif n'est que la suppression de l'autre, n'est rien de plus que sa négation, — c'est ce principe que M. Spencer déclare psychologiquement faux. Soit ces deux corrélatifs : l'égal et l'inégal ; il est clair que le concept négatif contient quelque chose de plus que la négation du positif ; car les choses dont on nie l'égalité ne sont pas pour cela effacées de la conscience. Soit de même le limité et l'illimité. Quand je pense le limité, j'ai d'abord l'idée de quelque chose ; puis celle de limites sous lesquelles ce quelque chose est connu. Si maintenant je pense l'illimité, j'efface les limites, non le quelque chose. Sans doute, les limites écartées, je n'ai plus de concept proprement dit, car penser c'est conditionner ou limiter ; mais le quelque chose qui reste peut et doit être objet d'une conscience indéterminée comme lui. Supposez, en effet, que le contradictoire négatif ne soit jamais rien de plus que la néga-

---

(1) Nous n'avons pas besoin de dire que M. Spencer prend le mot *absolu* dans un sens différent de celui que lui donne Hamilton. Voy. le chapitre VII.

tion de l'autre, vous pourrez alors prendre les contradictoires négatifs indifféremment l'un pour l'autre. Illimité, indivisible, sont les contradictoires négatifs du limité, du divisible. Si toute leur réalité en tant que concepts est dans la négation qu'ils expriment, pourquoi n'opposeriez-vous pas l'*i*llimité au divisible, l'*i*ndivisible au limité ? Et si vous ne pouvez le faire, c'est que vos deux concepts négatifs contiennent quelque chose de plus que deux négations ; deux *non*, en tant que *non*, seraient indiscernables et se confondraient ; or, la pensée ne confond pas l'illimité et l'indivisible. Il y a là une différence de qualité. Hamilton n'a tenu compte que des limites et des conditions de la conscience, non des choses qui sont limitées et conditionnées. Il n'a pas vu qu'il y a quelque chose qui « forme la matière brute de la pensée définie et qui reste après que la détermination que la pensée lui donne a été détruite (1) ».

Si donc l'absolu est conçu comme le contradictoire du relatif, si le relatif nous apparait comme quelque chose de conditionné et de limité, s'il est impossible que conditions et limites nous apparaissent séparées de ce quelque chose à quoi elles donnent la forme, « la suppression de ces conditions et de ces limites est, dans l'hypothèse, la suppression des conditions et des limites *seulement*. En conséquence, il doit y avoir un résidu, une conception de ce quelque chose qui remplit leur contour, et c'est ce quelque chose d'indéfini qui constitue notre conception du non-relatif ou absolu. Bien qu'il soit impossible de donner à cette conception une expression qualitative ou quantitative quelconque, il n'est pas moins certain qu'elle s'impose à nous comme un élément positif et indestructible de la pensée (2) ».

Il y a certes là un très remarquable effort pour échapper au phénoménisme, au relativisme, qui semblent s'imposer au philosophe de l'évolution. M. Spencer essaie de compléter sa démonstration psychologique par ce raisonnement *a priori*, qu'on ne saurait penser le relatif lui-même que par opposition au non-relatif, et que les contradictoires étant nécessairement conçus en relation l'un avec l'autre, la conscience de cette relation implique la conscience simultanée

(1) *Prem. princ.*, p. 96.
(2) *Ibid.*

des deux termes. Le nier, serait nier la possibilité même de la conception du relatif, la possibilité, par suite, de toute pensée (1). — Je reproduis ici l'invincible objection qui triomphait tout à l'heure sur le terrain de la logique : si l'absolu est dans la conscience, il devient limité par les conditions mêmes de la conscience, et partant n'est plus un non-relatif. Et il m'importe peu que sans la conception de l'absolu toute pensée devienne impossible, car je n'ai pas à faire une théorie de la pensée, et mon rôle de critique se réduit pour le moment à chercher si la doctrine de M. Spencer est cohérente avec elle-même.

Il faut d'ailleurs rendre cette justice à M. Spencer qu'il présente avec une loyauté parfaite les principales difficultés soulevées par sa thèse, et, s'il ne parvient pas à les résoudre, il n'a pas cherché, du moins, à les amoindrir. Dégagée des limites et des déterminations qui sont l'essence même du relatif, la pensée de l'absolu n'est plus que la conception indéfinie de l'informe et de l'illimité. Mais, demande M. Spencer (et au fond, c'est la même impossibilité qui se reproduit toujours), comment une telle conception peut-elle se constituer, quand, par sa nature même, la conscience implique des formes et des limites ? « Si toute conception d'existence est une conception d'existence conditionnée, comment peut-il rester quelque chose après la négation des conditions ? Si la suppression des conditions de la conscience ne supprime pas directement la substance même de la conception, ne la supprime-t-elle pas implicitement ? La conception ne doit-elle pas s'évanouir quand les conditions de son existence s'évanouissent (2) » ?

— Une telle conception, répond M. Spencer, ne peut pas être constituée par un acte mental unique : elle est le produit de plusieurs. Dans tout concept, il y a un élément qui persiste. Cet élément ne peut ni être absent de la conscience, ni s'y trouver tout seul ; s'il était absent, la conscience n'existerait plus, faute de substance ou d'objet ; s'il était seul, la conscience serait encore abolie, faute de détermination et de forme. Pourtant, le caractère permanent de cet élément implique qu'il soit de quelque manière conçu

---

(1) C'est l'argument de Cousin, réfuté par Hamilton.
(2) *Ibid.*, p. 100.

comme distinct des conditions successives et variables qui font la pensée précise. « Le sentiment d'un quelque chose qui est conditionné dans toute pensée ne peut être rejeté, parce que le quelque chose ne peut être rejeté. »

Et comment peut se former une telle aperception ? Par la combinaison des concepts successifs, privés de leurs conditions et de leurs limites. Nous additionnons, pour ainsi dire, les éléments communs de toutes nos pensées particulières, et cette étoffe uniforme et indestructible, c'est l'idée générale d'existence. L'être, mentalement isolé de ses apparences, voilà le non-relatif, vaguement et nécessairement aperçu dans toute aperception particulière. « La distinction que nous sentons entre l'existence spéciale et l'existence générale est la distinction entre ce qui peut changer en nous et ce qui ne le peut pas. Le contraste entre l'absolu et le relatif dans nos esprits n'est au fond que le contraste entre l'élément mental qui existe absolument, et les éléments qui existent relativement (1) ».

Voilà certes une belle analyse, et il semble qu'ici nous ayons mauvaise grâce à combattre M. Spencer, puisque nous-même avons proposé une doctrine analogue dans notre discussion de l'aphorisme hamiltonien : penser c'est conditionner. Qu'on le remarque cependant ; nous avons dit qu'à nos yeux, il y a une conscience non empirique de l'être pur, absolu, de l'être qui est tout l'être, sans être quelque être particulier. C'était dire que la notion, confuse si l'on veut, de l'être parfait ou de Dieu, est la condition psychologique de toutes les notions limitées, soit simultanées, soit successives, qui forment le contenu de la conscience empirique et constituent la pensée déterminée. Il est clair que pour nous cette notion fondamentale de l'être exprime une réalité supérieure à toutes celles qui sont objets de la conscience phénoménale. Pour M. Spencer, la conception vague de l'absolu n'est qu'un *résidu* de tous les états mentaux ; ce qu'elle représente, c'est le minimum d'existence, car du point de vue évolutioniste, l'être est d'autant plus être qu'il est plus différencié. Or, l'élément mental qui persiste quand toutes différences sont effacées, ne peut être que le plus bas degré

(1) Pp. 101-102.

de la pensée, et ainsi l'hypothétique réalité dont il est le côté subjectif ne peut être que le plus bas degré de la réalité.

J'ajoute que, pour nous, l'esprit est une activité, une activité qui persiste, indéfectible, à travers ses modifications passagères. On comprend donc qu'il puisse avoir en quelque façon la conscience, permanente aussi, d'une existence éternelle. Mais, selon M. Spencer, le sujet n'est rien qu'une série linéaire d'états mentaux. Je demande alors comment il peut abstraire de ces états ce qu'ils ont de commun, pour en former la conscience indéterminée de l'absolu. L'abstraction n'est possible que par une activité qui se distingue des termes sur lesquels elle opère. Pour rester fidèle aux données de la psychologie évolutioniste, il faut donc concevoir des états de conscience qui se dépouillent eux-mêmes de tout ce qui les constitue, je veux dire de leurs déterminations, et qui s'étant par là réduits à rien, n'ayant d'ailleurs par leur nature aucune durée, deviennent la pensée vague et permanente, encore une fois de quoi? Non pas d'eux-mêmes, certes, puisqu'ils se sont abolis par un suicide inexplicable, mais d'un objet dont l'indétermination suprême fait qu'on ne sait s'il est, pour M. Spencer, un résidu de pensée humaine inconsciente (consciente, elle serait conditionnée) ou la matière amorphe dont est fabriqué l'univers; ou enfin une sorte d'étoffe commune de la matière et de la pensée, plus analogue par nature à celle-ci qu'à celle-là.

C'est à cette dernière hypothèse (je l'ai indiqué plus haut), que parait s'être arrêté M. Spencer. Nous aurons tout à l'heure à y revenir. Concluons pour le moment en disant :

Si le résidu permanent et identique de tous les états de conscience est simplement un élément mental, il est conscient ou inconscient : conscient, il est déterminé, partant relatif ; inconscient, il n'est plus un élément mental ;

Si l'existence générale que la pensée conçoit, nous dit-on, en opposition avec l'existence spéciale comme un absolu en opposition avec les déterminations du relatif, est une réalité distincte de la conscience, elle est encore un relatif, par cela qu'on la pense, fût-ce de la pensée la plus obscure. Une telle existence d'ailleurs semble ne pouvoir être, dans la doctrine de l'évolution, que l'homogène primitif, lequel est doublement relatif, à ses déterminations futures, et à l'esprit du philosophe évolutioniste qui prétend en avoir une idée claire. Puis l'homogène primitif n'est pas permanent, puisqu'il n'existe plus, et je ne vois pas quelles traces en pourrait subsister dans l'univers différencié, déterminé et de toutes manières relatif, que la science nous fait connaître.

Si enfin l'absolu hypothétique de M. Spencer est une existence supérieure à la matière comme à la pensée, principe et substratum de toutes deux, force diffuse dont le cosmos est l'apparence et qui se saisit elle-même dans les consciences, il faut rejeter alors, en ce qu'elle a de précis et de scientifique, la formule de l'évolution. Celle-ci, en effet, prétend tout expliquer par des intégrations et désintégrations de matière et de mouvement. Cela seul est objectif. La force n'est qu'un élément vague, incommensurable, introduit après coup pour soutenir la thèse. Et une force qui se manifeste nécessairement par le mouvement, la matière, la conscience, est nécessairement aussi relative à ses manifestations et n'existe que dans et par elles. Elle n'est donc pas un absolu. L'abstraction qui prétend la penser isolée l'anéantit et dans son existence et dans son concept.

VI

J'ai essayé de faire voir que la notion de l'Inconnaissable est en contradiction avec les principes de la philosophie de M. Spencer : je me demande maintenant : l'Inconnaissable, pris en soi, est-il intelligible ?

La réponse est en vérité trop facile : l'Inconnaissable, par définition, est en dehors des lois et des conditions de la pensée, c'est-à-dire de l'intelligibilité. Rigoureusement, le seul fait de le nommer et d'attacher un sens au mot qui le désigne le fait déchoir de sa dignité d'Inconnaissable, et le range dans la catégorie des choses qui peuvent être connues. J'en connais au moins ceci, qu'il est inconnaissable, qu'il n'a aucun des attributs par où une chose peut être objet de connaissance. Une connaissance par élimination n'est pas une connaissance absolument nulle.

Mais j'ai peu de goût pour ce mode d'argumentation renouvelé de la sophistique. C'est ainsi qu'on prouvait que l'un est plusieurs, que le non-être est, que l'être n'est pas.

Tout concept peut être dissous par cette dialectique à outrance.

J'aime mieux invoquer contre l'Inconnaissable l'axiome hégélien, au moins dans sa première partie : tout ce qui est réel est rationnel. Un inconnaissable serait, de sa nature, ce qui ne pourrait jamais être pensé par aucune intelligence. Mais ne pouvoir être pensé c'est proprement n'exister pas. Je cherche en vain ce qui resterait de l'être, après qu'on en aurait retranché, par hypothèse, tout ce qui le rend intelligible. La pensée a pour objet les choses, leurs attributs, leurs relations réelles ou possibles ; les idées abstraites ont leur fondement dans la connaissance antérieure d'individus ou de qualités individuelles et dans l'activité consciente de l'esprit ; les conceptions les plus chimériques supposent l'expérience de ce qui est. L'Inconnaissable, c'est le néant, et le concept de l'Inconnaissable est le concept de ce qui ne peut être l'objet d'aucun concept.

Je sais que nous ne savons pas tout, et que les limites de notre connaissance ne sont pas celles de la réalité. Mais d'abord ces limites peuvent reculer indéfiniment, et nul parmi les hommes n'a le droit de dire à la science humaine : tu n'iras pas plus loin. Puis l'inconnu n'est pas l'inconnaissable. Nous ne connaissons de l'univers et de ses lois qu'une part infiniment petite, mais nous affirmons que ce reste, qui peut-être nous échappera toujours, est intelligible tout comme le peu que nous savons. Tout le passé de la science nous en est garant. Toutes ses méthodes supposent ce nécessaire postulat. Si nous pouvions prolonger les faibles rayons de notre savoir jusqu'aux derniers confins de l'immensité, jusqu'aux profondeurs les plus secrètes des choses, nous verrions l'univers partout pénétrable à la raison, et partout le réel transparent pour la pensée ; le néant seul est opaque parce qu'il est inintelligible.

Je sais encore que tous les théologiens ont fait de l'incompréhensibilité un attribut de Dieu. Mais l'incompréhensible n'est pas l'inconnaissable. L'incompréhensible est au-dessus de l'intelligence, mais celle-ci peut y tendre, et s'en rapprocher ; l'Inconnaissable lui est absolument et pour jamais étranger. D'ailleurs, Dieu n'est pas incompréhensible pour sa propre intelligence : l'Inconnaissable n'est pas une pensée qui, échappant à la nôtre, puisse se penser elle-même. On dit bien que l'intelligence divine n'a rien de commun avec celle de l'homme et qu'ainsi Dieu, fût-il connaissable pour lui-même, ne le serait pas pour nous. Mais ce sont mauvaise théologie et mauvaise philosophie que celles qui suppriment toute analogie de nature et d'attributs entre l'homme et Dieu. Un Dieu dont je ne pourrais rien savoir serait pour moi un non-être. Agnosticisme est athéisme.

On invoquera enfin les antinomies de la raison, les contradictions inéluctables où conduisent les idées d'infini, de temps, d'espace, de divisibilité sans limites, etc. On en conclura que la réalité à laquelle semblent s'appliquer avec une égale nécessité les thèses et antithèses kantiennes, est, dans son fonds, inconnaissable. Mais, nous l'avons dit déjà, c'est une question de savoir si pour chacune des antinomies la thèse et l'antithèse sont également nécessaires. Je ne vois pas par exemple que la divisibilité à l'infini de la matière s'impose si impérieusement que cela à mon esprit. Je vois au contraire qu'actuellement réalisée, elle est impossible, et en général, partout où il met ainsi la raison en conflit avec elle-même, Kant me paraît avoir méconnu la profonde distinction péripatéticienne de la puissance et de l'acte, qui peut-être concilierait, en introduisant une différence de point de vue, négligée par lui, toutes les contradictions. Des indivisibles actuels, en nombre indéfini, non actuellement infini, atomes ou monades, sont parfaitement concevables, et je n'éprouve nullement ce prétendu besoin de pousser toujours plus loin la division.

Je conclus : le concept d'un Inconnaissable, pris en soi, est inintelligible, et porte en lui-même sa propre destruction.

VII

Mais, on l'a vu plus haut, M. Spencer ne prend pas ce terme dans sa rigueur logique. Pour lui, l'Inconnaissable, c'est définitivement la force, objet primordial d'expérience, enveloppé dans chacun de nos états mentaux, successifs et divers. « Tous les modes de conscience peuvent se tirer d'expériences de force ; mais les expériences de force ne peuvent se tirer de rien autre. On n'a même qu'à se rappeler que la conscience consiste en des changements, pour voir que la donnée fondamentale de la conscience doit être celle qui se manifeste par le changement, et que la force, par laquelle nous produisons nous-mêmes des changements et qui sert de symbole à la cause des changements en général, est la révélation finale de l'analyse (1). »

Ainsi, la force est bien, pour M. Spencer, l'élément subjectif et permanent qui se manifeste par les modifications du moi. Sur quoi je demande si cet élément subjectif est identique au principe objectif qui se dissimule sous les changements extérieurs dont les séries constituent l'univers. Il le semble, puisque *la force par laquelle nous produisons nous-mêmes des changements* est le terme ultime de l'analyse. Pourtant je lis au § 18 : « On ne peut croire que la force qui existe dans une chaise (cette force de pesanteur qui résiste à l'effort que je fais pour soulever un objet lourd) ressemble réellement à la force qui est présente à nos esprits... La force telle que nous la connaissons étant une impression de notre conscience, nous ne pouvons concevoir sous la même forme la force qui réside dans la chaise, à moins de douer la chaise de conscience (2) ». Et me voilà dans cette situation embarrassante de ne pouvoir penser la force objective qu'en analogie avec celle dont j'ai conscience, et d'être assuré que ces deux forces ne se ressemblent en rien ! Et ce n'est pas la seule difficulté. Pourquoi serais-je obligé de concevoir la force toujours la même sous mes états de conscience, toujours différents ? C'est, dit-on, que c'est là l'expérience ultime que j'ai de moi-même. Mais non, je n'ai pas une semblable expérience ; la conscience, comme telle, n'implique pas la force, du moins pour un philosophe évolutioniste, aux yeux de qui le moi n'est qu'une succession d'états mentaux. Puis, la conscience a-t-elle fait son apparition historique dans le cours de l'évolution ? Y a-t-il eu une époque, dans l'immensité des âges évanouis, où nulle conscience n'existait encore ? Si oui (et cette réponse est la seule que donne la science positive), la force ne serait donc pas chronologiquement antérieure à la conscience ; toutes deux seraient contemporaines. Mais la conscience elle-même,

(1) *Prem. Princ.*, tr. fr., p. 180.
(2) P. 51.

d'où vient-elle ? De ce qui seul existe objectivement, je veux dire la matière et le mouvement. M. Spencer a eu beau protester contre la qualification de matérialiste ; du point de vue de l'évolution la conscience ne peut être que du mouvement d'unités matérielles, à un degré de complexité supérieure. L'homogène primitif, d'où tout sort par différenciations progressives, ne contient pas la pensée. Et ainsi, la force que la conscience ne peut concevoir que comme le substratum permanent d'elle-même ; la force que la conscience retrouve partout dans l'univers comme un principe substantiellement identique à elle-même ; la force qui n'existait pas avant la conscience si tard venue dans l'histoire de l'évolution cosmique, ne serait pas essentielle à la matière et au mouvement, leur aurait fait défaut pendant toutes les périodes qui ont précédé l'avènement d'êtres pensants, et serait cependant le principe éternellement nécessaire dont mouvement et matière ne sont que les manifestations ! Le changement a existé dès la première et inexplicable rupture de l'homogène primitif, le changement suppose un quelque chose sur le fonds immuable duquel il se déroule, une énergie indéfectible qui l'explique ; ce quelque chose, cette énergie, c'est la force, et la force n'existera que quelques milliers de siècles plus tard ! Certes, voilà d'étranges conséquences, mais le moyen de s'y soustraire ? On nous avait promis une formule qui nous permettrait de construire idéalement et d'expliquer tous les changements de l'univers ; cette formule, on nous la donne et la force n'y figure pas ; on nous dit que la notion de force contient l'explication suprême de la formule, et quand nous essayons de mettre d'accord celle-ci et celle-là, nous tombons dans l'inintelligible et le contradictoire. Est-ce là la science *complètement unifiée*, la philosophie définitive ? Sommes-nous aveugle à la lumière, ou la lumière n'a-t-elle pas encore lui ?

Oublions maintenant toute la discussion précédente ; supposons démontré que « la puissance manifestée partout dans l'univers matériel est la même puissance qui jaillit en nous sous la forme de conscience (1) », et voyons de plus près quel sera dans l'avenir l'objet, transfiguré par la science, de la religion.

La religion, nous le savons, a pour objet l'Inconnaissable;

(1) *Princ. de sociol.*, IV, p. 210.

l'Inconnaissable, c'est la force ; or, c'est la force, l'énergie, la vie que la science découvre de plus en plus dans l'univers. « Par un certain côté, le progrès des sciences est une transfiguration graduelle de la nature. Tandis que la perception ordinaire voyait une simplicité parfaite, le progrès révèle une grande complexité ; où semblait régner une inertie absolue, il découvre une activité intense ; où il paraissait n'exister que le vide, le progrès montre un jeu merveilleux de forces. A chaque génération de physiciens, on découvre dans la prétendue *matière brute* des puissances que, peu d'années auparavant, les physiciens les plus instruits auraient jugées incroyables, par exemple l'aptitude d'une simple lame de fer à recueillir les vibrations aériennes compliquées produites par la parole, qui, traduites en d'innombrables vibrations électriques, puis retraduites à des milliers de milles de là par une autre plaque de fer, se font entendre à l'oreille sous la forme du langage articulé. Le savant qui interroge la nature voit bien autour de lui des solides qui lui paraissent en repos, mais il découvre en eux une sensibilité telle que des forces d'intensités infinitésimales les affectent ; le spectroscope lui fait voir que les molécules de la terre vibrent en harmonie avec celles des étoiles ; il est forcé d'admettre que tout point de l'espace tressaille d'une infinité de vibrations dans toutes les directions. Il ne peut dès lors éviter de conclure que l'univers se compose bien moins de matière inerte que de matière partout vivante, vivante, sinon au sens strict, au moins dans le sens le plus général (1) ».

Mais la métaphysique arrive par une voie différente à des inductions analogues. La nécessité, indiquée plus haut, de penser l'énergie externe sous la forme de l'énergie interne, l'impossibilité, établie par l'analyse subjective, de concevoir les interprétations scientifiques des phénomènes autrement qu'en termes de conscience et sous la forme de sensations et d'idées combinées, font voir l'univers « plutôt sous le point de vue spiritualiste que sous le matérialiste ». De là une justification partielle de l'animisme primitif, et la survivance assurée, peut-être pour longtemps encore, à des conceptions religieuses plus ou moins semblables, malgré

(1) *Ibid.*, pp. 210, 211.

les transformations nécessaires, aux vieilles superstitions adorant sous les phénomènes de l'univers des activités conscientes identiques en nature à celle que nous sentons en nous.

Est-ce à dire que la métaphysique proclame l'essentielle vérité de l'anthropomorphisme ? Que l'idée d'un être pensant absolu, cause ou ubstance du monde, soit le terme suprême auquel aboutis , dans l'ordre religieux, la philosophie de l'évolution ? Non, puisque cette force dont nous exprimons les effets en termes de conscience, et cette conscience même que nous projetons hors de nous pour en faire l'étoffe de l'univers, nous ignorons invinciblement ce qu'elles sont en elles-mêmes, puisqu'en un mot l'énergie fondamentale que nous supposons sous les phénomènes externes et internes, est un absolu nécessairement inconnaissable. Dès lors, le sentiment religieux ne saurait être menacé de périr; comme la conception religieuse elle-même, il se transfigure en s'épurant. Le mystère, dont il se nourrit, la science ne le dissipera jamais; l'essence de l'émotion religieuse, c'est l'admiration mêlée de crainte pour le grand inconnu inconnaissable. La science fait à mesure disparaître la crainte; mais, loin de l'affaiblir, elle grandit la faculté d'admirer. On sait combien les plus grossiers sauvages sont indifférents aux produits de l'art civilisé. « Ils sentent si peu ce qu'il y a de merveilleux dans les plus grandioses phénomènes de la nature, qu'ils regardent les recherches des savants comme des amusements puérils..... Ce ne sont ni le paysan, ni le marchand, qui aperçoivent quelque chose d'étonnant dans l'incubation d'un poulet ; c'est le biologiste qui pousse à l'extrême son analyse des phénomènes vitaux, et se trouve le plus embarrassé quand un fragment de protoplasme placé sous le microscope lui fait voir la vie dans sa forme la plus simple, et sentir qu'il a beau mettre en formule les opérations de la vie, le jeu réel des forces qui la constituent dépasse toujours les efforts de son imagination. Ce n'est pas dans l'esprit d'un touriste ou d'un chasseur de chamois qu'un vallon dans les régions alpestres éveille des idées plus élevées que celle de l'exercice ou du pittoresque; c'est chez le géologue. Le géologue observe que le rocher arrondi par l'action du glacier, sur lequel il s'assied, n'a perdu qu'un demi-pouce de sa surface depuis une époque plus reculée que le commencement de la civilisation humaine ; il essaie de concevoir la lente dénudation qui a creusé la vallée, et il arrive à des idées de temps et de puissance étrangères au touriste et au chasseur de chamois. Bien que ces idées soient complètement inadéquates à leur objet, il les trouve encore plus vaines quand il considère les strates contournées du gneiss, qui lui parlent d'une époque énormément plus lointaine, alors qu'au-dessous de la surface de la terre ces couches étaient encore à l'état demi-fluide, et d'une époque qui dépasse immensément celle-ci par l'antiquité, où les éléments du gneiss gisaient à l'état de sable et de boue sur le rivage d'une ancienne mer. Ce n'est pas non plus chez les peuples primitifs, qui s'imaginaient que le ciel reposait sur le sommet des montagnes, pas plus que chez les modernes, héritiers de leur cosmogonie, pour qui « les cieux proclament la gloire de Dieu », que nous trouvons les plus vastes conceptions de l'univers, ou le plus d'admiration à la contemplation de ses merveilles. C'est bien plutôt chez l'astronome qui voit dans le soleil une masse tellement vaste que la terre pourrait passer dans l'une de ses taches sans en toucher les bords, et à qui chaque perfectionnement de télescope fait voir une multitude toujours plus grande de ces soleils, dont plusieurs sont beaucoup plus grands que le nôtre (1). »

J'ai voulu transcrire tout entière cette belle page où l'on sent l'émotion contenue du savant en présence de l'éternel et vivant mystère qui palpite impénétrable sous l'apparence toujours plus compliquée des phénomènes. Je ne nie pas, certes, que M. Spencer et quelques esprits formés à son école n'éprouvent devant le problème de l'univers quelque chose qui ressemble au sentiment religieux. Et ce sentiment, nous dit-on, ne pourra que s'exalter par ces deux effets opposés de l'analyse de la connaissance, qui d'une part nous porte à l'agnosticisme, et, d'autre part, nous pousse à rechercher sans trêve le mot de la « grande énigme », à laquelle nous savons bien qu'on ne saurait trouver de solution. Je crains pourtant qu'il n'y ait là une espérance mal fondée.

Si les savants seuls sont les vrais dévots de l'avenir, d'autant plus dévots qu'ils seront plus savants, n'oublions pas que l'objet de leur religion, l'appelât-on la Force, est en

(1) *Princ. de sociol.*, tr. fr., t. IV, p. 211-213.

définitive l'Inconnaissable. Je vois bien que l'analyse spencérienne de la connaissance porte à l'agnosticisme ; j'imagine qu'elle poussera de moins en moins à « rechercher le mot de la grande énigme ». A quoi bon? Nous savons d'avance qu'on ne peut le trouver. On prendra vite son parti d'une ignorance démontrée invincible. On s'enfermera, comme prétendent faire les positivistes, dans l'étude modeste et fructueuse des faits et de leurs lois. On renoncera aux spéculations antiscientifiques sur l'origine et la substance des choses. On estimera, non sans raison, que méditer sur la Force est une perte sans profit de force intellectuelle, et la sélection reléguera au rang des savants inférieurs ceux qu'un préjugé suranné enchaînerait encore aux pieds de la dernière idole théologique.

Comme on l'a finement remarqué (1), si l'inconnu peut être objet de crainte, de respect, d'adoration (ce sont là quelques-uns des éléments essentiels du sentiment religieux), c'est parce qu'on le suppose analogue en quelque manière à des causes déjà connues, capables de provoquer des émotions de même nature. Nous avons beau savoir que Dieu est incompréhensible, nous l'imaginons toujours comme une personne plus ou moins semblable à la nôtre ; à cette condition seule le sentiment religieux est possible. Je conçois à la rigueur que le Dieu même de Plotin ou celui de Spinoza puisse être objet de religion ; le premier s'appelle le Bien, le second est chose pensante, et quoiqu'ils soient infiniment différents de ce que nous entendons par un être bon ou intelligent, l'esprit néanmoins s'en forme encore quelque concept, et ce n'est pas là le véritable agnosticisme. Mais la Force de M. Spencer ! Mais cet Inconnaissable qui même ne reçoit le nom de Force qu'au prix d'une évidente inconséquence, et s'il est entendu qu'on n'attache aucun sens à ce mot! Espère-t-on vraiment maintenir longtemps dans l'esprit humain un tel concept, qui est la négation de tout concept? Ses manifestations seules sont pensables : pour quiconque veut s'entendre avec soi-même, elles sont déjà tout le réel, tout le possible.

Le Dieu-Matière, le Dieu-Mouvement; il n'en est pas d'autre. Joindra-t-on la conscience? J'ai déjà dit que, dans

(1) M. Paulhan, *la Théorie de l'Inconnaissable, Revue philosophique*, sept. 1878.

la logique du système, elle ne peut être qu'une complexité particulière de mouvements. Adorons cependant aussi la conscience, non la conscience morale, non le moi substantiel, ou la substance du moi, toutes entités métaphysiques que l'analyse a exorcisées : mais la série des états de conscience, plus exactement, cet état de conscience instantané qui s'appelle improprement *moi*, qui seul existe pour soi, suspendu entre les deux néants de l'avenir et du passé ! Qu'il s'adore lui-même, sachant qu'il n'est au fond qu'un mouvement vibratoire, infiniment court, de molécules cérébrales. « Le plaisant Dieu que voilà ! »

CHAPITRE IX

M. ABBOT

Un penseur américain très distingué, M. Francis Ellingwood Abbot, a combattu avec une grande force, dans un ouvrage récent, la théorie de l'Inconnaissable, et esquissé une sorte de religion scientifique qui nous paraît un heureux amendement à celle de M. Spencer. L'exposé sommaire de sa doctrine servira de complément assez naturel à celui du précédent système.

I

M. Abbot recherche d'abord les origines de l'idéalisme qu'il considère comme la philosophie dominante à notre époque et qui est, selon lui, l'irréconciliable ennemi de la science. L'idéalisme a été constitué par Kant dont la grande réforme peut se résumer en cette phrase de la préface à la seconde édition de la *Critique de la raison pure* : « On a supposé jusqu'ici que notre connaissance doit se régler sur les objets, mais toute tentative pour affirmer avec certitude quelque chose relativement à ces *a priori*, au moyen de concepts, et pour étendre ainsi le domaine de notre savoir, a été rendue vaine par cette supposition. Essayons si nous ne serons pas plus heureux en métaphysique, en supposant que les objets doivent se régler sur notre connaissance. » Mais Kant lui-même n'a fait que continuer avec profondeur la tradition nominaliste du moyen âge : l'ancêtre véritable de l'idéalisme, du subjectivisme, du phénoménisme (tout cela revient au même), est Roscelin. Le nominalisme est le père de toute la philosophie moderne.

Le nominalisme est essentiellement la doctrine qui refuse toute réalité objective aux genres et aux espèces ; on peut distinguer le nominalisme extrême, pour qui les universaux ne sont que des noms ou des mots (*nomina, voces, flatus vocis*), et le nominalisme modéré qui en fait de purs concepts de l'esprit (Abailard, Guillaume d'Occam). Dans les deux cas, on nie que les rapports qui unissent entre eux les individus du même genre, et les différences qui les séparent de ceux d'un autre genre, aient une valeur absolue en tant qu'exprimant la nature des choses indépendamment de l'esprit.

Le principe fondamental de la philosophie cartésienne est aussi nominaliste. La seule connaissance immédiatement certaine est celle que la pensée a de son existence ; l'univers n'est pas directement connu ; on sait par quel détour Descartes parvient à le ressaisir. Logiquement il reste enfermé dans sa pensée et c'est au prix d'une inconséquence qu'il en sort.

Logiquement aussi, le système de Kant conduit à la négation du noumène, et l'égoïsme absolu, ou le *solipsisme* de Fichte est le naturel développement, le dernier mot du kantisme.

Berkeley et Hume, Stuart Mill et Spencer, tous ceux, — et ils sont légion — qui du principe mal compris de la relativité de la connaissance, concluent que nous ne connaissons ni ne pouvons connaître que nos représentations internes, les modifications ou états de notre conscience, — tous ceux-là, qu'ils le sachent ou non, sont les héritiers du nominalisme, continuent son œuvre, et aboutissent au *solipsisme*.

Il est cependant une autre tradition dans l'histoire de la pensée humaine, et il serait peut-être temps de la reprendre. C'est celle de la philosophie grecque. Les physiciens et les métaphysiciens qui ont précédé Socrate admettent tous l'existence d'une réalité en soi : — eau, air, feu, atomes, homœoméries, infini, nombre, être éternel, — que l'esprit de l'homme saisit plus ou moins complètement et dont la nature s'impose du dehors à la pensée. Il ne leur était pas venu que celle-ci fit son objet et ne fît rien que contempler ses propres modes quand elle croit percevoir des choses. Les premiers subjectivistes furent les sophistes, pour qui la pensée individuelle est la mesure de la réalité et du vrai (πάντων μέτρον ἄνθρωπος). Mais Socrate combattit et, pour des siècles, détruisit le subjectivisme des sophistes. Platon, Aristote, les épicuriens, les stoïciens sont, à des degrés et des titres divers, réalistes. Pyrrhon lui-même et ses disciples plus ou moins fidèles, Arcésilas, Carnéade, Ænésidème, Sextus, ne nient pas l'existence de la chose en soi ; ils n'affirment pas que dans la connaissance l'esprit ne saisit que ses représentations ; ils disent seulement que les opinions humaines, touchant la nature des êtres, sont trop variables et trop contradictoires pour qu'aucune puisse être prise comme expression adéquate de la vérité. Quant aux Alexandrins, leur théorie de *l'extase* suffit à les purger de tout soupçon de subjectivisme.

Les pères de l'Église sont des réalistes intempérants ; réalistes aussi les premiers scolastiques. Les uns le sont à l'extrême et, comme Scot Érigène ressuscitant Platon, font des universaux des substances qui existent indépendamment et à part des individus. Les autres le sont avec plus de modération et, à la suite d'Aristote, voient dans les universaux des substances, mais des substances dépendantes et inséparables des choses particulières. L'orthodoxie mit l'intolérance et la persécution au service du réalisme ; la révolte du nominalisme fut alors nécessaire et bienfaisante pour sauvegarder la liberté de la pensée humaine ; mais son œuvre est depuis longtemps achevée, et c'est au réalisme scientifique que l'avenir appartient.

Le réalisme scientifique, telle est, pour M. Abbot, la philosophie, ou plutôt la méthode qui doit remplacer dès aujourd'hui toute la métaphysique moderne issue de Kant et du nominalisme. Qu'est-ce qu'il entend par là ?

« La science moderne consiste en une masse de propositions concernant les faits, les lois, l'ordre et la constitution générale de l'univers. Elle est le produit de l'activité intellectuelle accumulée et combinée de la race humaine, et ne pourrait pas plus avoir été produite par un seul individu que le langage par lequel s'expriment ses propositions. Ces propositions enferment les résultats de l'expérience et de la raison universelles du genre humain, résultats d'où tous les éléments de fantaisie, d'ignorance ou d'erreur personnelles ont été graduellement éliminés dans le cours des âges (1) ».

(1) *Scientific Theism*, ch. 1, p. 1, 2.

La condition essentielle de certitude pour la science, c'est donc que tous les hommes compétents soient d'accord sur les résultats acquis ; c'est l'acquiescement de toutes les intelligences, convenablement préparées, aux propositions générales qui résument l'expérience universelle.

Mais des propositions expriment des rapports, et des rapports existent entre des termes et en sont inséparables. La science affirme que les rapports qu'elle constate existent entre des termes réels, et sont réels comme eux. Ces propositions valent objectivement. Quand, par exemple, elle prononce que le poids d'un atome d'hydrogène est d'environ 0,000, 000, 000, 000, 000, 000, 000, 109, 312 de gramme ou 109, 312 octillionièmes de gramme, elle démontre évidemment que les résultats auxquels elle atteint ne sont pas de pures constructions du dedans, car aucune modification interne ne peut représenter cette effroyable petitesse de pesanteur. Pour la conscience elle est rigoureusement égale à 0 ; pour la science, elle est une quantité actuellement existant dans la nature. Elle est de plus *telle* quantité et non une autre, et nulle analyse ou combinaison de concepts subjectifs n'expliquera pourquoi le nombre de décimales de grammes est dans ce cas précisément ce qu'il est.

Ajoutons que ces résultats, absolument *imprévisibles*, ce qui est une preuve de leur objectivité, sont vérifiables, toujours et partout, par des procédés qui forcent l'assentiment des esprits les plus incrédules. M. Abbot conclut que la science a dû ses progrès ininterrompus et son autorité de plus en plus indiscutée à une méthode qui est précisément l'opposé de celle de la philosophie idéaliste ; que, par suite, un divorce s'est opéré, funeste à la philosophie comme à la science, moins pourtant à celle-ci qu'à celle-là ; que ce divorce doit cesser, et pour le bon renom de la philosophie, dont le discrédit pourrait devenir irrémédiable, et pour les intérêts supérieurs de l'esprit humain qui ne peut se passer de philosophie. Et ce divorce ne cessera que si les philosophes, abandonnant un subjectivisme stérile, sortent de leur moi, entre résolument dans l'univers, en affirment la réalité absolue, considèrent leur propre pensée comme une partie de cet univers qui lui donne son existence, sa valeur et son objet, empruntent à la science cette méthode expérimentale, objective, *a posteriori*, qui, en conquérant la nature, accroît chaque jour le pouvoir de l'homme, et fait communier les intelligences dans l'adhésion à des vérités dont le nombre va sans cesse grandissant.

Kant avait opposé le phénomène au non-phénomène, et il avait eu raison. Mais bientôt cette opposition devient chez lui celle du phénomène et du noumène, le noumène étant pris pour l'inconnaissable. Or l'inconnaissable, c'est l'inintelligible, singulière perversion du sens des termes ! Le νοούμενον des Grecs, l'intelligible pur, devient dans la phraséologie moderne précisément son contraire. Pourtant, ce qu'on ne peut connaître, c'est ce qui n'est absolument pas. Tout ce qui est intelligible est connaissable, sinon actuellement connu. Ce qui est actuellement connu, voilà vraiment le phénomène ; ce qui reste à connaître, voilà le noumène ; mais au fond, c'est une seule et même réalité, qui existe en soi. Le noumène d'aujourd'hui sera le phénomène de demain. Il n'y a pas deux sphères distinctes et comme deux mondes qui s'excluent. Il n'y a qu'un seul monde dont l'intelligibilité est le postulat fondamental de la science, postulat que démontre, s'il en était besoin, chaque nouvelle découverte. Pour une intelligence infinie, tout serait, en quelque sorte, phénomène ; pour l'homme, le non-phénomène se réduit à mesure parce qu'il n'est que ce côté de l'être que nous ne connaissons pas encore, mais que rien n'interdit pour toujours à notre intelligence.

Idéalisme, subjectivisme, phénoménisme, portent en eux-mêmes leur propre contradiction. Si rien n'existe que ce qui est représenté, ce qui représente n'existe aussi que dans la mesure où il est représenté ; en d'autres termes, le sujet n'a d'existence que dans et par ses différents états successifs. La représentation seule, l'acte de conscience, est réel. Et il est réel d'une réalité absolue ; il est à la fois tout le sujet et tout l'objet. Il existe en soi ; c'est dire qu'il est noumène ; c'est dire encore que tout ce qui existe est noumène, et le phénoménisme pur aboutit à un nouménisme exclusif, celui du phénomène !

II

Le réalisme scientifique, s'il est accepté, doit conduire à une religion qui est la religion de la science, la seule que puisse admettre l'esprit moderne.

Si le postulat fondamental de la méthode scientifique est l'intelligibilité infinie d'un univers qui existe en soi, il faut se demander ce que c'est que l'intelligibilité.

A parler rigoureusement, il n'y a d'intelligible que les relations. L'intelligence ne saisit véritablement que des relations puisque toute connaissance se résout en un jugement. Et, nous l'avons dit, les relations ne sont séparables, ni dans l'être, ni dans la pensée, des termes mêmes entre lesquels elles existent. « Ç'a été le grand défaut de l'ancien réalisme scolastique que de traiter les relations comme si elles étaient des choses et de les concevoir comme des entités séparées ; c'est le grand mérite du nouveau réalisme scientifique que de traiter les choses et les relations comme deux ordres entièrement distincts de réalité objective, indissolublement unis et mutuellement dépendants, bien qu'entièrement dissemblables en eux-mêmes.

« La chose (τόδε τι, *hoc aliquid unum numero*, *das Ding*, *das Etwas*), est un système unique de forces intimes en corrélation étroite, et se manifeste par des qualités, actions ou mouvements spécifiques. Les qualités, actions, mouvements, font d'elle un phénomène ; le système de relations fait d'elle un noumène, c'est-à-dire constitue à la fois l'unité réelle de la chose et son caractère intelligible. Cette *constitution relationnelle immanente* de la chose individuelle est, selon la théorie du nouménisme, le vrai « principe d'individualité » (*principium individualitatis est omnimode determinatum*) ; la perception n'épuise ni ne découvre jamais toutes les relations ou déterminations particulières qui s'y trouvent renfermées, bien qu'une attention prolongée en découvre toujours de plus en plus ; jamais on ne la connaît entièrement, mais on ne peut nier qu'elle ne soit en partie connue par la science. La découverte scientifique s'est jusqu'ici arrêtée à *l'atome*, et à la *personne*, comme limites pratiques de son analyse de l'univers en éléments simples (*monades*, *Einzelwesen*, *Einzeldinge*) ; l'univers lui-même est l'Etre-Tout (*Allding*) ; entre ces deux extrêmes, il y a une multitude innombrable de choses complexes intermédiaires (molécules, masses, composés, espèces, genres, familles, sociétés, États, etc.). Dans toutes ces choses diverses, les systèmes de relations internes varient immensément en complexité et en compréhension ; en fait, la complexité et la compréhension du système déterminent le rang de la chose dans l'échelle de l'être ; mais, dans tous les cas, c'est la *constitution relationnelle immanente* de la chose qui fait son unité réelle, sa quiddité, son essence nouménale, sa forme substantielle, sa cause formelle, son caractère objectivement intelligible (1). »

L'univers est donc l'intelligible en soi, parce qu'il est le système des systèmes. Qu'est-ce maintenant que l'intelligence ? Elle est : 1° la seule faculté qui découvre les constitutions relationnelles immanentes; 2° la seule faculté qui crée des constitutions relationnelles immanentes. Et ce pouvoir créateur de constitutions relationnelles, elle le manifeste, en tant qu'activité volontaire, quand elle dispose des moyens en vue d'une fin. La volonté qui exécute n'est qu'une servante ; c'est l'intelligence seule qui conçoit les fins, et invente les moyens pour les réaliser. Or des moyens ne sont qu'un système relationnel en vue de la fin, et la fin elle-même est une chose conçue comme pouvant être, c'est-à-dire comme un système de relations immanentes. Ajoutons que l'intelligence est identique dans toutes ses formes et à tous ses degrés. Depuis l'instinct de l'animal jusqu'à la pensée souveraine, toujours l'intelligence a pour unique fonction de découvrir ou de créer des fins ou des systèmes de relations immanentes. Elle est essentiellement téléologique.

Tirons rapidement les conséquences de ces prémisses.

I. L'intelligibilité infinie de l'univers prouve son intelligence infinie. En effet, une intelligence infinie peut seule créer une constitution relationnelle infinie. « L'univers infiniment intelligible est la totalité existant par soi de tout l'être, puisqu'il n'y a pas un *autre* à qui il puisse devoir son existence. Mais ce qui existe par soi doit être déterminé par soi dans tous ses attributs ; et il ne pourrait se déterminer soi-même à être intelligible, s'il n'était aussi intelligent; en d'autres termes, il doit être l'auteur absolu, la cause éternelle de sa propre constitution relationnelle immanente. L'intelligibilité, ou système relationnel de l'univers, doit avoir son origine dans l'intelligence ou entendement créateur de l'univers, considéré comme cause. Telle est au fond le

(1) Pp. 128, 130.

sens de la célèbre distinction de Spinoza entre la nature naturante et la nature naturée (1). »

II. De cette intelligibilité infinie et de cette intelligence infinie de l'univers qui s'impliquent réciproquement, il suit que celui-ci est un sujet-objet infini, ou une intelligence infinie ayant conscience d'elle-même.

III. La constitution relationnelle immanente de l'univers-objet, étant infiniment intelligible, doit être un système de la nature infiniment parfait ; donc :

Elle n'est pas un chaos, car le chaos n'est système à aucun degré ;

Elle n'est pas une pluralité de monades, ou d'atomes, car ce ne serait là qu'un agrégat inintelligible de systèmes ; elle n'est pas une simple machine, car une machine est un système imparfait, qui ne peut ni se conserver ni se reproduire par soi-même ;

Elle est un organisme cosmique, car un tel organisme est seul un système absolument parfait.

IV. « Le système organique infiniment intelligible et absolument parfait de la nature prouve que l'univers-objet est l'évolution éternelle, organique et téléologique, par laquelle se manifeste à soi-même l'univers-sujet. Il est la pensée créatrice se réalisant, ou s'accomplissant éternellement elle-même dans l'être créé ; il est la vie infinie de l'univers qui est par soi. »

La théorie de l'évolution est la grande conquête scientifique du siècle. Elle est vraie, mais non au sens mécaniste et matérialiste où l'entendent les Spencer et les Hæckel. Leurs propres principes les réfutent. Ils parlent de *tendance* à conserver le type des ancêtres (hérédité), de *tendance* à éliminer les moins aptes pour la lutte de l'existence (sélection) ; comme si le mot *tendance* n'impliquait pas une téléologie immanente à la nature même et exclusive du pur mécanisme !

V. « La vie organique et organisatrice infinie de l'univers qui est par soi prouve qu'il est sagesse infinie et volonté infinie ; béatitude infinie et amour infini, sainteté, bonté, puissance infinies, personne spirituelle infinie, le Dieu vivant et créateur de vie et dont toutes choses procèdent. »

(1) 1ᵉ p. 151-152.

Ici la déduction, pour M. Abbot, est un peu plus malaisée. Le panthéisme a souvent paru réussir à démontrer l'existence d'une pensée immanente dans l'univers. Le Dieu de Spinoza a un attribut qui ressemble à l'intelligence. La difficulté commence quand il s'agit des attributs moraux et de la personnalité. Spinoza, on le sait, les exclut de la substance. M. Abbot voudrait les conserver.

Essayons de reproduire ici la démonstration, un peu trop sommaire, que présente l'auteur de cette thèse assez nouvelle.

S'il est vrai que l'intelligibilité consiste essentiellement dans les relations immanentes qui constituent les choses; s'il est vrai, d'autre part, que l'objet de la connaissance existe en soi, antérieur à l'esprit et indépendant de lui, on comprendra que l'intelligence puisse être définie de la manière la plus générale, la *Faculté des relations*. L'entendement est ce mode d'activité par lequel l'esprit humain s'applique aux relations. Il s'y applique de trois manières distinctes, autrement dit il a trois fonctions différentes. La première est la fonction perceptive, intuitive ou analytique; c'est la simple connaissance qui suit la sensation; mais la sensation ne saisit que des qualités isolées, l'entendement perçoit les relations particulières de ces qualités. La seconde est la fonction conceptive, reproductrice ou synthétique; elle forme des concepts généraux, tirés des perceptions particulières, concepts qui persistent quand celles-ci ont disparu et qui s'expriment par des mots. Enfin, la troisième fonction est créatrice, constructive ou téléologique; elle dispose librement des moyens en vue de fins à atteindre. La volonté, qui n'est que la servante de l'entendement, réalise objectivement les moyens et fins conçus par lui. « Quand l'entendement conçoit des fins qui lui sont suggérées par la sensibilité, le but qu'il poursuit est alors le bonheur (bonheur égoïste, ou bonheur dans lequel celui d'autrui entre comme élément essentiel) et son principe d'action est alors l'utilité ou l'intérêt, c'est-à-dire la fidélité à la constitution relationnelle immanente de l'esprit lui-même considéré isolément; quand sa fin lui est suggérée par la raison supérieure qui est la faculté suprême de l'idéal, le but qu'il crée alors et se donne à lui-même, c'est la conquête de la vérité, de la beauté, du bien, et son principe d'action est la justice, c'est-à-dire la fidélité à la constitution relationnelle immanente de l'univers pris en soi (1). »

Il s'ensuit que l'entendement, non la volonté, est véritablement la faculté de la liberté : « liberté intellectuelle quand la fin immédiate est la connaissance ou l'application de la vérité (science, philosophie, arts mécaniques) ; liberté esthétique quand la fin immédiate est la possession de la beauté (littérature et beaux-arts) ; liberté pratique ou morale quand la fin immédiate est la conduite de la vie et la réalisation de la vertu (moralité, religion) (2). »

Ainsi, sous toutes les formes de son activité spontanée, l'entendement créateur apparaît comme *le principe absolu de systèmes de relations*.

« La perception est, il est vrai, un système de relations créé par l'activité combinée de la chose et de l'entendement, de l'objet et du sujet, du noumène connu et du noumène connaissant, coexistant et agissant en réciprocité dans le phénomène, l'apparence réelle, l'expérience actuelle. Mais le concept est la prolongation, c'est-à-dire la *création à nouveau, dans l'ordre idéal,* de la perception, et la fin comme les moyens sont des combinaisons de perceptions et de concepts dans des créations *libres, absolument nouvelles et purement idéales,* qui pourront être réalisées plus tard par la volonté. Ainsi l'entendement, en tant qu'il perçoit, découvre des systèmes objectifs de relations ; en tant qu'il conçoit, il les reproduit ; en tant qu'il crée, il les combine à nouveau, dans sa pure activité, et par là crée librement de nouveaux systèmes subjectifs de relations (3). »

J'ai dû reproduire cette curieuse et pénétrante analyse, car elle est indispensable pour comprendre comment M. Abbot essaie de démontrer les attributs moraux de l'univers. En effet, si l'univers est une intelligence infinie, si l'intelligence est, dans sa fonction la plus haute, créatrice de relations, si une adaptation parfaite de moyens à des fins rationnelles est la parfaite sagesse, l'univers est infiniment sage. Il est aussi une volonté infinie, car la volonté suit aveuglément l'entendement, elle n'est que l'exécutrice de ce

---

(1) Pp. 143-144.
(2) P. 144.
(3) Pp. 144-145.

qu'il a conçu, et comment attribuer à l'univers un entendement infini sans lui reconnaître la puissance infinie de réaliser les fins de celui-ci ? Spinoza l'avait déjà dit : en Dieu, intelligence, puissance, volonté, sont même chose. M. Abbot dirait peut-être, un peu autrement : qui a le plus, — l'intelligence, a nécessairement le moins, — la volonté.

Mais ce n'est pas tout. Un organisme est un système dont l'existence et l'essence sont déterminées par la finalité. La fin de tout organisme est double ; elle est interne ou externe. Il tend à se conserver, il tend à contribuer pour sa part à la conservation et au développement des autres ; d'une manière plus générale, à concourir à l'accomplissement de la fin universelle. « La nature est intéressée à la conservation de tout organisme fini, dans la mesure où il fait partie de sa fin immanente à elle-même, organisme infini. Quand cet organisme fini est d'ordre supérieur, la nature assure la réalisation de sa fin externe en lui imprimant l'amour de sa propre espèce, le désir de la progéniture, la tendresse paternelle et maternelle, le besoin que nous éprouvons de revivre en un autre être qui est à la fois et n'est pas nous-mêmes. » Mais si l'univers est un organisme, peut-on dire de lui qu'il a une fin externe ? Existe-t-il quelque chose vers quoi il tende, ou peut-il se reproduire lui-même dans un autre infini ? Il ne le semble pas. Cependant on peut concevoir en Dieu même l'analogue d'une aspiration vers une fin extérieure. Celle-ci suppose oubli de soi-même, abnégation ; l'énergie divine, diffuse dans l'organisme, universel, s'y manifeste avec un redoublement d'intensité, comme Providence, comme amour indéfectible de sa propre perfection, comme amour aussi, et par cela même, de tout ce qui découle nécessairement d'elle et singulièrement des êtres pensants, véritables enfants de Dieu. L'intelligence infinie, la volonté infinie, se pensent et se veulent, pensent et veulent tout ce qui en elles a son intelligibilité et sa raison d'être. C'est là le fondement sacré de l'espérance et de l'amour qui font l'âme religieuse. C'est là « l'infinie béatitude de Dieu, son infinie bonté, sa tendresse infinie, sa paternité et sa maternité qui enveloppent tout (1) ».

Si tels sont les attributs qui révèlent l'aspiration de l'organisme infini vers une fin extérieure, non moins admirables

(1) Pp. 201 205.

sont les manifestations de ce qu'on pourrait appeler sa tendance à réaliser sa fin interne. « La fin absolue de l'être en soi est la réalisation absolue de la pensée en soi, c'est-à-dire la production du Réel hors de l'Idéal. L'Idéal nous apparait comme le système relationnel subjectif créé par l'entendement créateur ; le Réel, comme le système relationnel objectif effectué dans la nature par l'activité subordonnée de la volonté, simple pouvoir exécutif. Cette volonté, aveuglément obéissante, n'est rien que la puissance objectivement créatrice de l'entendement : la Pensée est Force, la Force est Substance. Ainsi l'absolue réalisation de la Pensée en soi, autrement dit l'incarnation de l'Idéal dans le Réel, c'est la législation que se donne éternellement à elle-même la pensée qui est en soi, se manifestant par la pensée qui est dans l'être ; c'est le système relationnel subjectif se traduisant par le système relationnel objectif de l'univers réel. Le fondement de cette réalisation ne peut être que l'aptitude inhérente et incréée de l'Idéal absolu, à être, c'est-à-dire à devenir le Réel absolu, et la perception de cette aptitude absolue de l'Idéal à devenir Réel, perception dont le caractère est essentiellement moral, est le fondement de l'acte créateur éternel. Ici, par conséquent, l'organisme infini se manifeste essentiellement comme être moral, comme univers dont le fondement absolu est une loi morale tellement sainte par elle-même que l'entendement créateur lui-même lui obéit et que tout le système de la création lui sert à la fois d'expression et de sanction. La nature morale de l'homme, dérivée de la nature morale de l'univers, est la révélation auguste de la pureté, de la justice, de la sainteté infinies de Dieu. La sublimité inexprimable de la nature morale de l'homme atteste donc la sublimité incommensurablement supérieure de la nature morale de l'univers lui-même, car ce que l'atome est à l'espace, la vertu humaine la plus parfaite l'est à l'infinie sainteté de Dieu (1). »

Mais le mal ! dira-t-on. — Le mal n'est que l'effet nécessaire de la limitation de notre être. La toute-puissance ne peut faire ce qui est contradictoire, l'Amour même et la Pitié infinis ne peuvent nous affranchir de notre condition de créatures. « Le mal n'est pas une fin en soi. Il ne peut exister dans l'univers considéré comme un tout infini, mais

(1) Pp. 205-207.

seulement dans le rapport mutuel de ses parties, en tant qu'il est l'inévitable côté obscur de toute réalité finie. S'il pouvait être aboli, si le fini réel pouvait exister sans la finitude qui pèse sur lui et est la cause de toutes ses douleurs, alors nous pourrions justement accuser l'univers. » Mais quoi ! sans ce caractère d'être fini, le fini ne pourrait exister ; l'existence finie vaut mieux que la non-existence ; la Bonté infinie elle-même pouvait-elle hésiter à nous créer? Si ce n'est pas là précisément l'optimisme, ajoute M. Abbot, ce n'est pas non plus le pessimisme, et il y a de quoi satisfaire les plus exigeants.

Ainsi tous les attributs moraux de la théodicée traditionnelle se retrouvent dans l'univers quand on l'envisage comme organisme infini ; Sagesse, Puissance, Bonté parfaites constituent les manifestations essentielles de la personnalité ; l'univers est donc « une personne infinie, un esprit absolu, la source créatrice et le foyer éternel de toutes les personnalités finies qui dépendent de lui, mais ne sont pas moins réelles que lui-même.

« Telle est la conception de l'univers qui découle naturellement, logiquement, inévitablement de la méthode scientifique appliquée à la philosophie ; telle apparait l'idée de Dieu qui sort légitimement de la science moderne (1). »

Marquons, par une dernière citation en quel sens et dans quelle mesure M. Abbot se déclare panthéiste. « Si, dit-il, toutes les formes de monisme sont nécessairement jugées panthéistiques sur ce fondement qu'on doit faire rentrer dans le Panthéisme tous les systèmes de philosophie qui posent en principe l'unité de substance, alors il faut avouer que le théisme scientifique est un panthéisme. Car certainement il soutient que tout est Dieu et que Dieu est tout ; que le dualisme qui fait de la matière et de l'esprit deux substances ayant entre elles des rapports incompréhensibles, éternellement étrangères l'une à l'autre et réciproquement hostiles dans leur nature essentielle, est une synthèse défectueuse des faits, grandement inférieure au monisme, qui pose l'unité absolue de substance et l'unité absolue de constitution rationnelle dans un seul univers existant par soi, et qui conçoit Dieu, le sujet infini, comme se pensant, s'objectivant et se révélant éternellement lui-même dans la nature,

(1) P. 209.

l'objet infini... Mais si d'autre part le panthéisme est la négation de toute personnalité réelle, soit finie, soit infinie, alors, assurément, le théisme scientifique n'est pas le panthéisme, mais il lui est diamétralement opposé. La téléologie est proprement l'essence de la personnalité purement spirituelle ; elle présuppose pensée, sentiment, volonté... Il n'y a pas de téléologie inconsciente. Si elle n'est pas consciente dans l'organisme fini, comme elle ne l'est évidemment pas dans la structure organique en tant que distincte de la conscience et de l'action, elle doit être consciente dans l'organisme infini qui crée l'organisme fini. Fins et moyens sont inconcevables et impossibles, excepté comme systèmes rationnels idéaux ou subjectifs que l'entendement créateur produit absolument et que la volonté reproduit dans la nature comme systèmes relationnels réels ou objectifs. D'où il suit que reconnaître la téléologie dans la nature c'est nécessairement reconnaître la personnalité purement spirituelle en Dieu...

« Toute philosophie profondément religieuse doit maintenir fermement, à la fois, les deux grands principes de la transcendance et de l'immanence de Dieu..... Si Dieu n'est pas conçu comme transcendant, il est confondu avec la matière, comme dans l'hylozoïsme, le matérialisme ou le panthéisme matérialiste. Mais s'il n'est pas conçu comme immanent, il est banni de son propre univers comme créateur *ex nihilo* et simple mécanicien infini. Le théisme scientifique le conçoit comme immanent dans l'univers en tant que celui-ci est connu, et comme transcendant dans l'univers en tant que celui-ci reste inconnu, c'est-à-dire immanent dans le monde de l'expérience humaine et transcendant dans le monde qui est au delà de l'expérience humaine. C'est là la seule signification légitime ou philosophique du mot transcendant ; car dans l'univers qui existe par soi, Dieu est conçu seulement comme immanent, et nullement comme transcendant. Par suite, la distinction purement subjective entre la transcendance et l'immanence de Dieu correspond parfaitement à celle du connu et de l'inconnu, qui sont absolument identiques dans l'être réel; Dieu est connu, en tant qu'il est l'immanent, et inconnu, en tant qu'il est le transcendant, mais il est absolument connaissable, en tant qu'il est à la fois l'immanent et le transcendant. C'est vraiment le nier que de le confondre avec l'inconnaissable ou l'inintelligible, c'est-à-dire le non-existant. Le théisme scientifique n'insulte pas l'esprit humain comme on le fait en l'invitant à adorer ce qui ne peut être compris, une quantité irréelle, une racine carrée de moins un, une réalité inconnaissable, qui est au fond synonyme de réalité impossible ou d'irréalité absolue ; c'est là la quintessence de la superstition. Il donne une idée de Dieu qui ne satisfait pas moins les besoins du cœur que les exigences de l'esprit humain (1) ».

III

Je dois m'excuser peut-être d'avoir trop longuement cité : M. Abbot a parfois une phraséologie qui lui est propre, et qui n'est pas toujours très claire, à moins qu'on n'en ait la clef. Mais quand nous exposons les doctrines de Kant, de Fichte, de Hégel, ne parlons-nous pas un peu leur langue, et paraphraser, ne serait-ce pas parfois les trahir ? La pensée de M. Abbot m'a paru assez profonde et assez originale pour mériter d'être reproduite littéralement. Le *théisme scientifique* est, depuis les stoïciens (2), la plus hardie tentative pour faire de l'univers un Dieu revêtu de justice, de bonté, de moralité. M. Abbot va même plus loin que le stoïcisme : il fait de l'univers une personne. Ce qui donne à son système un intérêt et une importance exceptionnels, c'est, nous l'avons dit, qu'il se présente comme une application rigoureuse de la méthode qui a conduit la science à de si merveilleux résultats.

M. Spencer aussi a la prétention d'appliquer scrupuleusement la méthode scientifique ; il aboutit à un monisme matérialiste, dont le dernier mot est, dans l'ordre religieux, l'agnosticisme. Auquel croire ? J'ai essayé de réfuter M. Spencer ; mais je ne suis pas pour cela de l'avis de M. Abbot. J'indiquerai brièvement pourquoi.

Tout d'abord j'ai un doute sur la légitimité de la déduction qui conclut de l'intelligibilité de l'univers à son intelligence.

(1) Pp. 210-214.
(2) C'est aussi, au fond, la thèse du livre de Strauss, l'*Ancienne et la Nouvelle foi*.

J'admets que l'univers, tout l'univers, tout l'être, est intelligible ; j'ai mis à profit plus haut les solides objections de M. Abbot contre l'Inconnaissable. Mais pourquoi le tout serait-il intelligent ? Parce que, nous dit-on, l'univers est un système de relations immanentes, et qu'une constitution relationnelle infinie ne peut avoir été créée que par une intelligence infinie. — Soit ; mais où est la preuve que la cause soit substantiellement identique à l'effet ? Je veux que les rapports entre les choses soient exactement dans la réalité ce qu'ils sont dans l'entendement : les rapports ne sont pas les choses mêmes, et dans une molécule, par exemple, l'analyse distingue fort bien les atomes des relations qui les unissent. Or, l'existence substantielle de l'atome, si elle est intelligible, n'est pas intelligente. L'atome est pensé, non pensant. Mettons que l'atome ne soit lui-même, selon l'hypothèse de Thomson, qu'un tourbillon dans l'éther impondérable : l'éther et ses parties ne sont pas plus des êtres pensants que l'atome (1). On a beau soutenir qu'il n'y a d'intelligible que les rapports : des rapports supposent des termes : deux néants n'auraient aucun rapport concevable entre eux, une doctrine réaliste ne peut, sans inconséquence, réduire tout l'objet de la connaissance à des rapports, lesquels, pris en soi, sont abstractions. M. Abbot lui-même ne le fait pas, car il reconnaît explicitement la réalité objective de l'atome.

Je crois donc découvrir ici quelque paralogisme. Que l'univers soit un système, on ne le conteste pas : que toute sa réalité, sinon son intelligibilité, consiste en des rapports c'est une autre question, et cela, on le peut contester à juste titre. L'unité harmonique et téléologique du tout ne doit pas nous faire oublier les parties. Or, parmi ces parties, bien réelles pourtant aux yeux de l'expérience, il en est qui ne pensent pas. Un rocher est portion de l'univers : un rocher n'est ni un être pensant ni une portion d'être pensant. Un

---

(1) Je sais qu'on a attribué le sentiment, partant une certaine conscience, même aux éléments ultimes de la matière. C'est, je crois, l'opinion de Zoellner. Selon le professeur Caporali, « tout atome est une unité positive et sentante, toujours en quête de nouvelles combinaisons pour former des unités supérieures. Le mouvement des atomes éthérés produit des atomes matériels, par la répétition et la multiplication de leurs unités conscientes, celles-ci ayant choisi la plus brève et la plus efficace des voies figurées » (Pérez, l'*Enfant de trois à sept ans*, p. 55). Déjà Épicure, si l'on en croit son ingénieux interprète, M. Guyau, avait mis dans ses atomes un principe identique à la liberté humaine. Mais toutes ces hypothèses ne semblent pas avoir un caractère scientifique.

soleil non plus. De sorte que je me demande où pourrait bien se trouver dans l'univers l'intelligence de l'univers. Quelque décrié que soit, parait-il, le dualisme cartésien de la matière et de l'esprit, on n'a pas encore démontré que la matière brute possédât la conscience. — Il n'y a pas, dit-on, de matière brute : tout est vie, organisme, finalité, pensée. — Je me défie de ces formules vagues qui brouillent et confondent tout. La science, dont on parle tant, peut être embarrassée pour marquer exactement la limite entre le règne inorganique et celui de la vie ; mais elle n'a pas, que nous sachions, effacé entre eux toute différence. Elle n'a pas établi davantage, au moins à notre connaissance, que l'organisme, en tant que tel, fût doué de pensée. La finalité est objet pour l'intelligence. L'entendement crée ou découvre des fins ; mais ces fins supposent des moyens qui dans leurs éléments sont souvent de la matière brute, laquelle, encore une fois, ne pense pas. Chassée de proche en proche des minéraux, des plantes, peut-être des animaux inférieurs ; obscure chez les animaux supérieurs, ignorante et faillible chez les créatures raisonnables, où donc se trouve dans l'univers l'intelligence parfaite, infinie de l'univers ?

Faire du monde un être pensant, c'est, qu'on le sache ou non, se complaire au demi-jour d'un sentimentalisme qui se croit scientifique : c'est tourner le dos à la science. Aux yeux de celle-ci le monde, si vivant et si pénétré de conscience diffuse qu'il soit pour la poésie, n'est de plus en plus qu'un théorème glacé, un mécanisme qui s'ignore et où il n'y a de pensée véritable que celle du savant même qui en démonte les rouages. Je conviens, avec M. Spencer, que la formation d'un poulet, le creusement d'une vallée alpestre, les profondeurs de l'infini s'ouvrant, toutes fourmillantes d'astres immenses, devant le regard du télescope, provoquent plus d'admiration chez le savant que chez le vulgaire ; mais le premier étonnement passé, l'intelligence reprend son attitude de souveraineté un peu dédaigneuse en face de ce qui n'est après tout que le plus bas degré de l'être, matière et mouvement. Si elle s'incline, si elle se prosterne, c'est devant une autre intelligence, supérieure et étrangère à ces choses, qui les a faites, dont elles tiennent être, adaptation et industrie merveilleuses, puissance, beauté, sublimité. J'oserais risquer ce paradoxe que, chez le savant de l'avenir, ira grandissant le mépris de la nature : on méprise toujours un peu qui se laisse dépouiller d'un mystère que l'on croyait impénétrable : en tout cas, on n'en fait pas son Dieu. Un Dieu, l'univers, qui livre ses secrets dans un laboratoire ou les inscrit avec obéissance sur les plaques photographiques de l'astronome ! Un Dieu qui s'explique et se traduit en formules, et dont demain peut-être on prédira toutes les démarches ! De toutes les formes de la pensée religieuse, c'est peut-être cette religion scientifique que la science condamne et condamnera le plus durement.

Il va sans dire que, si l'univers comme tel n'est pas intelligent, il ne saurait avoir ni justice, ni bonté, ni sainteté, ni personnalité. La personnalité infinie semble bien être une conception contradictoire. Une personne ne peut être qu'un moi et un moi n'existe qu'à la condition d'un non-moi. Une personne est nécessairement limitée, en ce sens que pour avoir conscience il faut qu'elle se distingue de ce qui n'est pas elle. Je sais qu'à ce compte un Dieu personnel ne serait pas tout l'être, et il peut sembler embarrassant qu'il y ait de l'être en dehors de Dieu, que cet être non divin soit d'ailleurs créé par lui, ou lui soit coéternel, comme dans le système de Platon ou celui de Stuart Mill. Mais il me paraît plus fâcheux encore que Dieu ne soit pas une personne, analogue à la nôtre, bien que plus parfaite, — surtout si l'on se place au point de vue des besoins du cœur. Les cœurs que je connais sont tout à fait insensibles au Dieu nature, au système cosmique. Ce n'est pas là un objet d'amour. Aimer l'univers, les lois de l'univers, l'ordre du monde, sont des expressions poétiques; au fond, on n'aime réellement que l'être où on sent comme une tendresse qui réponde, un cœur qui brûle du même feu. L'univers, comme tel, n'a pour l'homme ni cœur ni tendresse ; l'homme du moins ne s'en est pas encore aperçu. Je veux bien que, d'une certaine manière, Dieu soit à la fois immanent et transcendant ; mais c'est vers un Dieu transcendant que montent la prière et l'amour, ce n'est pas à la loi de la gravitation ou à des systèmes de soleils ou d'atomes qu'ils s'adressent. Et si le Dieu transcendant est cette partie de l'univers qui nous est inconnue, je juge par analogie que l'univers inconnu encore ne sera ni plus pitoyable ni plus secourable que l'univers connu déjà. C'est précisément contre l'univers et la fatalité souvent cruelle de ses lois (1) que l'homme implore un Dieu; son cœur ou les choses auront bien changé le jour où le Dieu-nature du théisme scientifique lui suffira.

---

(1) Hamilton ose enseigner que « loin que l'étude de la nature fournisse un argument en faveur de la Divinité, on en tirerait plutôt l'athéisme » (*Lect. of Métaph.*, 2ᵉ leçon, citée par M. Cazelles, préface à la traduction de l'*Examen* de Mill, p. xiii). C'est évidemment aller beaucoup trop loin.

CHAPITRE X

CONCLUSION

Notre but, dans cet ouvrage d'un caractère tout historique et critique, n'a pas été d'écrire une Théodicée. Nous avons cependant indiqué, dans les différents chapitres qui précèdent, sur la méthode, les principes, les dogmes de la philosophie religieuse, quelques vues que nous voudrions maintenant résumer et compléter.

I

Le plus solide fondement de notre croyance à l'existence de Dieu est, pour nous comme pour Descartes, l'idée du parfait. Mais, nous l'avons dit, cette idée est tout autre dans l'esprit du philosophe religieux que dans celle de l'homme emporté par le torrent des désirs inférieurs et des intérêts périssables. On s'étonne parfois que les démonstrations les plus claires de la métaphysique aient si peu de prise sur le vulgaire des intelligences. En vérité, rien n'est plus naturel. Devant le premier venu, tracez un triangle sur un tableau, puis, au moyen de la plus simple construction, démontrez que la somme des angles de ce triangle est égale à deux droits : vous serez immédiatement compris, et vous aurez conquis une adhésion entière et sans réserve. Pourquoi ? C'est que tout homme voit un triangle comme vous le voyez vous-même ; c'est que les idées d'étendue, de lignes droites, d'angles, les propositions évidentes ou déjà démontrées auxquelles vous avez recours, sont identiques chez tous les esprits qui ne sont pas idiots, absurdes, et qui leur prêtent la plus superficielle attention.

Prenez maintenant un homme étranger à la méditation

philosophique; un commerçant que vous arrachez pour un moment à ses affaires, un physiologiste (s'il n'est que physiologiste), un père de famille préoccupé de gagner la vie des siens. Exposez, devant cet auditeur d'un instant, le raisonnement cartésien : j'ai en moi l'idée du parfait; elle ne peut me venir de moi-même qui suis imparfait, ni des corps extérieurs, plus imparfaits que moi, ni du néant ; donc elle me vient d'un être parfait ; — ou encore l'argument dit ontologique, — vous parlez un langage qui n'est pas compris. L'idée du parfait n'est pas comme celle du triangle; on n'en trace pas l'objet sur un tableau. On la trouve en soi; mais il faut l'y chercher. Et pour la chercher, il faut presque l'avoir trouvée. C'est le mot du Christ à l'âme de Pascal : « Tu ne me chercherais pas, si tu ne m'avais déjà trouvé. » Ceux qui ont vraiment l'idée du parfait sont précisément ceux-là à qui il est superflu qu'on démontre l'existence du parfait. Les prisonniers du monde, de ses plaisirs et de ses intérêts, les esprits mêmes que remplissent tout entiers l'amour d'une science particulière, ne sauraient penser véritablement le parfait. Il y faut la méditation à la fois profonde et pieusement ardente d'un Fénelon, d'un Descartes (1), d'un Malebranche; il y faut toute l'âme, — intelligence, volonté, amour, — vouée sans réserve au culte des suprêmes vérités. Mais cela suppose une sorte de vocation. Selon Platon, les philosophes sont des prédestinés; selon Spinoza, des élus. C'est aller bien loin, et je ne voudrais pas faire des philosophes une aristocratie ; mais on ne niera pas que l'artiste n'ait de la beauté une idée plus vivante, plus radieuse, que le vulgaire : de même, semble-t-il, l'idée du parfait, fécondée par la pieuse méditation, doit apparaître à certaines âmes dans une incomparable lumière, et de ces âmes seules on peut dire qu'elles ont vraiment l'idée du parfait.

Ne nous étonnons donc plus si les preuves, si solides au fond dans leur simplicité, que Descartes établit sur l'idée du parfait, rencontrent tant d'incrédules et bon nombre de railleurs. Comment admettre la validité d'un syllogisme, quand on nie implicitement l'une des prémisses ? Et cette prémisse, c'est ici : j'ai l'idée du parfait. Je veux dire : je pense le parfait, non

(1) Sur l'intensité du sentiment religieux chez Descartes, voy. les dernières lignes de la troisième méditation. « *Divinum amorem spirat,* » disait de lui le P. Mersenne; et Clerselier : « Il inspire si doucement l'amour de Dieu ! »

comme une généralisation de l'expérience, ou une simple possibilité ; mais comme la réalité souveraine et nécessaire, l'être infiniment puissant, infiniment juste, infiniment sage et bon, l'objet suprême de l'intelligence et de l'amour.

Ce n'est pas effectivement penser le parfait, que de n'y voir, avec Gassendi et les empiriques, qu'une sorte d'amplification arbitraire, par l'imagination, de certaines qualités soit de nous-mêmes, soit des êtres qui nous entourent. Celui qui pense vraiment le parfait connait évidemment que l'objet de sa pensée n'est pas cette vague synthèse d'imperfections plus ou moins épurées. Il a conscience au contraire que cet objet est simple, immuable, et n'admet ni plus ni moins. Il a conscience de ne pas se livrer, pour le saisir, à ce vain effort d'opérations discursives, poursuivant de termes en termes un idéal qui recule toujours et fuit d'une fuite éternelle. Le parfait lui est donné dans une intuition immédiate, et l'intuition, disait déjà Aristote, ressemble à un repos.

Ce n'est pas non plus penser vraiment le parfait que de ne lui attribuer d'existence que dans et par la pensée. La pensée du parfait emporte l'existence absolue, objective, du parfait. Autrement, on ne le penserait que comme possible, et la perfection possible n'est plus la perfection. Tel est le sens de l'argument ontologique de Descartes. Mais au fond, il y a là intuition, non raisonnement. Je pense que le parfait *est*, non qu'il n'est pas, ou pourrait être. Je pense même le parfait comme ne pouvant pas ne pas être ; ce qui revient à dire simplement : je pense le parfait.

La critique de Kant nous semblerait irréfutable s'il y avait conclusion, déduction, *passage* de l'idée à l'objet de l'idée (1). Mais non, encore une fois : l'idée que j'ai du parfait est précisément l'idée d'un être à l'égard de qui cette déduction, ce passage, n'est ni nécessaire, ni même possible. Si j'avais besoin, pour l'affirmer, de cette opération logique, c'est que l'idée que j'aurais de lui ne serait pas l'idée du parfait.

— Mais, dit-on, vous n'avez pourtant pas la prétention de *sauter par dessus votre ombre*, d'être en même temps chez vous et au cœur de l'absolu !... — Je réponds : Mon intelligence est ainsi faite que dans certains cas elle affirme

---

(1) Le P. Bourdin objectait déjà à Descartes que « du connaître à l'être la conséquence n'est pas bonne ». V. la remarquable préface de M. Jules Simon aux *Œuvres choisies de Descartes*. — Même objection reprise et développée avec une rare vigueur par M. Vacherot, *le Nouveau Spiritualisme*, p. 300.

immédiatement et invinciblement que son objet est distinct d'elle-même, dans d'autres, non. Par exemple, quand je pense le cercle géométrique, je n'affirme pas qu'il existe un tel cercle en dehors de mon esprit. Mais j'affirme qu'il existe un monde extérieur qui n'est pas moi ; de même un être parfait. On répliquera que la prétendue réalité de l'univers est une *projection* du sujet qui se dédouble en quelque sorte, se pensant à la fois comme moi et comme non-moi. Mais il reste toujours à expliquer et cette mystérieuse projection et cette tendance irrésistible à affirmer un non-moi. Si le moi existait seul pour soi, comment serait possible cette illusion d'une extériorité ? Je ne puis évidemment discuter ici tout au long la thèse de l'idéalisme subjectiviste ; je me contente d'observer qu'il en est de l'idée de parfait comme de celle d'un monde extérieur ; elle pose dans la pensée l'existence du parfait à titre de réalité distincte de cette pensée même. C'est là un fait indéniable à quiconque pense véritablement le parfait, puisque, selon la pénétrante remarque de Descartes, l'idée de parfait jaillit pour ainsi dire de la conscience que j'ai de mon imperfection. Et ainsi la certitude de l'existence objective du parfait est au moins égale à la certitude de l'existence objective de l'univers. Elle lui est même supérieure, car je pourrais sans absurdité concevoir la non-existence de l'univers et ne voir en lui qu'un mirage ; il n'est pas après tout d'essence plus sublime que ma pensée qui le comprend ; mais le parfait n'est pensé comme tel qu'à la condition d'être une réalité qui dépasse mon être et ma pensée infiniment.

Ainsi, la question se ramène toujours et inévitablement à une question d'expérience intérieure: ai-je, oui ou non, l'idée de parfait ? Ai-je cette idée, j'entends lumineuse et vivante, pénétrant et vivifiant mon âme entière, intuition immédiate d'un être souverainement aimable et désirable, non abstraction logique et concept mort, comme l'être et le non-être, l'un et le plusieurs, des dialecticiens grecs ? Si oui, les deux preuves cartésiennes ne sont plus que l'explication et le commentaire de cette idée, car il n'est pas besoin de preuves là où l'idée révèle, en même temps qu'elle-même, la réalité nécessaire et absolue de son objet. Si non, ces preuves ne sont que des pétitions de principe.

On demandera comment, si cette idée exprime une existence nécessaire et absolue, elle n'existe pas, également claire, dans tous les esprits. Peut-être même trouverait-on beaucoup d'intelligences très distinguées qui, de leur vie, fût-ce de la façon la plus superficielle, n'ont pensé le parfait. — Mais nous avons, en partie, répondu. La méditation philosophique est le fait d'un fort petit nombre. Plusieurs même, parmi cette élite, soit préjugés, soit préoccupation d'autres problèmes, se sont détournés de l'idée qui, pour Descartes, est le fondement dernier de toute certitude. Kant, par exemple, ne discute les deux preuves cartésiennes qu'au point de vue de leur valeur logique ; il ne s'est pas demandé ce qu'était *psychologiquement* l'idée du parfait ; il n'a pas essayé de la *penser*, au sens que nous donnions tout à l'heure à ce mot. Pour la penser de telle sorte qu'elle rayonne en plein ciel de la conscience, il ne faut pas commencer par la nier ou la tenir suspecte. Elle existe pourtant, et chez tous les hommes, en des profondeurs où ne l'aperçoit pas un regard qui ne la cherche pas. Latente et méconnue, elle n'en est pas moins, nous avons essayé de le montrer autre part (1), la cause finale du progrès humain, le but suprême de la volonté obéissant à la loi morale. Et quel homme n'a une obscure tendance à devenir meilleur et ne conçoit, si vaguement qu'on le suppose, un *doit être* supérieur à ce qu'il est ?

Si la véritable idée du parfait nous donne la plus haute certitude possible que Dieu existe, elle nous donne aussi, par la même intuition immédiate, ses principaux attributs. Il suffit de regarder le contenu de l'idée de perfection. Descartes énumère à plusieurs reprises ces attributs : Dieu est « infini éternel, immuable, tout connaissant, tout puissant » (Discours de la Méthode, 4ᵉ partie) ; il est « souverain, éternel, infini, immuable, tout connaissant, tout puissant et créateur universel de toutes les choses qui sont hors de lui » (3ᵉ Méditation) ; il est « substance infinie, éternelle, immuable, indépendante, toute connaissante, toute puissante, par laquelle moi-même et toutes les autres choses qui sont ont été créées et produites » (*ibid.*) ; il a « la vertu d'être et d'exister par soi » (*ibid.*). — A notre sens, Descartes a raison de s'en tenir à ces énumé-

(1) V. notre ouvrage *la Conscience psychologique et morale dans l'individu et dans l'histoire* (Perrin, 1887), chap. v.

rations qui ne sont, on le voit, ni méthodiques ni complètes. Il se borne ainsi à constater ce qui apparait immédiatement et évidemment dans l'intuition vivante du parfait. Il reste dans les conditions de la méthode introspective : qu'est-ce, *en fait*, que je pense, quand je pense l'être parfait?

Ceux qui font des traités de Théodicée sont plus exigeants et plus ambitieux ; ils prétendent déduire, de l'idée de parfait, différentes sortes d'attributs, métaphysiques, intellectuels, moraux. Mais dans cette tentative, ne risque-t-on pas de perdre de vue l'idée même, en ce qu'elle a de vivant, pour ne plus opérer que sur un concept abstrait ? Puis sera-t-il facile de concilier entre eux les attributs ainsi déduits, et isolés les uns des autres, par les conclusions successives du procédé discursif ? C'est ainsi que M. Mansel a pu montrer qu'aux yeux de la raison (il aurait dû dire : du raisonnement) les prédicats divers de l'absolu s'excluent mutuellement, se contredisent, et qu'on ne peut affirmer ni penser logiquement la Divinité. De là, l'agnosticisme et le recours à la foi. L'intuition immédiate du parfait, impliquant l'intuition simultanée, également vivante et nécessaire des perfections les plus manifestes de Dieu, rend inutile et réfute à l'avance toute cette laborieuse dialectique. Et ainsi, par ces énumérations d'attributs que nous rappelions plus haut, Descartes nous semble avoir dit, en ces matières, tout ce qu'on peut raisonnablement dire. Et il ajoute, avec une profonde sagesse, que de ces hautes perfections de Dieu, « notre esprit peut bien avoir quelque légère idée sans pourtant le pouvoir comprendre ». Contentons-nous donc de contempler dans notre raison et dans notre cœur ce Dieu tout parfait et ses merveilleux attributs, « de considérer, d'admirer et d'adorer l'incomparable beauté de cette immense lumière, au moins autant que la force de notre esprit, qui en demeure en quelque sorte ébloui, nous le pourra permettre ». — Puis, taisons-nous.

II

Si l'intuition du parfait nous parait la preuve la plus décisive que l'on puisse donner de l'existence d'un être parfait, nous refusons cependant de déclarer sans valeur les autres preuves traditionnelles de l'existence de Dieu.

Nous avons défendu contre Stuart Mill l'argument fondé sur la nécessité d'une cause première et absolue de l'univers. Nous ne reviendrons pas sur cette discussion, mais nous voudrions éclaircir quelques difficultés touchant la possibilité de la création.

On est généralement d'accord pour faire de l'acte créateur un mystère. Beaucoup de philosophes diraient même volontiers que l'hypothèse en est absurde et contradictoire. Si cependant, comme nous avons essayé de le montrer, l'univers tout entier, y compris les causes qui se sentent libres, est un effet, il faut bien, — le principe de causalité l'exige, — qu'il y ait une cause créatrice de cet effet. On peut ne pas comprendre le *comment* de cette création ; mais on ne peut la déclarer absurde, car l'absurde, ce serait ici la négation du principe de causalité. Puis, nous oserions dire que l'expérience même nous permet de nous faire, par analogie, quelque idée de l'acte créateur. Un acte libre, par exemple, est, d'une certaine manière, un acte créateur. On niera, sans doute, que l'expérience donne jamais un acte vraiment libre ; on reproduira tous les vieux arguments contre la possibilité d'une liberté d'indifférence. Mais un acte peut être libre, sans être un pur caprice. Une résolution vertueuse, en opposition directe avec les sollicitations de la sensibilité ou de l'intérêt, n'a rien à voir ni avec le déterminisme psychologique, ni avec le mécanisme de la nature. Elle est le *fiat* d'un *doit être*, d'un impératif absolu, qui n'est pas compris, certes, dans la série purement phénoménale des antécédents et des conséquents. Une volition vertueuse, insérée dans la trame d'un univers étranger de soi à la moralité, est proprement une création.

Créateur aussi, en un certain sens, est le génie de l'artiste. La nature lui fournit les matériaux, les éléments, non l'*idée* de son œuvre. L'idée elle-même, qui coordonne, organise en un tout vivant et nouveau des moyens dont elle est la raison d'être et la cause finale, l'idée esthétique est créatrice de l'unité harmonique qu'elle introduit dans une pluralité jusque-là dispersée ; créatrice de ses moyens, car, sans elle, ils ne seraient pas véritablement des moyens ; créatrice, oserait-on dire, d'elle-même, car son originalité, sa spontanéité, impliquent précisément qu'elle n'est pas l'effet prévisible du déterminisme, soit physiologique, soit psychologique. Et en général, les lois, connues ou à connaître, de l'activité cérébrale, de l'association des états de conscience, suffisent peut-être à expliquer la pensée du point de vue de la *quantité*, non de celui de la *qualité*.

Si la volonté bonne et le génie sont créateurs, pourquoi Dieu ne le serait-il pas ? D'autant que le sujet où résident soit la volonté bonne, soit le génie, se reconnait lui-même comme un effet, puisqu'il sait, par le sentiment de son imperfection, qu'il n'est pas cause de soi.

Nous pourrions donc nous contenter de déclarer l'acte divin de la création à la fois nécessaire et incompréhensible, bien que l'expérience même nous présente certains modes d'activité supérieure qui ne sont pas sans une certaine ressemblance avec lui. Mais nous ne pouvons nous dispenser d'examiner brièvement quelques objections fondées, les unes sur la nature de la cause créatrice, les autres sur la nature de son effet.

M. Mansel est le plus éminent peut-être des théologiens qui voudraient jeter l'homme dans les bras de la foi en lui démontrant que sa raison ne saurait, sans se contredire, former un concept quelconque de la Divinité. Il s'efforce d'établir que nous ne pouvons connaitre Dieu comme cause, comme absolu et comme Infini, parce que ces attributs sont, pour nous, incompatibles entre eux. Pourquoi incompatibles ? Parce que « une cause ne peut être comme telle absolue ; l'absolu comme tel ne peut être une cause. La cause comme cause n'existe qu'en relation avec son effet. La cause est une cause de l'effet ; l'effet est un effet de la cause. D'autre part, la conception de l'absolu implique une existence possible hors de toute relation. Nous cherchons à échapper à cette contradiction apparente en introduisant l'idée de succession dans le temps. L'absolu existe d'abord par lui-même, et ensuite il devient cause, mais ici nous sommes arrêtés par la troisième conception, celle de l'Infini. Comment l'Infini peut-il devenir ce qu'il n'était pas dès le commencement ? Si la causation est une manière possible d'être, ce qui existe sans cause n'est pas infini ; ce qui devient cause a franchi ses limites antérieures (1) ».

(1) *Limits of Religions Thought*, pp. 31-32, cité par Mill, *Examen*, etc., trad. franç., pp. 106-107.

Nous avons observé déjà que la notion de l'absolu, — non peut-être de l'absolu abstrait et logique, mais de l'absolu intelligible et réel, — n'implique nullement une existence qui serait totalement étrangère à toute relation. L'absolu est ce qui ne dépend pas d'autre chose, ce qui ne dérive pas d'autre chose quant à son être ou quant à son essence. Or, s'il est vrai que l'effet dépende et dérive de la cause, il ne l'est pas que la cause dérive et dépende de l'effet. La corrélation des deux termes dans la pensée ne supprime pas la subordination réelle et nécessaire de l'un à l'égard de l'autre. La cause d'ailleurs précède l'effet soit chronologiquement, soit idéalement et métaphysiquement. Par là encore, l'effet lui est subordonné. L'antériorité chronologique de la cause peut, à la rigueur, être contestée, et nous avons vu que G. Lewes ne l'accorde pas ; aussi n'est-il peut-être pas rigoureusement absurde d'admettre l'éternité du monde, hypothèse qui a pour elle, entre autres autorités, celle de Leibniz. Mais la cause et l'effet fussent-ils coéternels, celle-là apparaît à la raison comme antérieure, idéalement, à celui-ci, et cette antériorité idéale suppose et exprime une antériorité métaphysique, je veux dire la perfection plus grande, dans l'ordre de l'existence, de ce qui est conçu comme cause, relativement à la perfection de ce qui est conçu comme effet.

Supposons que l'on admette l'éternité du monde, les incompatibilités que signale M. Mansel disparaissent. L'absolu existe éternellement comme cause d'un effet éternel, et l'Infini n'acquiert pas une « manière possible d'être », en devenant cause, puisqu'il l'est éternellement. Nous avons d'ailleurs déjà dit ce que nous pensions de cette méthode qui consiste à considérer isolément les attributs de Dieu pour ensuite susciter entre eux des contradictions. L'unité absolue de Dieu est aussi un de ces attributs, lesquels n'existent à vrai dire que pour notre esprit (1), comme des points de vue différents d'où il nous est commode d'envisager successivement l'être parfait. Leibniz avait raison d'observer que, dans la question de la Providence et de l'existence du mal, il ne faut pas prendre à part bonté, sagesse, toute-puissance, justice, car il est trop facile, en regardant

---

(1) C'est l'opinion thomiste, et celle de tous les scolastiques, sauf Duns Scot. V. sur ce point la *Philosophie de Duns Scot*, par M. Pluzanski, ch. vii.

uniquement ce qu'exige une bonté infinie, de nier la toute-puissance ou la sagesse, ou bien d'accuser la sagesse, la bonté, la justice pour sauvegarder la toute-puissance.

Il faut, selon Leibniz, partir de ce principe que tous les attributs sont éternellement d'accord, concourent tous ensemble à la création du monde, lequel, *tout pesé, tout compensé*, est l'effet et comme la résultante la plus parfaite possible, d'une justice, d'une bonté, d'une sagesse et d'une puissance infinies. D'ailleurs, les attributs ne pourraient être véritablement opposés les uns aux autres que si l'idée du parfait était contradictoire; mais comment serait contradictoire, c'est-à-dire impossible, l'être qui n'est pensé que comme souverainement réel et nécessairement existant?

Mais si l'hypothèse de l'éternité du monde comme effet supprime quelques difficultés, il en est d'autres qui subsistent, et qui tiennent à la nature même de cet effet prétendu éternel.

On dira d'abord qu'un être éternel est nécessaire, partant absolu et parfait; le monde ainsi devient identique à Dieu. On pourrait répondre, peut-être, que l'éternité n'implique rigoureusement ni la nécessité, ni la perfection absolue. En tant qu'effet, le monde reste éternellement imparfait, subordonné et relatif à sa cause. Dans la philosophie de Leibniz, par exemple, les possibles sont éternels, et pourtant la réalisation d'aucun d'eux en particulier n'est nécessaire, et aucun d'eux n'exprime la totalité de la perfection divine. Et cette philosophie n'est pas manifestement fausse, au moins en ce qu'elle affirme l'éternité de tels possibles (1). Bien plus, accordât-on que l'éternité d'un être implique sa nécessité, il ne s'ensuivrait pas encore que cet être fût

---

(1) M. Lévêque, qui a bien voulu nous faire l'honneur de discuter avec nous ce point de doctrine, nous objecte que les possibles sont des pensées divines ; que leur éternité ne serait, par suite, qu'une éternité *subjective*, dépendante de celle de l'esprit divin, tandis que dans la thèse de l'éternité de l'univers, il s'agit d'une éternité *ontologique*. Aristote dit bien (Phys. VIII, 1) que « le triangle a *toujours* ses trois angles égaux à deux droits, et cependant il y a *une autre chose qui est cause de cette éternité* », ce qui semblerait favorable à l'hypothèse d'une éternité subordonnée à une autre, celle de l'effet à celle de la cause. Mais on peut aussi objecter à Aristote que les propriétés du triangle n'existent que dans l'esprit, à moins qu'on n'attribue au triangle une existence absolue et objective, et cela est difficile. — M. Lévêque nous propose cette remarquable formule : Dieu crée éternellement des êtres inéternels. — Des êtres, oui, pourrait-on répondre ; mais pourquoi l'étoffe commune de ces êtres, la matière nue dont ils sont faits, ne serait-elle pas éternelle? Dans la nature, semble-t-il, la durée

parfait. Ceux qui admettent que l'espace est une réalité objective sont forcés de lui attribuer nécessité et éternité, non perfection.

Une autre difficulté, inverse de la précédente, c'est que l'univers est trop imparfait pour être le produit éternel, et quelques-uns ajouteront aussi nécessaire, d'une cause souverainement bonne. C'est l'objection fondée sur l'existence du mal métaphysique (1).

Mais cette objection nous paraît avoir été suffisamment réfutée par Leibniz. Nous ne pouvons savoir exactement quel degré de perfection l'univers pouvait recevoir de sa cause. S'il est aussi parfait qu'il est possible, il n'est pas indigne de la sagesse, de la puissance et de la bonté de son créateur ; à moins qu'on ne prétende que cet univers, le plus parfait possible, est encore inférieur au néant (2). D'ailleurs, à ce point de vue très général, l'optimisme semble irréfutable. Il faut en effet, selon Leibniz, entendre l'univers comme la totalité des existences qui remplissent l'immensité de l'espace et des événements qui se déroulent dans l'éternité du temps. Comment alors l'expérience que nous pouvons avoir de quelques désordres, plus apparents sans doute que réels, en un point particulier de la durée et dans un canton perdu de la nature, nous autoriserait-elle à suspecter la haute perfection de l'ensemble ? Attendons de connaître parfaitement le tout pour le juger. Que prouvent, par exemple, les souffrances imméritées et les injustices triomphantes, scandales de la conscience, si les âmes sont éternelles, et s'il est une vie future en réparation de celle-ci ?

On invoque contre l'hypothèse d'un univers créé le principe *ex nihilo nil*. Mais cet axiome nous semble, comme à

---

des êtres est en raison inverse de leur perfection ; les organismes supérieurs ne durent que peu d'années et ils sont cependant d'ordre incomparablement plus élevé que les indestructibles atomes de la matière brute. — D'ailleurs, nous ne soutenons pas, pour notre part, l'éternité de la substance du monde ; nous l'avons indiquée en passant, comme ne nous paraissant pas évidemment contradictoire, et comme un moyen d'écarter quelques difficultés. C'est un débat que nous avons voulu instituer. Quant à notre opinion personnelle, elle incline vers un commencement de l'univers, commencement qui serait l'effet incompréhensible d'une cause éternelle et absolument première. Nous croyons nous être expliqué là-dessus dans notre chapitre sur Stuart Mill.

(1) C'est, en particulier, le point de vue de Lucrèce, de Stuart Mill, et plus récemment, de MM. Clay et Spir.
(2) C'est la thèse pessimiste.

M. Nourrisson, ne pouvoir s'appliquer ici que par suite d'un
« énorme malentendu (1) ». Si l'univers est un effet, il ne
vient pas de rien ; la cause créatrice et toute puissante
n'est pas, que nous sachions, un néant. Puis l'axiome ne
vaut évidemment que dans l'hypothèse où quelque chose
serait supposé apparaître *dans le temps* sans être précédé
par un antécédent qui l'explique. Mais si l'univers était
un effet éternel, il ne serait pas un *quelque chose* qui
commencerait absolument.

Cependant le dogme de la création, même éternelle,
implique une distinction de substance entre le monde et
Dieu. La substance du monde n'est pas un néant. Il y a
donc de l'être en dehors de Dieu. Dieu n'est plus toute la
réalité ; il est limité de quelque façon, fût-ce par son
œuvre.

Avouons-le, c'est là la grande difficulté. Pour y échapper,
Malebranche est tout près de tomber dans le panthéisme.
On ne la résout pas en disant que tout le réel des choses
créées est dans l'acte même qui les crée ; ce qui suppose
ou que les choses en elles-mêmes ne sont rien, ou que Dieu
les crée continuellement. Mais la création continuée, c'est
encore, en d'autres termes, la négation de la réalité des
choses. Dire, avec saint Thomas, que les choses n'existent
qu'en tant qu'elles participent plus ou moins de la perfection divine, n'est pas non plus répondre, car participation
implique distinction et l'on ne peut participer d'un autre
être que si l'on existe en quelque manière pour soi.

L'un des plus profonds penseurs de ce temps, M. Ravaisson, propose une explication qui ne serait ni le panthéisme,
ni la création au sens où d'ordinaire on la prend. Pour lui,
Dieu se serait partiellement anéanti, *seipsum exinanivit*,
et ce néant relatif, cette réalité indigente et nue, serait
l'étoffe première de la nature, laquelle n'est en soi qu'une
sourde aspiration vers la conscience, la pensée, la beauté,
le bien. Sollicitée par l'attrait de la perfection divine,
l'activité élémentaire qui constitue le monde se met en
marche, heureuse d'obéir à l'appel des formes, des idées,
des fins, et ainsi d'espèce en espèce, de genre en genre, de
règne en règne, la pensée organise et détermine de plus en

---

(1) *Philosophie de la nature.* Introd.

plus, de mieux en mieux, en une harmonie et une complexité croissantes, selon les lois souveraines de l'esthétique et de la morale, identiques dans leur fondement, l'obscure *tendance* qui n'est essentiellement que de la divinité éteinte et amortie.

Un autre penseur éminent, M. Vacherot, ne voit dans cette belle hypothèse qu'une *subtilité alexandrine*. Mais il est bien difficile de n'être pas subtil quand on apporte quelque chose d'un peu nouveau en ces matières, et d'ailleurs les subtilités alexandrines ne sont pas toutes à dédaigner. J'ai peur qu'on n'accuse aussi de subtilité M. Secrétan qui, sur le même problème, expose des vues assez analogues à celles de M. Ravaisson. Pour sauvegarder, en face de la toute-puissance créatrice, le libre arbitre des créatures morales, M. Secrétan pense que « la substance du monde est une pure force, c'est-à-dire un principe séparé de Dieu même dans un dessein digne de Dieu, dans le dessein de donner l'être au monde moral. Un principe divin, c'est-à-dire un principe libre ; mais séparé de Dieu, c'est-à-dire une liberté qui s'ignore, qui ne se possède pas, qui n'existe pas encore. L'univers physique est... l'effet, la manifestation et l'organe de l'esprit créé qui cherche à se comprendre, à se ressaisir lui-même pour s'unir librement à l'esprit incréé. Au début, l'esprit sorti de l'esprit s'ignore lui-même, c'est un minimum d'être, c'est-à-dire de pensée et de volonté. C'est l'esprit en puissance, l'opposé donc de l'esprit existant comme esprit...

« Le Dieu parfait mis au commencement, nous nous expliquons la présence d'une raison imparfaite dans la nature en supposant que le but divinement arrêté de l'évolution naturelle est la réalisation de l'ordre moral par une créature libre, et que la créature étant appelée à produire elle-même les conditions et le théâtre de son existence pour se constituer vis-à-vis de Dieu dans l'indépendance relative qu'implique un rapport moral, bâtit le monde sous l'œil de Dieu pour l'exécution des desseins de Dieu. En d'autres termes, le monde est l'évolution d'un principe constitué par la volonté de Dieu, qui l'appelle à se réaliser comme être moral pour entrer en communion avec lui. Dieu voulant la liberté de l'homme comme indispensable condition du bien moral où réside le bien suprême, a voulu que l'homme se produisît lui-même et le théâtre de son activité en partant d'un commencement qu'il est naturellement impossible de se représenter et de concevoir, puisqu'il serait virtualité pure, minimum d'être, négation de toute forme et de toute pensée. Telle est, ce me semble, l'idée la moins fautive de la création (1). »

L'objection qui se présente tout d'abord, c'est qu'il semble contradictoire que l'être parfait puisse annihiler ou séparer une partie de sa substance. Il a donc des parties ? Et comment, une fois diminué, est-il encore l'être parfait ?

M. Secrétan répond que « l'incapacité de se limiter n'est pas signe de perfection et de puissance, mais bien plutôt d'impuissance et d'imperfection ; que la puissance infinie implique formellement le pouvoir de se limiter soi-même. » Nous avouons avoir quelque peine à entrer dans cette vue. Si la toute-puissance s'est ainsi limitée de toute éternité, il ne nous est pas aisé de concevoir que de toute éternité elle n'ait pas cessé d'être puissance infinie ; si elle s'est limitée par un acte de liberté qui ne serait pas lui-même éternel, c'est-à-dire qui ne serait pas de l'essence éternelle et nécessaire de Dieu, c'est-à-dire encore si le monde a eu un commencement, — alors le changement s'introduit dans l'être immuable, et de plus, après et par ce changement, l'infinie puissance n'existe plus.

Mais regardons-y de plus près. Peut-être serait-il bon de déterminer en quoi consiste le réel de l'univers. Les lois, les formes, les causes finales, les *idées directrices*, ne sont pas proprement les choses mêmes et peuvent d'un point de vue métaphysique être appelées des pensées de Dieu. L'atome n'est probablement qu'un tourbillon, c'est-à-dire un mouvement. Tous les phénomènes dits extérieurs se résolvent en des mouvements. Aristote le disait déjà avec profondeur : la nature c'est le mouvement. Joignons-y, d'après une plausible hypothèse, l'éther ; car il faut un mobile. L'éther, le mouvement, voilà tout ce qui dans le monde n'est pas l'esprit ou quelque chose de l'esprit. Mais la réalité (2) de l'éther est si pauvre que, quelle qu'en soit l'origine, elle peut exister en dehors de Dieu sans diminuer la perfection ni limiter la puissance divine. Il semble au

---

(1) *Evolution et liberté*. *Rev. philosophique*, Août 1885.
(2) « Réalité et perfection c'est pour moi la même chose » (Spinoza).

contraire, selon une vue profonde de Berkeley, que, pour manifester plus efficacement sa toute puissance, Dieu ait dû se créer une sorte de ministre d'une docilité absolue, un véhicule dont l'infinie pénétrabilité et l'homogénéité parfaite rendent omniprésentes sa pensée et son action. La réalité de l'éther ne serait ainsi que celle d'un moyen, et un moyen n'existe comme tel que par la fin qui lui donne sa raison d'être. Ce serait l'impulsion divine instantanément et partout transmise sans déviation ni résistance ; en d'autres termes, ce serait Dieu comme cause, qui ferait au fond tout l'être de la substance matérielle élémentaire.

Quant au mouvement, il suppose essentiellement, outre une cause finale qui détermine sa direction, la succession et le changement. Or, il est possible que succession, changement, n'existent que dans et pour notre esprit. Sans doute, ils sont donnés par l'expérience ; mais l'expérience ne nous livre peut-être que l'écorce de la réalité extérieure. La raison, en tout cas, ne pense que sous la forme de l'immuable et de l'éternel. Je sais qu'il faudrait expliquer la tendance même qui nous porte à regarder comme objectifs les changements que l'expérience constate et dont elle dessine les séries dans l'imagination et la mémoire ; mais cette tendance pourrait être simplement une condition temporaire de notre nature imparfaite. Il faut, je l'accorde, une étoffe du monde qui soit distincte de notre pensée ; par là, je me sépare de l'idéalisme subjectiviste ; mais est-il rigoureusement démontré que ce substratum matériel, tout en provoquant peut-être d'une certaine manière nos représentations successives et diverses, ne soit pas en soi uniforme et immobile, et que cette variété d'images qui s'enchaînent soit autre chose qu'une sorte de spectre produit par la réfraction d'un rayon unique à travers le prisme de nos facultés perceptives ?

Ce substratum, qu'il soit l'éther ou autre chose, reste donc, jusqu'ici, tout le réel du monde matériel, abstraction faite de ce que dans ce monde nous avons cru pouvoir appeler des pensées de Dieu.

Restent, il est vrai, les âmes, et surtout les libertés. Ici la valeur de l'être ou de la réalité n'est plus, comme tout à l'heure, un *minimum*. Par les âmes, par les libertés, l'existence de l'univers devient d'un prix inestimable. Je laisse de côté les âmes, car il n'est pas sûr qu'il en existe en dehors de celles qui sont, virtuellement ou en acte, des êtres libres. L'existence des libertés a-t-elle son principe, comme le veut M. Secrétan, soit dans une annihilation partielle, soit dans une limitation par Dieu même de la substance de Dieu ?

Observons d'abord qu'il est difficile de se rendre un compte précis du degré d'annihilation que Dieu se serait imposé à lui-même. Ce n'est certes pas un anéantissement total, puisqu'il laisse subsister dans l'être diminué qui en résulte une tendance, un désir vague, un amour qui s'ignore et ignore son objet. C'est bien là, si l'on veut, le fond dernier des âmes qui sont conscientes et libres; mais ce n'est pas un pur néant; c'est une virtualité riche et féconde qui contient la promesse de tous les développements futurs. L'hypothèse ne saurait donc être prise à la lettre. Puis nous le demandons à nouveau, la puissance divine est-elle capable de réduire ainsi à une sorte de mort apparente la réalité souveraine de l'être parfait, ou même une partie de cette réalité ? Si ce n'est qu'une partie, on ne comprend pas bien, quoi qu'on en dise, que Dieu soit divisible au point qu'une partie de lui-même soit amortie par l'autre ; si c'est l'être parfait tout entier, Descartes et Leibniz avaient, semble-t-il, quelque raison de soutenir que la toute-puissance même ne peut faire que Dieu ne soit pas, ou, ce qui est même chose, qu'il ne soit plus l'être parfait (1).

J'ajoute que, dans l'hypothèse de M. Secrétan, *je vois bien une liberté*, originairement séparée de Dieu ; je ne vois pas *des libertés*. D'où viendra donc la pluralité des êtres libres ? Toutes les âmes humaines sont-elles essentiellement la même ? Mais il semble que la conscience, la personnalité, la responsabilité surtout et le mérite moral, dont l'hypothèse a précisément pour objet de sauvegarder les droits supérieurs, exigent que les libertés soient substantiellement et primitivement distinctes les unes des autres. Enfin, si la liberté (ou les libertés) est créatrice de l'univers, comment serait-elle au commencement « le plus bas degré de l'être » ? La création du monde, devenue l'œuvre du principe qui sera l'homme, paraît bien impliquer une sorte de toute-puissance, et la toute-puissance n'est certes pas l'être

---

(1) « Il n'est pas possible que Dieu diminue sa toute-puissance. » Desc., *Princ. de la philosophie*, II, § 20. — V. aussi, *Lettres* 25 et 26 de l'édition Garnier.

le plus voisin du néant. Dira-t-on que c'est encore la puissance divine, latente au fond de cette liberté séparée d'elle, qui produit et organise le théâtre futur de l'évolution ? Mais alors Dieu est tout le réel du principe qu'il a voulu séparer de lui ; la séparation est illusoire, et c'est toujours Dieu qui crée, agit, se développe, dans cette prétendue liberté. Il n'a pas réussi à constituer l'homme futur dans une suffisante indépendance. Il a échoué dans cette tentative impossible même pour lui : opérer une scission dans sa substance, faire d'une partie de soi-même un quasi néant, un devenir qui s'ignore, une liberté qui ne se pensera que plus tard, un Dieu enfin qui avec un minimum d'être bâtit l'univers, et commence l'histoire cosmique pour arriver à la conscience et se réunir à Dieu.

On le voit, sans qu'il soit besoin d'insister davantage, cette remarquable hypothèse reçoit, elle aussi, bien des difficultés. Nous avouons qu'elle est très séduisante pour l'imagination philosophique ; mais nous croyons plus sûr d'en revenir au dogme traditionnel de la création, sans nous dissimuler d'ailleurs la gravité des objections qu'il soulève. Lui seul nous paraît pouvoir s'accorder avec l'idée de l'être parfait, et même, répéterions-nous avec l'auteur des *Méditations*, la toute-puissance, créatrice du monde et de l'humanité, est clairement aperçue comme l'un des attributs dont nous avons l'intuition immédiate quand nous pensons le parfait. Que d'ailleurs l'homme ne soit pas cause de soi, nous en avons la certitude par le sentiment de notre imperfection, et quant à l'univers matériel, qui ne pense pas, il est encore plus imparfait que nous. Cela nous semble solide et nous nous y tenons.

III

Si nous croyons à la solidité de l'argument fondé sur la nécessité d'une cause première, nous admettons aussi comme valable dans son essence la démonstration tirée de l'existence de la finalité.

Nous ne croyons pas pouvoir utilement, après le beau livre de M. Janet, discuter à nouveau, et avec les développements qu'il faudrait, la légitimité de l'argument des causes finales. Nous avons d'ailleurs présenté, à propos de Hume, quelques observations sur lesquelles nous ne reviendrons pas ici.

Bentham a proposé contre la preuve par les causes finales une objection qui n'a peut-être pas été suffisamment remarquée. Elle n'est pas neuve, sans doute, et on la retrouverait ailleurs, et chez Hume lui-même, mais non sous la forme et avec la précision que Bentham lui a donnée. Je la reproduis, parce qu'elle dispense en quelque sorte de toutes les autres, et qu'elle semble trancher dans sa racine le nerf de l'argument téléologique. « Dire que le corps humain ou l'univers doivent l'ordre que nous observons à un dessein, c'est supposer un état précédent, dans lequel les parties du corps humain se trouvaient rassemblées en un monceau : ici les fibres, là le cerveau, ailleurs les membranes et les muscles, sans la moindre tendance à se combiner ensemble et à former un tout. Le dessein suppose l'existence préalable de substances douées de certaines propriétés, et l'on ne peut que prétendre qu'il explique leur passage d'une situation relative appelée *confusion* à une autre appelée *ordre*. Mais qui a jamais connu par l'expérience ce chaos préliminaire (1) ? »

Ceci revient à dire que la nature est un tout réellement indivisible ; qu'un être vivant, un organe, ne sont pas composés de parties qui pourraient être séparées les unes des autres ; que l'hypothèse d'une pluralité de moyens disposés en vue d'une fin est une illusion de notre ignorance, parce que ces prétendus moyens ne sont pas des éléments indépendants ; que chaque disposition spéciale qui nous parait manifestement intentionnelle, est, au vrai, déterminée et déterminée nécessairement par la totalité de l'univers, par la totalité des événements qui se sont succédé ou ont coexisté jusqu'alors dans le temps et dans l'espace. L'évolutionisme matérialiste est là tout entier avec ses thèses antifinalistes : quantité constante de la force vive ou latente, laquelle est unique, éternelle, incréée ; équivalence rigoureuse de toutes les manifestations de cette force, c'est-à-dire de tous les phénomènes malgré leur diversité apparente ; identité fondamentale des faits chimiques, biologiques, psychologiques; l'origine et le progrès des espèces vivantes expliqués par cette identité même, l'influence des milieux,

(1) *La Religion naturelle*, publiée par G. Grote; tr. fr. p. 111.

la lutte pour la vie, la sélection naturelle, la survivance du plus apte, l'hérédité, les variations accidentelles. La preuve de la finalité ne peut plus dès lors se tirer de certaines dispositions particulières, de l'adaptation de tel organe spécial, l'œil, par exemple, à sa fonction. La partie est entièrement expliquée par le tout, et le tout, existant par soi et se développant par la vertu de lois immanentes et nécessaires, n'a pas besoin d'application.

Telle est l'objection maîtresse, celle que Bentham, avec son ordinaire pénétration, choisissait au milieu de tant d'autres, pour accabler d'un seul coup la doctrine finaliste, et à laquelle la fortune grandissante de l'évolutionisme a donné une force qui parait aujourd'hui invincible à nombre de bons esprits.

Nous sommes frappé de voir des penseurs aussi éminents, aussi profondément religieux que MM. Vacherot et Secrétan, accepter la doctrine de l'évolution comme scientifiquement établie ou tout près de l'être. Nous ne croyons pas, pour notre part, que l'évolutionisme explique les origines de la vie, de l'instinct, de la pensée, et nous partageons les scrupules de beaucoup de naturalistes en ce qui concerne la transformation indéfinie des espèces animales et végétales. Mais c'est là un débat où nous ne voulons pas entrer. Ce que nous maintenons, c'est que l'évolution ne saurait jamais expliquer ni son propre commencement, ni la direction dans le sens d'un progrès.

On dirait qu'Aristote avait en vue l'hypothèse contradictoire de l'instabilité de l'homogène et d'une rupture de l'équilibre primordial, quand il écrivait cette phrase décisive : « Comment est-il possible que quelque chose de continu et de même nature se meuve soi-même ? Car en tant que l'unité et la continuité de la chose ne résultent pas d'un contact (de parties), cette chose est impassible (1). » Dans l'homogène primitif d'Herbert Spencer, la différenciation, le mouvement, ne sauraient jamais se produire.

Une matière uniforme ou sans forme est par elle-même éternellement inerte, et Spinoza, un panthéiste pourtant, le reconnaissait quand il faisait du mouvement la première créature et le fils de Dieu.

(1) πῶς ἐνδέχεται συνεχές τι καὶ συμφυὲς αὐτὸ ἑαυτὸ κινεῖν; ᾗ γὰρ ἓν καὶ συνεχὲς μὴ ἁφῇ, ταύτῃ ἀπαθές. (Phys., VIII, 255 a.)

Tout mouvement suppose un point de départ et un point d'arrivée (1), et c'est le point d'arrivée qui détermine la direction du mouvement. Le point d'arrivée est vraiment la cause finale du mouvement, surtout si celui-ci est composé de plusieurs mouvements simples. L'homogène primitif eût-il été capable de se mouvoir lui-même, que ce mouvement hypothétique, sans but et sans direction, puisque nulle différenciation n'existe encore, fût resté toujours à l'état de tendance et de virtualité. Un mouvement qui ne va nulle part, ou qui n'est pas plus sollicité à aller ici que là, est un mouvement qui reste en repos.

On a donc pu dire que tout mouvement, fût-ce le plus élémentaire, implique finalité. Puisque la nature se meut, c'est qu'elle va quelque part ; puisque l'évolution a commencé, c'est qu'il y a un but, une cause finale de l'évolution. Et cette cause finale, il faut bien qu'elle soit en dehors et au-dessus de la nature, puisqu'elle en est la raison d'être, et que le principe d'où, selon l'hypothèse, la nature tout entière est sortie, ne saurait la contenir.

J'ajoute que l'évolution de la nature est un progrès, et le progrès est essentiellement le passage d'une forme inférieure d'existence à une forme supérieure. Les évolutionistes, je le sais, ne veulent pas entendre parler d'existence plus ou moins parfaite ; pour eux, il ne s'agit que de degrés dans la différenciation et la complexité.

Mais c'est, croyons-nous, une vérité indiscutable qu'il existe entre les êtres une hiérarchie de perfection. Ce jugement général, et les jugements particuliers qu'il fonde, nous paraissent découler nécessairement de l'idée du parfait, dont nous avons essayé, à la suite de Descartes, de mettre en lumière et la présence dans la raison et l'invincible certitude. Ainsi nous affirmons *a priori* que l'être qui pense vaut mieux, ou se rapproche plus de la perfection, que l'être qui ne pense pas, l'activité libre et vertueuse, que l'activité asservie par sa nature ou par sa faute aux fatalités de l'instinct.

(1) Nous nous plaçons ici au point de vue de l'expérience, qui admet la réalité du changement et du mouvement. Tout à l'heure, nous paraissions incliner vers la doctrine contraire, qui fait du changement une sorte d'illusion subjective. Peut-être, aux yeux de la raison, en est-il ainsi ; mais ce doute hyperbolique sur la réalité des phénomènes extérieurs n'empêche pas l'expérience d'être légitime dans sa sphère, et n'exclut pas les inductions et les raisonnements fondés sur les données empiriques.

L. CARRAU. — Philos. relig. 19

Telles étaient les prémisses dont il nous paraissait légitime de conclure, à la fin de notre chapitre sur l'*Analogie* de Butler, que l'évolution universelle sera dans l'avenir, comme elle l'a été jusqu'ici, non une décadence pour aboutir au néant, mais un mouvement vers le mieux.

Nous disions que si la science nous montre dès aujourd'hui la terre, les planètes, les soleils ramenés, dans quelques milliards de siècles, à l'infinie dispersion de la nébuleuse primitive, il faut que les consciences au moins puissent échapper à cette disgrâce, et, dépositaires indestructibles du progrès, continuer par delà les mondes évanouis l'infatigable ascension de l'imparfait vers le parfait.

Un des esprits les plus vigoureux de ce temps, M. Renouvier, admet, lui aussi, que la pérennité des âmes et leur progrès indéfini sont nécessaires pour rendre l'évolution intelligible (1); mais il semble incliner (2) vers une sorte de polythéisme moral, où les personnes, celles du moins qui librement sont parvenues à un degré éminent de sainteté, remplacent le Dieu unique et immuablement parfait de la théodicée traditionnelle. Opposant le polythéisme au monothéisme, M. Renouvier justifie ses préférences pour le premier par des raisons qui sont surtout d'ordre historique, social et politique. Mais de ce que le dogme d'une seule personne divine a été souvent mal compris et a pu prêter au despotisme l'autorité d'une sanction religieuse, nous ne pensons pas que la philosophie en doive faire un argument contre lui. Les hommes, certes, ont trop fait Dieu à leur image; Dieu

---

(1) « Il (le panthéisme) parle de progrès, et il imagine un avenir qui exige le sacrifice de tout ce qui avait du prix dans le passé. Puis cet avenir, à son tour devenant le passé, il le sacrifie de même, et les sacrifices n'ont point de fin. Ce progrès, chimérique au fond, et qui ne profite à rien de réel, si ce n'est que la réalité ne possède jamais qu'un moment de l'infinie durée; ce progrès, qu'on fait luire à mes yeux, qu'on ose me promettre comme s'il pouvait m'intéresser, est le produit d'une hypocrisie que le panthéisme ancien ne connaissait pas. Qu'importe que le mieux vienne, si le mieux doit périr comme a péri le bien, pour faire place à un mieux supérieur qui n'aura pas la vertu de durer davantage ? Consolerons-nous Sisyphe en lui promettant de l'anéantir, ensuite de lui donner des successeurs capables d'élever son rocher qui retombera de plus en plus haut sur la pente fatale ? son rocher qui retombera toujours ? des successeurs qui s'anéantiront toujours et seront toujours remplacés ? Mais la montagne est infinie ! mais dans cet infini le rocher s'élève, s'élève ! Oui, le rocher retombe toujours. Ce rocher c'est la vie individuelle; si haut qu'elle monte, tout n'est-il pas perdu dès qu'elle redescend aussi bas que si elle n'eût jamais quitté son néant ! » *Traité de psychologie rationnelle*, t. III, p. 131.

(2) Ou plutôt *semblait incliner;* car nous croyons savoir que M. Renouvier est revenu depuis au monothéisme et même au dogme de la création.

n'en est pas responsable, et là croyance monothéiste n'est pas de soi inconciliable avec l'idéal démocratique.

Si nous avons eu raison d'appeler Dieu l'être parfait, il est unique sans doute et il est tout puissant, mais il n'est pas pour cela un tyran qui exige l'abdication de toutes les libertés et leur prosternation pleine de terreur devant le caprice de ses décrets. Il est la bonté souveraine pour qui le plus agréable hommage est l'effort d'une volonté bonne se façonnant elle-même à sa ressemblance. Il est la bonté, dis-je (1), plutôt encore que le Bien, car la bonté est l'attribut d'une personne ; les consciences ne sauraient aspirer à ce qui leur est inférieur, et ainsi c'est vraiment une personne divine, non un idéal, — chose qui n'existe pas pour soi, et n'a d'être que dans un esprit, — une réalité qui se pense et se veut elle-même, non un je ne sais quoi d'indéterminé qui s'ignore, qui seule peut mériter l'amour et solliciter indéfiniment le progrès des personnes libres dans leur marche éternelle vers la souveraine perfection.

Nous savons quelles objections soulève la thèse de la personnalité divine ; on n'a pas oublié le beau travail de M. Janet (2) et les raisons très fortes par lesquelles il la combat. De fait, quand on veut logiquement concilier les attributs métaphysiques de la divinité avec ses attributs moraux, on se heurte à des difficultés peut-être insurmontables. Si l'on prend pour point de départ la notion de l'être nécessaire, de l'être qui est tout l'être, on ne voit pas trop comment Dieu serait une personne, car une personne n'est telle que *pour soi* et par une sorte d'opposition avec un *non-moi*. On ne sait même alors comment maintenir, en face de Dieu, l'indépendance des libertés humaines. Que si l'on fait des conditions de la moralité et de l'existence du libre arbitre le postulat primordial et essentiel de toute philosophie religieuse, on est conduit à refuser à Dieu « les attributs infinis de tout genre, et l'éternité antérieure et l'universalité sans bornes, et la prescience accompagnée de l'indéfinité des possibles (3) ». On limite ses facultés et à

---

(1) S'il y avait une prééminence à établir entre les attributs divins, la piété serait de mettre au-dessus de tous les autres la bonté. « Dieu prie, dit le Talmud, et sa prière est ainsi : puisse ma bonté l'emporter sur ma justice! »

(2) Article dans la *Revue des Deux-Mondes*, sur le *Nouveau spiritualisme* de M. Vacherot.

(3) Renouvier, *Traité de psych. rationn.* III, 251.

l'égard de lui-même, afin de pouvoir le comprendre comme intelligence et volonté, et à l'égard de nous, « parce que notre liberté est une borne à son pouvoir et à son entendement ». Sa perfection est la perfection de moralité, bonté, justice ; celle-là seule n'implique point contradiction, elle constitue une personnalité souveraine et elle suffit.

S'il fallait choisir, nous n'hésiterions pas à préférer à l'être infini (1) le Dieu personnel, moral, juste et bon, objet de désir, d'espérance et d'amour. Mais il ne nous est pas encore absolument démontré qu'on ne puisse prendre tous les deux, ou plutôt que tous deux n'en fassent pas qu'un. La notion du parfait, qui enveloppe les attributs moraux, implique aussi l'infinité, non au sens de l'indéterminé, ἄπειρός, mais au sens de l'achevé, de l'absolu, τέλειος. Cette idée du parfait, — non, encore une fois, l'abstraction morte sur laquelle opère l'analyse, mais l'intuition lumineuse, immédiate et vivante des âmes vraiment religieuses, — contient en bloc, pour ainsi dire, et porté au degré suprême, tout ce que l'expérience nous présente de meilleur dans les formes et les manifestations de l'existence. Les difficultés que découvre ensuite la raison discursive, quand elle s'applique à cet objet, peuvent être mises sur le compte de l'incompréhensibilité divine. C'est peut-être un des cas où il faut faire usage de cet *arbitrium* dont parle M. Clay : j'affirme le parfait parce que je le vois ; je constate les difficultés, parce que la logique m'y contraint ; je tâche à les résoudre selon mes forces parce que c'est un devoir ; je reste fidèle à l'intuition du parfait, parce que je le veux.

IV

Nous ne nous dissimulons pas, en écrivant ces pages, combien les idées qu'elles expriment paraîtront surannées à plusieurs. La philosophie religieuse fait aujourd'hui à nombre de gens l'effet de l'astrologie. Dans le courant d'athéisme qui semble emporter la fin de ce siècle, il faut

---

(1) On a vu que Berkeley tenait pour suspecte la notion de l'infini, craignant qu'elle n'obscurcît, par les contradictions qu'elle implique, la véritable idée de Dieu. M. Lévêque, dans une belle étude sur les *Fondements psychologiques de la métaphysique religieuse* (la *Science de l'invisible*, pp. 128 sq), montre de même que la notion de l'infini n'est pas adéquate à celle de Dieu, dont le vrai nom est l'Être parfait.

presque du courage pour oser dire qu'on croit avoir des raisons d'admettre encore l'existence de Dieu. N'est-ce pas tourner le dos à la science, au progrès, et se dénoncer de plus comme un fauteur du despotisme monarchique et clérical ?

Nous faisons profession d'être très épris de toutes les libertés civiles et politiques, très ami du progrès, très respectueux de la science. Mais nous pensons avec les plus grands théoriciens des doctrines libérales qu'elles n'excluent pas, supposent même, la croyance en une Justice et une Bonté substantielles ; nous estimons que l'athéisme et le matérialisme sont plutôt des philosophies rétrogrades, celles des époques de décadence et des peuples qui sont en train de mourir ; nous savons enfin que la science, — la science positive qui constate des faits et les rapports généraux qu'ils ont entre eux, — se défend d'avoir une opinion sur les problèmes que nous venons d'agiter un instant.

D'ailleurs, il est permis de juger, par certains indices, que la faveur pourrait bien revenir prochainement à quelques-unes des idées dont nous nous sommes constitué le très insuffisant défenseur. Est-il vrai que le pessimisme soit à l'heure qu'il est la philosophie dominante en Allemagne? Notre patriotisme aurait quelque motif de s'en réjouir, car un pessimisme sérieux et conséquent n'est pas, on l'avouera, pour surexciter le « vouloir vivre » et le *vouloir vaincre* chez les peuples non plus que chez les individus. Un pessimiste sincère ce fut Mainlænder, l'auteur de la *Philosophie de la Rédemption* ; le jour où fut achevée l'impression du premier volume de son ouvrage, à trente-cinq ans, en pleine paix de l'esprit et du cœur, il se pendit (1).

Mais voici que déjà le pessimisme apparait sous une nouvelle forme chez un auteur qui, sans être Allemand de naissance, a pourtant écrit ses principaux ouvrages en langue allemande, M. Spir. Non seulement il proclame avec énergie « l'existence nécessaire d'une réalité absolue, inconditionnée, au delà des prises de l'expérience, où la raison et le cœur seuls peuvent atteindre (2) » ; non seulement il réfute avec une rare vigueur la thèse matérialiste et donne

---

(1) V. sur Mainlænder et sa philosophie l'intéressant article de M. Arréat, *Revue philosophique*, juin 1885.
(2) *Esquisses de philosophie critique*, préface par M. A. Penjon.

une preuve originale de la liberté, mais il commande à l'homme de vivre pour la réalisation du bien moral, et lui montre comme but suprême de son activité la perfection divine. Nous savons, d'ailleurs, combien les idées de M. Spir diffèrent de celles que nous avons tenté d'exposer ; mais elles sont bien plus éloignées encore du matérialisme et de l'athéisme à la mode (1).

En Angleterre, pays rebelle aux idées pessimistes, la doctrine qui conserve le plus d'éclat et sans doute aussi le plus d'influence est l'évolutionisme mécaniste d'Herbert Spencer. Déjà, cependant, même dans le camp des philosophes, les protestations motivées se produisent. Nous ne parlons pas des deux ouvrages remarquables de M. Flint, *Théisme* et *Antithéisme*, qui ne sont plus tout à fait récents ; mais nous avons cité et mis à profit la réfutation si serrée de M. Malcolm Guthrie ; nous avons consacré un chapitre au *Théisme scientifique* de M. Abbot, un Anglais par la langue, sinon par la naissance. Signalons aussi le livre de M. Smith, *Man's Knowledge of man and God*, où l'on trouvera de bonnes raisons en faveur de la personnalité humaine et de la personnalité divine. Il nous serait facile de prolonger cette énumération ; la patrie de Clarke, de Berkeley, de Butler, ne semble pas en train de renoncer définitivement aux dogmes essentiels de la religion naturelle.

Nous ne rappellerons pas, parce qu'ils sont trop connus, les noms des maîtres éminents ou illustres qui, en France, luttent aujourd'hui, par l'enseignement ou par le livre, contre le flot matérialiste et athée. Nous ne nommerons pas davantage, parce qu'il faudrait en nommer trop, nos contemporains plus jeunes, amis ou collègues, qui, dans les chaires de nos facultés ou de nos lycées, professent avec une entière indépendance et une force persuasive, faite de sincérité et de talent, des idées plus ou moins voisines de celles qu'il nous a paru raisonnable de maintenir. Nous tournons de préférence nos regards vers la génération laborieuse et recueillie qui vient après nous et recevra demain l'héritage de la philosophie française. Ceux-là, nous croyons en être sûr, incapables d'ailleurs d'obéir à un mot d'ordre et de penser autrement que par eux-mêmes, ne préparent pas de nombreuses

---

(1) Voy. l'étude très distinguée de M. Penjon sur l'ouvrage de M. Spir dans la *Revue philosophique*, avril 1887.

recrues aux doctrines matérialistes, pessimistes, athées. Nous nous en réjouissons et nous serions heureux d'avoir quelque peu réussi à rapprocher leurs libres convictions des nôtres. Ce n'est pas que nous soyons mus par aucun esprit de prosélytisme intempérant ; ce n'est pas que nous manquions de respect pour aucune des manifestations sincères de la pensée philosophique ; mais aimant ce que nous jugeons être la vérité, nous désirons communiquer l'objet de notre amour ; aimant notre pays, nous voudrions répandre, surtout parmi les jeunes, notre foi que les conditions essentielles du progrès individuel et du progrès social auraient reçu une irréparable atteinte, le jour où seraient définitivement abolies dans les consciences les notions de la liberté morale, de l'âme spirituelle et de Dieu.

TABLE DES MATIÈRES

		Pages
Avant-Propos.		v
Chapitre Premier. — Berkeley.		1
Chapitre II. — Butler : la Morale		29
Chapitre III. — Butler : *l'Analogie*.		46
Chapitre IV. — Les Déistes : Bolingbroke		64
Chapitre V. — David Hume.		92
Chapitre VI. — Hamilton.		158
Chapitre VII. — Stuart Mill.		186
Chapitre VIII. — M. Herbert Spencer		206
Chapitre IX. — M. Abbot		251
Chapitre X. — Conclusion.		270

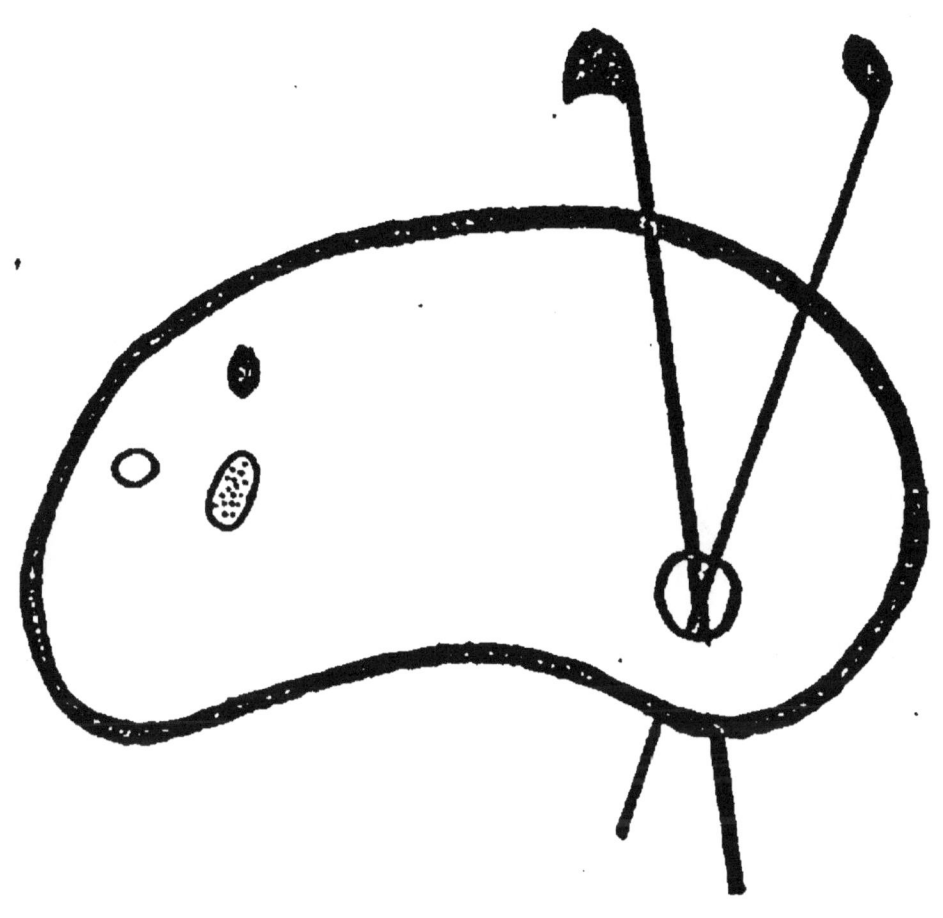

ORIGINAL EN COULEUR
NF Z 43-120-8

www.ingramcontent.com/pod-product-compliance
Lightning Source LLC
Chambersburg PA
CBHW071254160426
43196CB00009B/1280